Dr. Joseph
MURPHY

LEBEN IN HARMONIE

Der Kosmos: Die unversiegbare Quelle Ihrer Kraft

GOLDMANN VERLAG

Aus dem Amerikanischen übersetzt und bearbeitet
von Helga Künzel

Titel der amerikanischen Originalausgabe: The Cosmic Energizer
Originalverlag: Parker Publishing Company, Inc.,
West Nyack, N.Y.

Der Goldmann Verlag
ist ein Unternehmen der Verlagsgruppe Bertelsmann

Made in Germany · 6/89 · 7. Auflage
Genehmigte Taschenbuchausgabe

Dieser Band ist im Ariston Verlag mit dem Titel:
»Energie aus dem Kosmos.
Ihre unversiegbare Quelle der Kraft« erschienen.
Umschlaggestaltung: Design Team München
Druck: Elsnerdruck, Berlin
Verlagsnummer: 11751
GÖ · *Herstellung:* Sebastian Strohmaier/AS
ISBN 3-442-11751-8

Inhaltsverzeichnis

EINFÜHRUNG

Warum dieses Buch Ihr Leben verändern kann

Es gibt eine wunderbare Kraft, die ich als Quelle kosmischer Energie oder als kosmischen Energiespender bezeichnen möchte. Sie kann Ihr Leben geistig, seelisch, finanziell und gesellschaftlich völlig verändern und Sie auf den sicheren Weg zu Glück, Freiheit und Seelenfrieden geleiten. Diese Kraft schlummert in Ihnen; doch wenn Sie sie kennen und wecken lernen, vermögen Sie Ihre Probleme zu lösen, Ihren wirklichen Platz im Leben zu finden und ein in jeder Hinsicht reicheres Leben zu führen.

Ich habe erlebt, wie Männer und Frauen durch Nutzung der in ihnen strömenden Quelle kosmischer Energie sich aus tiefster Enttäuschung, Krankheit, Armut und Verzweiflung erhoben und gesund, zufrieden und wohlhabend wurden, erfüllt von Vitalität, Energie, Begeisterung. Ihnen erschloß sich eine fast grenzenlose Kraft.

Auch Sie haben Verbindung mit dieser unendlichen Kraft, die Sie alles lehren kann. Sie brauchen nur einen offenen, aufnahmebereiten Geist. Ich kenne Geschäftsleute, Hausfrauen, Taxifahrer, Schnellköche, Männer und Frauen aus allen Schichten, die neue Gedanken und Ideen hatten, wodurch sie zu großem Reichtum kamen, ihre verborgenen Talente entwickeln konnten und viel größere Anwendungsmöglichkeiten für diese Talente fanden.

Wie Sie sich der Quelle kosmischer Energie bedienen können

Wenn Sie die Kapitel dieses Buches lesen und die dort beschriebenen einfachen Techniken anwenden, werden Sie die richtigen Freunde gewinnen, den richtigen Lebensgefährten, die idealen Verbündeten in Ihrem Geschäfts- oder Berufsleben, verwandte Seelen, die mit Ihnen harmonieren und sich für dieselben Gedanken, Pläne und Ziele interessieren. Der kosmische Energiespender vermag Ihnen alle Reichtümer zu bescheren, die Sie brauchen, das ideale Haus, den Wohlstand, der Ihnen ermöglicht, das zu sein, zu tun und zu besitzen, was Ihr Herz begehrt, oder zu reisen, wohin Sie wollen.

Millionen Menschen auf der ganzen Welt kennen die Quelle kosmischer Energie bereits, im Lauf der Jahrtausende war sie immer wieder erleuchteten Geistern bekannt. Es ist die Gegenwärtigkeit Gottes im Menschen. Diese Kraft bewußt zu erfassen und sie in Ihrem Leben zu nutzen, ist Ihr göttliches Geburtsrecht. Im vorliegenden Buch werden Sie lernen, die göttliche Kraft durch Ihre Seele, Ihren Körper, Ihre Geschäfte und alle Phasen Ihres Lebens strömen zu lassen, so daß Sie nicht länger Beschränkung, Mangel und Schwierigkeiten ertragen müssen, sondern sich mit Flügeln aus Gedanken, Gefühlen, Phantasie und Glauben wie ein Adler emporschwingen können ins Reich unbegrenzter Möglichkeiten und Freuden.

Wenn Sie dieses Buch lesen, werden Sie immer klarer erkennen, daß die geheimnisvolle, wunderwirkende Kraft in Ihrer eigenen, mit dem Kosmos in Einklang gesetzten Seele liegt und Sie sie sofort nutzen können, denn sie reagiert auf Ihre Gedanken. Die Kraft ist stärker als ein Laserstrahl, als Wasserstoff-, Atom- oder Kerngeschosse, sie ist wirksamer als alle Energien und Sprengstoffe der ganzen Welt zusammengenommen. Es ist die Kraft des unendlichen, allumfassenden Geistes oder Gottes, sie ist grenzenlos und unerschöpflich. In den Kapiteln des vorliegenden Buches werden Sie erfahren, wie Männer und Frauen bewußt Kontakt mit dieser Kraft aufnahmen und sie in ihren Geschäften, ihrem häuslichen Leben und ihren Finanzangelegenheiten nutzten. Die wunderbaren Erfolge, die diese Menschen erzielten, können auch Sie erzielen.

Ich möchte Sie drängen, dieses Buch gründlich zu lesen und die darin empfohlenen Methoden wirksamer Selbstbeeinflussung und wissenschaftlichen Gebets anzuwenden. Wenn Sie das tun, bin ich völlig überzeugt, daß Sie die wunderwirkende Kraft nutzen können, die Verwirrung, Elend, Mangel, Melancholie und Versagen bannt; sie wird Sie von emotionellen und physischen Fesseln befreien und auf den Königsweg der Erfüllung Ihrer sehnlichsten Träume bringen. Die gegebenen Anweisungen sind in einer klaren, verständlichen

Sprache gehalten, wie Sie sie in Ihrer Tageszeitung, in Zeitschriften und gängigen Illustrierten finden. Das Einmalige an dem vorliegenden Buch ist die unkomplizierte praktische Anwendbarkeit. Hier bekommen Sie einfache geistig-seelische Formeln geliefert, die Sie in Ihrer Alltagswelt anwenden können.

Tausende haben die Wendung zum Guten an sich erlebt

Vor mehr als dreißig Jahren verfügte ich jeden Abend vor dem Einschlafen stumm, alle meine Schriften müßten in allen modernen Sprachen veröffentlicht werden. Ich rührte keinen Finger, um das zu erreichen. Die Weisheit meines Unterbewußtseins reagierte und mobilisierte Verleger in vielen Ländern, die sich erboten, meine Schriften in ihre jeweiligen Sprachen zu übersetzen. Heute ist ein großer Teil meiner englisch verfaßten Bücher ins Deutsche, Französische, Italienische, Spanische, Portugiesische und Japanische übersetzt.*

So geht es, wenn man weiß, wie man seine Bitte an sein Unterbewußtsein richten muß – in göttlicher Fügung stellen sich Resultate ein.

Vor etwa vierundzwanzig Jahren richtete ich folgende Bitte an meinen tieferen Geist: „Die unendliche Intelligenz öffnet mir den Weg, damit ich auf der ganzen Welt Vorträge über die kosmischen Gesetze des Geistes und die göttliche Ordnung halten kann." Einige Wochen vergingen; dann kamen Einladungen aus Indien, Australien, Neuseeland, Südafrika, Kanada, Frankreich, England und Japan. Ich besuchte alle diese Länder, hielt dort Vorträge, fand beste Aufnahme und Freunde fürs ganze Leben. Ich habe eine Reihe dieser Länder seither wieder besucht und dort Seminare über geistig-seelische Gesetze abgehalten. Ich spreche zu Hause und im Ausland häufig in Rundfunk und Fernsehen. Auch Sie können die Kraft klug nutzen; sie läßt sich nicht von Rang und Stellung beeinflussen, sondern reagiert auf Sie, wenn Sie die in diesem Buch beschriebenen Verfahren anwenden.

---

* Dr. Murphys Werke sind in vielen Millionen Exemplaren in aller Welt gelesen worden. Deutsch (und ebenso französisch) wurden im Ariston-Verlag folgende drei Titel veröffentlicht: *Die Macht Ihres Unterbewußtseins, Das Wunder Ihres Geistes, Die Gesetze des Denkens und Glaubens.*

Das Vorstehende habe ich nur erwähnt, um aufzuzeigen, wie genau sich eine der Allmacht kosmischer Energie anvertraute Bitte erfüllt. In der Regel vermeide ich es, auf mich selbst zu verweisen; aber ich glaube, die mir zuteil gewordene Verwirklichung meiner Anliegen ist für viele Leser interessant, die einen einfachen Weg suchen, um sich der uns allen innewohnenden unendlichen Kraft bewußt und ihrer teilhaftig zu werden.

In Kapitel 2 werden Sie von einem Mann lesen, der in einem Ghetto aufwuchs und den damit verbundenen Beschränkungen unterlag. Er hörte einen Lehrer erklären, man könne alles Geld bekommen, das man sich wünsche; daraufhin begann er ein geistiges Spiel zu spielen: er dachte sich allerlei konstruktive Verwendungsmöglichkeiten für das Geld aus, als besitze er es bereits. Von Zeit zu Zeit führte er stumme Selbstgespräche über die kluge Verwendung des Geldes. Er machte sich im Geist ein Bild von sich selbst, wie er das College beendete, ein eigenes Geschäft eröffnete, die ganze Welt bereiste, jungen Menschen, die es wert waren, ein Studium ermöglichte und ihre Unkosten bezahlte. Dieser Mann gewann ein Stipendium, heiratete eine reiche Frau, beendete das College *cum laude,* eröffnete ein eigenes Geschäft und erzielte großartige Erfolge. Schließlich ging er als Multimillionär in Pension.

Im vorliegenden Buch erfahren Sie auch, warum Geld einfach ein Denkbild ist und warum Ihre innere Rede alles sichtbar werden lassen kann, was Sie sich wünschen.

Kapitel 1 schildert Ihnen, wie ein junger leitender Angestellter die Quelle kosmischer Energie anzapfte und sein Gehalt verfünffachte. Er schuf sich in seinem Inneren ein geistiges Modell und bat beharrlich, die durch dieses Modell strömende Energie des unendlichen Geistes solle bewirken, daß es seinem Unterbewußtsein eingeprägt werde. Er machte sich die Bitte zur Gewohnheit; und eines Tages, während er in der Bank arbeitete, trat ein Mann zu ihm, der dort große Transaktionen abgewickelt hatte. Der Mann ersuchte ihn, als Finanzberater seinen Konzern in Texas zu leiten, für ein Gehalt von zweihunderttausend Dollar pro Jahr. Lesen Sie die Geschichte des jungen Angestellten, und auch Sie werden die wunderwirkende Kraft in Ihnen entdecken.

Die Quelle kosmischer Energie steht Ihnen sofort zur Verfügung. Der einzige Unterschied zwischen einem in Geld schwimmenden und einem finanziell nicht zu Rande kommenden Menschen beruht darin, daß der Reiche sich auf die kosmische Energie einstellt, sei es bewußt oder unbewußt, worauf sie mit ungeheurer Fülle reagiert.

In Kapitel 6 werden Sie einen faszinierenden Bericht über eine Mutter lesen, die lernte, wie man die Heilkraft kosmischer Energie einsetzt. Ihr Junge litt an schweren Asthmaanfällen, die nicht immer auf Medikamente ansprachen. Drei- oder viermal am Tag stellte sie sich ihren Jungen vor, wie er zu ihr trat und sagte: „Mama, Gott hat mich geheilt. Es geht mir prima." Sie hielt beharrlich an diesem geistigen Bild fest, und nach einem Monat war der Junge völlig frei von den krampfartigen Asthmaanfällen.

Es gibt nur eine einzige Heilkraft, und diese Frau wußte, daß das von ihr vorgestellte geistige Bild und das in den Verwirklichungswunsch gelegte Gefühl die Heilkraft in ihrem Sohn beleben würde. Mit anderen Worten, sie stand mit dem Unterbewußtsein Ihres Sohnes in Verbindung und prägte ihrem und seinem Unterbewußtsein die Vorstellung von Gesundheit ein.

In Kapitel 7 werden Sie erfahren, wie ein Detektiv sozusagen durch Zauber unverwundbar ist, obwohl bereits zwanzigmal auf ihn geschossen wurde. Er weiß, daß die kosmische Kraftquelle sich eröffnet, wenn man sich an sie wendet. Das Gebet des Detektivs am Morgen und am Abend lautet: „Der ganze Schutz Gottes umhüllt mich. Ich bin unverwundbar. Gott ist meine Zuflucht, und er umgibt mich mit Gesängen der Erlösung." Durch ständige Wiederholung prägte er das Gebet seinem Unterbewußtsein ein, das ihn gegen jede Verletzung feite.

Durch Anwendung dieser in Kapitel 7 erwähnten Technik können auch Sie unverletzbar werden, wohin Sie auch reisen, sei es mit dem Schiff, dem Flugzeug, dem Bus oder dem Auto. Welche Verkehrsmittel Sie auch benutzen, über Sie wird dieses Allgegenwärtige wachen. Das vorliegende Buch offenbart Ihnen das Geheimnis der Unverwundbarkeit. Es fußt auf universellen geistig-seelischen Gesetzen, die nie versagen. Tausende Menschen wenden dieses große Schutzgebet bereits an und sind unverwundbar.

Kapitel 10 beschreibt unter anderem, wie Kenneth Pennington ein rituelles Gebetslied ersann und wie sein Unterbewußtsein darauf immer wieder in ihm den überwältigenden Drang erzeugt, an einer bestimmten Stelle zu graben. Er findet dann Ziergegenstände,

Muscheln, Knochen, Werkzeuge und Waffen aus primitiven Zeiten. Museen stellen Tausende seiner Funde aus. Kenneth ist sich der ungeheuren Kraft in seinem Inneren bewußt und glaubt, daß er durch göttliche Fügung zu den Schätzen geführt wird, die er in der Erde sucht.

Entdecken Sie die Quelle kosmischer Energie für sich selbst

Sie selbst können Ihrem Leben mehr Kraft, Reichtum, Gesundheit und Glück verleihen, indem Sie lernen, die verborgene Kraft kosmischer Energie aufzuspüren und freizusetzen. Wie Sie diese in Ihr Leben und das Ihrer Familie zu bringen vermögen, wird in den einzelnen Kapiteln des vorliegenden Buches dargelegt.

In Kapitel 14 werden Sie über Henry Flagler lesen, den Multimillionär von Standard Oil; er sagte (laut der Zeitschrift *Everybody's Magazine*), das Geheimnis seines sagenhaften Erfolgs sei, daß er sich eine Sache immer als fertig und abgeschlossen vorstelle. Er sieht ein ganzes Projekt als bereits durchgeführt vor sich. Wußte er, daß Ölvorkommen im Boden waren, stellte er sich Geleise vor, fahrende, dampfende Züge, Männer, die redend und lachend an ihre Arbeit gingen, pfeifende Lokomotiven. Flagler hatte aus dem Nichts angefangen. Stets stellte er sich beharrlich das Ziel, das Endergebnis vor, und alle Kräfte aus der Quelle kosmischer Energie kamen ihm zu Hilfe. Er zog das notwendige Geld geradezu an, ebenso die richtigen Verbündeten, die richtigen Geologen, Ausrüstungsgegenstände und alle für die Erfüllung seines Traums erforderlichen Dinge.

Setzen Sie sich ein Ziel. Konzentrieren Sie Ihre Aufmerksamkeit darauf. Stellen Sie sich die glückliche Verwirklichung vor und freuen Sie sich darüber. Bleiben Sie dem Bild Ihrer Vorstellung treu, und in Ihrem Leben werden Wunder geschehen.

Der verstorbene Dr. Fenwicke Holmes erzählte mir, sein Freund Arthur Stillwell habe mehr Kilometer Eisenbahnstrecke gebaut als jeder andere Mensch seiner Zeit, und diese Leistung sei eine Folge geistiger Bilder gewesen, die aus seinem Innersten in ihm emporstiegen. Die Alten sagten, Phantasie sei die Werkstatt Gottes.

In Kapitel 17 werden Sie von einem Mann erfahren, der durch ein großartiges Geschäft hundertfünfzigtausend Dollar gewann. Er starb kurz darauf in der Nacht, und seine Frau suchte überall nach dem Geld, ohne es zu finden. Auf meinen Vorschlag bat sie den ihr innewohnenden unendlichen, allumfassenden Geist, ihr die Antwort zu enthüllen. In der Stille hörte sie eine Stimme, die sie als jene ihres Mannes erkannte und die ihr genau sagte, wo sie das Geld finde. Die Stimme hatte in allen Einzelheiten recht.

In Ihnen gibt es etwas, das alles weiß und alles sieht; Ihr mit der Quelle der Weisheit und kosmischer Energie in Einklang gebrachtes Unterbewußtsein kennt die Antwort auf alle Fragen.

Lassen Sie dieses Buch allezeit Ihren Führer und getreuen Gefährten sein. Lesen Sie es oft, und Sie werden die Tür zu den großen Reichtümern Harmonie, Gesundheit, Frieden und Wohlstand offen finden. Wir wollen nun beginnen, echtes, praktisch nutzbares Wissen zu erwerben, bis auch für Sie der ersehnte Tag anbricht, an dem Sie entdecken, daß alle Schatten von Angst, Mangel, Not und Beengung für immer verschwunden sind. *Ich bin gekommen, daß sie das Leben und volle Genüge haben sollen.* Johannes 10, 11.

KAPITEL 1

Die unversiegbare Quelle der Lebensbereicherung

Es gibt auf der Welt nur eine einzige grundlegende Energie, nur die eine kosmische Energie, und diese Kraft sucht sich durch jeden von uns schöpferisch zu äußern. Wir müssen deshalb zu freien Kanälen werden, damit die göttliche Energie uns ungehindert durchströmen kann. Jeder von uns ist ein Brennpunkt für das Göttliche, etwa so, wie eine Glühlampe als Brennpunkt für den durchfließenden elektrischen Strom anzusehen ist.

Die Quelle kosmischer Energie fließt in einem harmonischen Rhythmus des Friedens und der Freude. Wenn wir diese Kraft konstruktiv in uns strömen lassen, handeln wir in Übereinstimmung mit dem Gesetz dieser kosmischen Energie und machen in unserem Leben Harmonie, Gesundheit, Frieden und die ganzen Reichtümer des Unendlichen sichtbar. Wenn wir uns dagegen der Selbstbemitleidung hingeben, der Selbstverurteilung, dem Haß oder irgendeiner Form negativen Denkens oder Fühlens, wird die göttliche Energie in uns gefesselt und ruft Störungen aller Art hervor.

Die Lösung liegt im Geist des Menschen

Eine wunderbare Methode zur Freisetzung der kosmischen Energie ist, sich immer wieder zu sagen: „Ich verzeihe mir, daß ich irgendwelche negative Gedanken über mich oder jemand anderen hatte, und ich beschließe, keine solchen mehr zu haben. Ich strahle gegenüber allen Männern und Frauen, einfach gegenüber allen Menschen Liebe und Wohlwollen aus. Ich erkenne es genau, wenn ich anderen wirklich vergeben habe, denn dann kann ich an sie denken oder ihnen im Geist begegnen, ohne auch nur den geringsten Stachel oder

Schmerz zu verspüren." Diese Haltung erzeugt einen offenen, freien Kanal für die göttliche Energie.

Sprechen Sie folgendes Gebet: „Ich behaupte und nehme als gegeben an, daß Gottes Liebe, Licht, Harmonie, Wahrheit, Schönheit, Reichtum und Sicherheit mich frei und freudig durchströmen, und ich weiß, daß ich nun erfolgreicher und gesegneter sein werde, als ich in meinen kühnsten Träumen erhoffte." Wiederholen Sie das Gebet abends und morgens dreimal laut. Wenn Ihre Augen sich auf diese Wahrheiten konzentrieren und Ihre Ohren sie hören, arbeiten Ihre Sinne für Sie, und Sie werden feststellen, daß diese Wahrheiten in Ihr Unterbewußtsein eindringen. Da die Gesetze Ihres Unterbewußten zwingend sind, werden Sie in allen Phasen Ihres Lebens zwangsläufig darauf hingelenkt, Gottes unendlichen Reichtümern Ausdruck zu verleihen.

Seine Idee war ein Vermögen wert

Vor kurzem erzählte mir auf einer Gesellschaft ein Ingenieur, der in einem Forschungslabor arbeitete, seine Kollegen hätten über eine bestimmte Forschungsaufgabe nachgegrübelt. Er berichtete: „Ich wurde ganz ruhig und entspannt, zog mich in einen anderen Teil des Gebäudes zurück und sagte zu meinem Unterbewußtsein: ‚Ich übertrage dir diese Aufgabe und weiß, du wirst mir die Lösung des Konstruktionsproblems enthüllen. Ich werde es dich austragen lassen, und wenn du die Lösung hast, wirst du sie meinem Bewußtsein präsentieren.'"

Am nächsten Tag erhielt sein Bewußtsein eine klare Antwort, und das ganze Problem wurde schnell und auf eine Art gelöst, die der Gesellschaft einen beträchtlichen Geldbetrag einsparte. Er bekam eine ansehnliche Gehaltserhöhung, wurde zur Nachwuchsführungskraft des großen Konzerns befördert und erhält nun einen Anteil an den hohen Jahresgewinnen.

Er änderte seine Ansicht vom Geld und wurde wohlhabend

Ein Lehrer, der reich werden wollte, nannte das Geld oft „schmutzig". Ich erklärte ihm, er müsse seine Einstellung zum Geld ändern, denn wegen seiner innerlichen Verurteilung des Geldes fließe es von ihm weg statt ihm zu. Er sah ein, daß es dumm wäre, Uran, Blei, Kobalt, Nickel, Kupfer oder eine Banknote als etwas Übles oder Böses zu bezeichnen. Eine Banknote ist harmlos, und der einzige Unterschied zwischen ihr und Nickel, Kupfer oder einem anderen Metall besteht darin, daß die Atome und Moleküle mit ihren Elektronen und Protonen anders angeordnet sind.

Hier die praktische, einfache Methode, die der Lehrer anwandte und die bald sein Geld mehrte: „Von jetzt an betrachte ich das Geld als göttlichen Stoff, denn alles kommt von dem einzigen Geist (Gott). Ich weiß, daß Materie und Geist (Energie) eins sind. Ich behaupte und bestimme, daß in meinem Leben das Geld ständig zirkuliert und immer ein von Gott gegebener Überschuß vorhanden ist. Ich benutze das Geld weise und konstruktiv. Geld fließt mir in reichlichen Mengen zu. Geld ist ein Gedanke im Geist Gottes, und es ist gut, sogar sehr gut. Gott bezeichnet alle Dinge, die er schuf, als gut, ja sehr gut."

Der Lehrer sagte sich diese Wahrheiten abends und morgens fünf Minuten lang vor. Nach einem Monat wurde er befördert und erhielt deshalb höheres Gehalt; außerdem machte er eine völlig unerwartete Erbschaft von einer Tante, die er nie kennengelernt hatte. Lassen auch Sie in Ihrem Leben Wunder geschehen, indem Sie eine neue Einstellung zu all den Reichtümern in Ihrer Umgebung gewinnen.

Leben ist Energie

Gott ist Leben, und zwar Ihr Leben. Das Leben ist Kraft und Erschaffung. Denken Sie daran: Gott ist das Lebensprinzip und die schöpferische Quelle, aus der die Welt und alles darin am Anbeginn der Zeit erschaffen wurde, und die Erschaffung geht ununterbrochen weiter. Die Quelle kosmischer Energie ist Gott.

Vielleicht sind Sie der Meinung, daß Sie nicht an Gott glauben, nicht an Gott glauben können. Sie glauben dann an dasselbe wie ich – Sie bedienen sich nur eines anderen Namens, einer anderen Bezeichnung, eines anderen Wortes. Wir wollen uns nicht an einem Wort ereifern. Vielleicht nennen Sie das, was ich Gott nenne, das höchste, das oberste, das letzte Lebensprinzip, das über den Naturgesetzen waltende und ihnen innewohnende Prinzip? Ich müßte hier viele Namen, viele Synonyme anführen, aber darum geht es hier nicht.

Diejenigen Leser meines Buches, die dem Namen Gottes fernstehen, bitte ich, dieses Buch dennoch zu lesen. Die Quelle kosmischer Energie ist wirksam, auch wenn Sie diese nicht dem Namen Gottes gleichsetzen. Ich wünschte, Sie wären mit dieser Gleichsetzung einverstanden, weil das so vieles, was wir in Worte fassen müssen, vereinfacht; aber dies ist keineswegs eine Bedingung für den Leser dieses Buches.

In diesem Buch wird einfach gezeigt, daß es kosmische Gesetze gibt, die gültig sind; daß es darum geht, sein Innenleben – die Psyche, das Unterbewußtsein – in Einklang mit den kosmischen Gesetzen des Universums und der dem höchsten Prinzip (Gott) erfließenden kosmischen Energie zu bringen; und daß das Gebet, also ein inbrünstiges Wünschen, verbunden mit dem unbeirrbaren Vertrauen auf die Wunscherfüllung, scheinbar Unmögliches möglich macht, Wunder wirkt, wie man so sagt. Denken Sie daran, daß sich solche Wunder tagtäglich ereignen, auf jeder Stufe menschlichen Lebens, im großen wie im kleinen.

Wie er sein Jahresgehalt verfünffachte

Vor einiger Zeit berichtete ich in einer meiner Rundfunksendungen, daß ein leitender junger Bankangestellter, der vierzigtausend Dollar im Jahr verdiente, vorankommen, mehr erreichen und sein außergewöhnliches Wissen über Finanzdinge besser und expansiver einsetzen wollte. Er schuf sich deshalb ein geistiges Modell und ein entsprechendes Verhaltensmuster und sagte sich voll Entschiedenheit, die Energie und Vitalität des Unendlichen, die sein geistiges Modell durchströme, werde das gewünschte Bild seinem Geist tiefer einprägen. Er machte sich dies zur Gewohnheit. Eines Tages trat in der Bank ein Mann zu ihm, der dort ein hohes Darlehen aufgenommen hatte. Der Mann bat ihn, die Leitung seines Konzerns in Texas als Finanzberater und Direktor zu übernehmen. Der Angestellte schloß einen Zehnjahresvertrag ab, hat jetzt ein großes Haus, sein Auto und seinen Chauffeur und bezieht, nebst Spesen, ein Jahresgehalt von zweihunderttausend Dollar. Kraft kosmischer Energie wurde sein geistiges Bild verwirklicht. Das Lieblingszitat dieses Bankmannes stammt aus der Bibel und heißt: *Alles, was ihr bittet in eurem Gebet, glaubet nur, daß ihr's empfangen werdet, so wird's euch werden.* Markus 11, 24.

Wie er die Reichtümer des Lebens entdeckte

Vor einiger Zeit hielt ich an der Kirche Religiöser Wissenschaften in Las Vegas, die mein alter Freund Dr. David Howe betreut, ein Seminar ab. In einem Hotel der Stadt sprach ich mit einem Mann, der mir erzählte, bei seiner Ankunft vor vier Jahren habe er nur zwanzig Dollar besessen. Immerhin hatte er sofort eine Stellung als Kellner bekommen und manchmal sogar den Piccolo gespielt.

Ein Gast in dem Restaurant, in dem er bediente, bemerkte seinen Arbeitseifer und gab ihm ein Exemplar meines Buches *Die Macht Ihres Unterbewußtseins* (Ariston Verlag). Er las es aufmerksam und schrieb dann vier Dinge, die er sich am sehnlichsten wünschte, auf ein Blatt Papier. Das erste war: „Reichtum fließt mir frei und in erfreulicher Weise zu." Das zweite: „Die unendliche Weisheit führt mich zu höchster Selbstverwirklichung." Das dritte: „Ich habe ein schönes Heim in schöner Umgebung." Das vierte: „Ich bin mit einer wunderbaren Frau nach göttlicher Fügung verheiratet."

Da er das erwähnte Buch genau gelesen hatte und wußte, was er wollte, hatte er seine Bitten klar und deutlich aufgeschrieben. Jeden Abend und jeden Morgen ging er sie durch, prägte sie seinem Unterbewußtsein ein und wiederholte sie langsam und mit Bedacht; er war sich bewußt, daß er Erlebnisse und Zustände anzog, die seinen Gedanken und Vorstellungsbildern entsprachen. Er hatte begriffen, daß diese Technik ein Mittel war, sein Unterbewußtsein entsprechend zu prägen und dadurch die Zustände des Reichtums, des Erfolges und der Harmonie in seinem Leben herzustellen. Nach jeder Wiederholung der Bitten dankte er der in ihm gegenwärtigen unendlichen Allmacht für Gottes Reichtümer, die richtige Lebensstellung, sein schönes Heim und seine Lebensgefährtin. Er nahm geistig alles in Besitz, worum er gebeten hatte.

Nach drei Monaten besaß er dank seines unerschütterlichen Glaubens an das Wirken seines Geistes alles, worum er gebeten hatte. Ihm war klar, daß alle Dinge, die er seinem Unterbewußtsein einprägte, äußeren Ausdruck finden würden. Wenige Wochen nach

Beginn seines Betens wurde er zum Oberkellner befördert. Ein Gast des Restaurants stellte ihn einer reichen Frau vor, die er heiratete. Sie besaß ein schönes Haus in Las Vegas, wo er jetzt lebt. Er hat ein eigenes Geschäft, das er mit seiner Frau betreibt. Die Ehe ist sehr glücklich. Er sagte: „Es war Liebe auf den ersten Blick." Nun besitzt er soviel Geld, wie er braucht, um zu tun, was er will und wann er es will.

Die unversiegbare Quelle kosmischer Energie belebt, beseelt und kurbelt alles an, wovon Sie sich ein Bild machen und glauben, es sei bereits wahr und wirklich. Die ganze Kraft des Unendlichen fließt durch den Brennpunkt Ihrer konzentrierten Aufmerksamkeit. *Und alles, was ihr bittet im Gebet, so ihr glaubet, werdet ihr's empfangen.* Matthäus 21, 22. *Wenn du könntest glauben! Alle Dinge sind möglich dem, der da glaubt.* Markus 9, 23.

Dank Glaubens und Enthusiasmus

Ralph Waldo Emerson sagte: „Nichts wurde je ohne Begeisterung erreicht." Ein junger Collegeabsolvent in Elektronik und Maschinenbau erzählte mir, er interessiere sich brennend für die Elektronik. Seine Begeisterung für dieses Gebiet ist tatsächlich so groß, daß sie sein Denken und Tun geradezu beherrscht und ihm wunderbare neue Ideen kommen. Er sagt, sie kämen „aus heiterem Himmel". In dem Elektroniklabor seiner Dienstgeberfirma hat er viele Neuerungen und Verbesserungen eingeführt, und er verdient, obwohl erst zweiundzwanzig Jahre alt, bereits dreißigtausend Dollar im Jahr – alles dank seines Glaubens an die Quelle aller kosmischen Energie und seines Enthusiasmus für die von ihm gewählte Arbeit.

Das Wort „Enthusiasmus" stammt aus dem Griechischen und bedeutet wörtlich, von Gott besessen sein. Enthusiasmus kennzeichnet das unumschränkte Erfülltsein des Geistes von einer Idee, irgendeinem Interesse oder angestrebten Ziel.

Das ständige Gebet des jungen Elektronikers lautet: „Die Energie der unendlichen Kraft belebt mich und hält mich aufrecht, in mir entfalten sich schöpferische Ideen, die mir alles offenbaren, was ich wissen muß." Er glaubt an die Quelle kosmischer Energie und daran, daß er sein Ziel erreichen wird; durch solch positiven Glauben wird Enthusiasmus erweckt. Es gibt Zeiten, da der junge Mann sich regelrecht inspiriert fühlt. Schrittweise eröffnet sich für ihn eine neue Welt des Erreichbaren.

Der Lieblingsbibelvers dieses jungen Ingenieurs heißt: *So aber jemand unter euch Weisheit mangelt, der bitte Gott, der da gibt einfältig jedermann und rücket's niemand auf, so wird sie ihm gegeben werden.* Jakobus 1, 5.

Vom Sohn eines ehemaligen Sklaven zum Multimillionär

Mit zweiunddreißig Jahren beschloß der Eisenbahnkoch Milton Grant, im Geschäftsleben zur Spitze aufzusteigen. Er begann ganz unten: mit einem gebrauchten Müllwagen und einer drittklassigen Ausbildung.

Mit Vierzig hatte er seine erste Million Dollar gemacht – eine erstaunliche Leistung für einen unbemittelten Schwarzen, der als Sohn ehemaliger Sklaven in Virginia zur Welt gekommen war. Grant, der jetzige Aufsichtsratsvorsitzende und Hauptaktionär der Family Savings & Loan Association von Los Angeles, sagt:

> Ich wußte immer, daß es ein besseres Leben gab und daß es an mir war, dieses Leben zu finden. Sehr früh lernte ich, daß gutes hartes Bargeld ein sehr schönes weiches Polster abgibt, um sich darauf zu betten.

Hartes Bargeld! Grant war 1891 in Parkersburg, West Virginia, geboren und mußte die Schule verlassen, um mitzuhelfen, seine elf Geschwister zu ernähren.

> Ich putzte Schuhe und machte Hausmeisterarbeiten für das Schuhgeschäft im Ort. Später bekam ich einen Job als Geschirrwäscher, und dabei konnte ich kochen lernen.
>
> Die sauberen weißen Uniformen der Köche faszinierten mich ungeheuer. Mit Dreizehn bekam ich einen Job als Geschirrwäscher für zwei Dollar fünfzig die Woche bei der Chicago Rock Island and Pacific Railroad. Ich arbeitete mich schließlich zum Chefkoch empor, dem höchsten Posten bei der Eisenbahn, den ein Schwarzer damals erreichen konnte.

Bei der Eisenbahn hatte Grant eine gesicherte und sogar angesehene Stellung – doch da er noch jung war, trieb ihn der Ehrgeiz voran:

> Mit meinen gesamten Ersparnissen von hundertfünfzig Dollar ging ich nach Kalifornien, wo ich einen gebrauchten Laster kaufte und in Pasadena eine örtliche Müllabfuhrfirma aufmachte.
>
> Anfangs verdiente ich nur zwanzig Dollar im Monat – doch ich machte es mir zur Regel, immer prompt, ordentlich und zuverlässig zu sein. Und das zahlte sich aus. Nach nur wenigen Jahren verdiente ich sechstausend Dollar im Monat.

Grant kaufte dann bei Los Angeles eine Schweinefarm und fütterte seine Tiere mit einem Teil des Abfalls, den er sammelte. Wieder stiegen seine Gewinne sprunghaft – was ihn in die Lage versetzte, sich dem Immobiliengeschäft zuzuwenden und schließlich eine kleine Spar- und Darlehenskasse zu kaufen.

Unter Grants Führung wuchs und gedieh die Family Savings & Loan. Heute ist sie eine der größten Sparkassen an der amerikanischen Westküste.

> Der ärmste Mensch kann Millionär werden, wenn er sich nur Ziele setzt und dann arbeitet, um sie zu erreichen.
> Denken Sie daran, jeder Fortschritt beginnt bei Ihnen selbst. Wenn Sie das aufrichtig glauben, können Sie alles werden, was Sie werden wollen. Das gilt heute noch wie eh und je.

Grant – der mit seiner Frau Flora sehr bescheiden lebt – fügte hinzu:

> Ich halte mich nicht für einen Millionär, obwohl ich mehrere Millionen besitze. Für mich ist ein Millionär ein bestens gekleideter Mann mit einer dick gefüllten Brieftasche, der sich von seinem Chauffeur in seinem großen Wagen umherfahren läßt. Aber das ist nicht mein Lebensstil. Ich fahre meinen Wagen immer noch selbst, gehe jeden Tag ins Büro und habe nicht die Absicht, mich aufs Altenteil zu setzen.

Grant, der nach eigener Aussage sein Vermögen „Steinchen um Steinchen“ zusammentrug, erklärte einem Reporter des *National Enquirer:*

> Einer der Gründe, warum ein Dollar heute den Menschen nicht mehr soviel bringt, ist der, daß die meisten Menschen heute nicht mehr soviel bringen wollen, um einen Dollar zu verdienen – wie einst ich.

Milton Grants Lebensweg ist eine Geschichte von Leistung, Erfolg und Reichtum. Dieser Mann hatte eine Vision von Wohlstand, Sicherheit und gutem Leben gehabt. Vision ist das, was Sie anblicken, dem Sie Aufmerksamkeit schenken, was Sie im Leben anstreben. Gleich Milton Grant werden Sie auf das zugehen, was Ihre Vision ist. Setzen Sie sich ein Ziel, werden Sie enthusiastisch und, vor allem, strahlen Sie Wohlwollen aus, mit anderen Worten, Liebe. Liebe, das ist die Erfüllung des Gesetzes von Gesundheit, Reichtum, Erfolg und die Meisterung aller Probleme.

Wie sich die Wünsche einer Frau verwirklichten

Während ich dieses Kapitel schrieb, bekam ich einen Anruf aus New York. Die Anruferin war verzweifelt und seelisch am Ende: die Rechnungen stapelten sich, die Einkommenssteuer war fällig, ihr Mann war entlassen worden, und das Schulgeld für das letzte Collegesemester ihres Sohnes war überfällig. Ihr Haus stand seit zwölf Monaten zum Verkauf, viele besichtigten es, aber keiner kam je wieder.

Ich empfahl ihr, es mit Beten zu versuchen, wies sie darauf hin, daß es eine Quelle innerer Kraft und universeller Weisheit gibt, die alle Probleme zu lösen vermag. Auf meine Aufforderung notierte sie sich folgendes Gebet:

„Bittet, so wird euch gegeben; suchet, so werdet ihr finden; klopfet an, so wird euch aufgetan. Matthäus 7, 7. Gott, der Inbegriff kosmischer Energie, verleiht meinen Idealen, Wünschen und Plänen Leben; ich überlasse mein Haus der unendlichen Allmacht und weiß, daß ich den richtigen Käufer anziehen werde, der es haben will und darin eine gedeihliche Zeit verbringen wird. Ich nehme dies jetzt als gegeben an. Ich erkenne, daß Gott meine unmittelbare und immerwährende Kraftquelle ist und in jedem Moment und an jedem Ort für alle meine Bedürfnisse sorgt. Ich danke für Gottes Reichtümer, die unveränderlich und ewig sind. Ich danke für einen neuen wunderbaren Start im Berufsleben meines Mannes in göttlicher Fügung."

Sie sagte sich das Gebet drei- bis viermal täglich mit Nachdruck vor und stellte sicher, daß sie danach nicht bezweifelte, was sie behauptet hatte. Kosmische Energie begann damit frei durch ihre Gedankenbilder zu strömen, und diese prägten sich ihrem Unterbewußtsein ein. Neben ihr wohnte ein Anwalt, er kaufte ihr Haus für seinen Sohn, der kurz vor der Hochzeit stand. Der Anwalt sagte, er habe das Schild „Zu verkaufen" erst vor kurzem entdeckt, obwohl es schon ein Jahr dort gehangen hatte. Ihr Mann wurde wieder eingestellt und befördert. Wenige Wochen danach starb die einzige Schwester ihres Mannes, die unverheiratet war, vermachte ihm zweihundertfünfzigtausend Dollar, und sie selbst bekam den ganzen Schmuck der Schwester. Innerhalb zweier Monate wurden alle ihre Probleme gelöst.

Die kosmische Energie kann sich in Ihnen nur ausweiten, wenn sie freigesetzt wird. Denken Sie daran, daß sich alles lediglich gemäß seiner Natur steigert und vermehrt. Energie, Liebe, Geschick, Talent und Wohlstand sind nur verschiedene Formen der einen einzigen Macht kosmischer Energie.

Säen Sie die Samen richtiger Führung und richtigen Tuns und seien Sie sich darüber im klaren, daß kein Same keimt und sich vermehrt, wenn er nicht in Humuserde gesät wird. Ihr Humusboden ist Ihr Unterbewußtsein.

Er lernte den Preis für Wohlstand zu bezahlen

Einem Kaufmann, der nur ein sehr bescheidenes Einkommen hatte, erklärte ich, er müsse die Samen richtig säen, bevor er die Ernte der guten Dinge des Lebens einbringen könne. Er mußte geben, bevor er nehmen konnte.

Gott vermag man nichts zu geben, da dieser alles ist – der Inbegriff der Kraft, Ursache und Substanz aller Dinge; ein Mensch muß lediglich an Gott glauben: ihn als den Spender und die wahre Quelle kosmischer Energie anerkennen, ihm Aufmerksamkeit und Treue bezeugen und sodann Aufmerksamkeit und Liebe über das ausgießen, was er sich wünscht. Wenn es ihm gelingt, sich das geistige Äquivalent des Gewünschten zu schaffen, muß sich das Ergebnis einstellen.

Der Preis, den dieser Kaufmann zu bezahlen hatte, war Glauben, und gemäß seinem Glauben gestalteten sich alle Phasen seines Lebens.

Ich erklärte ihm die Bedeutung der biblischen Wahrheit: *Es sei denn, daß das Weizenkorn in die Erde falle und ersterbe, so bleibt's allein; wo es aber erstirbt, so bringt es viele Früchte* (Johannes 12, 24). Er erkannte, daß er den Samen des Reichtums im Garten seines Geistes ausbringen und die Energie von Glauben, Vertrauen und Liebe über den Samen gießen mußte, um dessen Wachstum und Sichtbarwerden in seinem Leben zu beschleunigen.

Der Kaufmann begann zu beten. Er prägte sich regelmäßig und systematisch ein, er werde kraft höherer Intelligenz und kosmischer Energie, die in seinem Unterbewußtsein wirken, von nun an die Männer und Frauen anziehen, die haben wollten, was er anzubieten hatte, nämlich Immobilien. Er nahm als gegeben an, sie besäßen das Geld, um zu kaufen, und es gebe einen von Gott gewollten Austausch, demzufolge sie Erfolg haben werden und er vorankommen werde. Er behauptete mit voller Überzeugung, daß diese künftigen Kunden ihm ihre Aufmerksamkeit zuwenden würden und das Grundstück haben möchten; und nachdem sie ihr Grundstück geistig besessen hätten, würden sie es tatsächlich erwerben.

Seine Verkäufe haben beträchtlich zugenommen, und in den ersten sechs Monaten dieses Jahres wurde er mit einem rund zehnfachen Provisionseinkommen belohnt.

Habe deine Lust am Herrn; der wird dir geben, was dein Herz wünschet. Psalm 37, 4.

Wie ihre innere Rede ihr äußeres Leben bereicherte

Bei einer Unterredung sagte mir kürzlich eine junge Frau, sie sei mehrere Jahre zuvor Stenotypistin in einem Regierungsbüro gewesen. Eines Morgens habe sie mich im Radio sagen hören, man solle auf seine inneren Gedanken achten und sicherstellen, daß sie dem eigenen Lebensziel entsprächen. Mit anderen Worten: Das innere Sprechen oder die innere Rede des Menschen müßte mit seinem Ziel, mit seinen Wünschen übereinstimmen. Sie sagte: „Ich erkannte plötzlich, daß ich innerlich verleugnete, was ich mir im Leben wünschte, und ich unterband dies. Mir wurde klar, daß natürlich, wenn Beförderung, Gehaltserhöhung und Erfolg sich in meinem Leben einstellen sollten, meine innere Rede mit der Erfüllung meiner Wünsche im Einklang stehen mußte."

Sie hatte früher oft über ihr Problem nachgedacht und sich immer wieder gesagt: „Dort ist kein Vermögen zu machen. Das Gehalt ist sehr niedrig. Ich werde nie vorankommen“, und so fort. Ihre innere Rede wurde natürlich von ihrem Unterbewußtsein aufgenommen. Klar, daß sie in dieser eingeengten, unglücklichen Lage verblieb. Sie kehrte dann jedoch das ganze Verfahren um und eignete sich eine zuversichtliche, aufbauende innere Rede an, die mit ihren Zielen und Absichten im Leben harmonierte. Sie schrieb sich mehrere Sätze auf, die für sie die Verwirklichung ihrer Herzenswünsche bedeuteten, und sprach dieses Gebet mehrmals am Tag sowie vor dem Einschlafen: „Ich habe ein prächtiges Einkommen. Ich bin reich, glücklich und frei. Ich habe einen bewundernswerten, geistig orientierten Mann. Ich werde gebraucht und geschätzt. Ich erlebe meine Selbstverwirklichung auf höchster Ebene.“

Sie wiederholte das Gebet, bis sie die Wirklichkeit dessen, was sie behauptete, zu spüren begann. Ihre innere Rede war, als seien alle diese Wünsche bereits erfüllt. Sie wußte, daß ihre innere Rede oder ihr Selbstgespräch sichtbar würde. Nach etwa einem Monat versetzte man sie für ein viel höheres Gehalt in eine andere Abteilung, sie liebte ihre neue Arbeit, und der Abteilungsleiter machte ihr einen Heiratsantrag. Ich erlebte die Freude, der Trauung beiwohnen zu dürfen.

Stimmt Ihre innere Rede mit Ihrem Ziel überein? Stellen Sie sich diese Frage. Wenn Sie sagen: „O ja. Mein inneres Sprechen ist genau so, wie ich laut sprechen würde, hätte ich alle meine Ziele im Leben bereits erreicht“, dann werden Sie die Freude des erhörten Gebets an sich erfahren . . . *Wo zwei unter euch eins werden auf Erden, warum es ist, daß sie bitten wollen, das soll ihnen widerfahren von meinem Vater im Himmel.* Matthäus 18, 91.

ZUSAMMENFASSUNG

1. Der Mensch kann sich auf die Quelle kosmischer Energie einstimmen, die Quelle aller Kraft und Energie. Und wenn er um Wegweisung, Inspiration und neue schöpferische Ideen bittet, werden ihm diese zuteil werden.
2. Für jedes Problem gibt es eine Lösung. Auf jede Frage gibt es eine Antwort.
3. Wie der Mensch lernt, aus der Sonne Energie zu gewinnen, kann er, wenn er sich voll Glauben und Vertrauen darauf einstellt, lernen, kosmischer Energie teilhaftig zu werden und sein Leben in göttlicher Fügung glücklich und erfolgreich zu gestalten. Gott ist für den Gläubigen Gott, für den, der dem Namen Gottes fernsteht, das höchste Prinzip.
4. Ein Bankangestellter schuf sich von dem Gehalt, das er sich wünschte, ein geistiges Modell und verwirklichte kraft kosmischer Energie seine Wunschvorstellung in kurzer Zeit.
5. Ein Kellner in Las Vegas schrieb nach der Lektüre meines Buches *Die Macht Ihres Unterbewußtseins* vier Dinge auf, die er in seinem Leben erstrebte. Diese sagte er sich mehrmals am Tage vor und betrachtete seine Wünsche in seiner Erfahrung als bereits erfüllt. Die Wünsche prägten sich seinem Unterbewußtsein ein und wurden Wirklichkeit.
6. Ein junger Elektronikingenieur brachte seiner Arbeit solches Interesse und solche Begeisterung entgegen, daß aus der Quelle kosmischer Energie in ihm ungeheure schöpferische Kräfte und neue Ideen freigesetzt wurden, die er beruflich zu nutzen verstand.
7. Der Sohn eines Sklaven hatte eine Vision von Gottes Überfluß und Reichtümern für sich und seine Familie und vertraute der Verwirklichung seiner Vision. Er ist jetzt Multimillionär, Hauptaktionär und Chef einer der größten Sparkassen im amerikanischen Westen.
8. Wenn Sie ein Haus verkaufen wollen, denken Sie nicht an alle die Gründe, aus denen Ihnen der Verkauf nicht gelingen könnte, sondern führen Sie sich vor Augen, daß Sie, von höherer Intelligenz geleitet, den richtigen Käufer anziehen werden, der Ihr Haus zu schätzen weiß und darin glücklich sein wird. Ihre Überzeugung wird – wie jeder geistig bereits als verwirklicht betrachtete Wunsch — Wirklichkeit werden.
9. Sie müssen lernen, den Preis für das zu bezahlen, was Sie haben möchten. Dies bedeutet, daß Sie in Ihrem Unterbewußtsein ein geistiges Äquivalent für Ihre Wünsche schaffen müssen. Der von Ihnen zu be-

zahlende Preis ist Glaube. Sie müssen geben, bevor Sie nehmen können. Sie müssen Samen in Erde säen, um ernten zu können. Und Sie müssen kosmische Energie durch Ihre Ideale, Hoffnungen und Bestrebungen strömen lassen, um ihnen so Leben zu verleihen.

10. Sagen Sie sich, daß kosmische Energie, derer Sie in Ihrem Inneren teilhaftig sind, Ihnen bessere Möglichkeiten des Dienens offenbart. Sie werden dann feststellen, daß in Ihrem Leben Wunder geschehen.

11. Sorgen Sie dafür, daß Ihre inneren Reden, d. h. Ihre stummen Selbstgespräche Ihrem Ziel oder Ihren Wünschen entsprechen. Stellen Sie sicher, daß Ihre Selbstgespräche so sind, als seien Ihre Gebete bereits erhört worden. Gehen Sie bei Ihrer inneren Rede vom Standpunkt des erfüllten Wunsches aus. Denken Sie daran: Es ist immer Ihre innere Rede, die im Leben sichtbar wird.

KAPITEL 2

Die unerschöpfliche Quelle von Reichtum und Überfluß

Als Reichtum kann man den Besitz aller ersehnten Nahrung, Kleidung, Energie, Vitalität, schöpferischen Ideen, Inspiration, finanziellen Mittel, Nutzsachen und Annehmlichkeiten des Lebens in dieser dreidimensionalen Welt ansehen. Wenn Sie Ihr Innenleben – Ihr Denken und Fühlen – regelmäßig und systematisch auf die Quelle kosmischer Energie einstellen, vermögen Sie aus diesem unerschöpflichen Glücksstrom alles zu erhalten, was Sie irgendwann irgendwo brauchen.

Der Schlüssel zum Geldumlauf in seinem Leben

Unlängst sprach ich mit einem pensionierten Manager einer großen Industriefirma, der seine schrecklich arme Kindheit in einem Ghetto mit all den damit verbundenen Einschränkungen verbracht hatte. In der Schule aber hatte er einen Lehrer sagen hören, wenn man soviel Geld haben wolle, wie man brauche, solle man überlegen, was man damit anfangen, wofür man es ausgeben würde: man solle geistig bei all den nützlichen Verwendungsmöglichkeiten verweilen, die man dafür habe. Deshalb habe er, so sagte er mir, schon in sehr jungen Jahren begonnen, stumme Selbstgespräche über die kluge Verwendung des Geldes zu führen, und dabei so getan, als besitze er es bereits.

Im Geiste sah er bildlich vor sich, wie er das College abschloß, ein eigenes Geschäft eröffnete, ein geliebtes Mädchen heiratete, die ganze Welt bereiste, Kindern, die es wert waren, ein Studium ermöglichte, ihre ganze Ausbildung bezahlte und das College, das sie besuchen sollten, maßgeblich unterstützte. Er dachte nicht, er werde „Geld machen", sondern überlegte immer, wie er es klug, sinnvoll und aufbauend verteilen könne. Er gewann ein Stipendium, heiratete eine reiche Frau, beendete sein Studium cum laude, eröffnete ein eigenes Geschäft – heute ein Großunternehmen – und kam phantastisch voran. Er ging als Multimillionär in Pension.

Sein großes Geheimnis war seine innere Rede – sein stummes Selbstgespräch. Wenn Ihre innere Rede mit Ihrem Ziel übereinstimmt, werden Sie entsprechende Ergebnisse erzielen. Dieser Mann wußte intuitiv, daß Geld einfach ein Vorstellungsbild im Geist ist und daß seine innere Rede es in seinem Leben sichtbar machen würde.

Sie haben das Recht, soviel Geld zu haben, wie Sie brauchen

Sie sind dazu da, ein erfülltes, glückliches Leben zu führen. Sie sollten soviel Geld besitzen, wie Sie brauchen, um zu tun, was Sie tun wollen und wann Sie es tun wollen. Manche Menschen vermeiden es, in ihren Gesprächen das Wort „Geld" zu gebrauchen; sie sprechen von „Mitteln", „Wohlstand" oder „Überfluß". Sie meinen zwar Geld, haben aber schrullige veraltete Vorurteile und glauben, es sei Unrecht, sich Geld zu wünschen. Das ergibt keinen Sinn und ist sehr unvernünftig. Gestehen Sie sich ein, daß Geld gut ist, sogar sehr gut. Es kommt wie alles übrige von Gott.

Sie sind hier, um sich geistig, seelisch, finanziell, wirtschaftlich und in jeder anderen Weise zu entfalten. Sie sollten sich mit Schönheit und allen anderen guten Dingen des Lebens umgeben. Sehen Sie das Geld in seiner wirklichen Bedeutung – als Symbol und Mittel des Tauschhandels. Geld bedeutet Freisein von Mangel. Es bedeutet Schönheit, Fülle, Raffinement, Luxus, gutes Leben. Geld nahm im Laufe der Jahrhunderte und Wechsel der Kulturen viele Formen an; es bestand bald in Salz, Rindern, Schafen, bald in Perlen, Edelsteinen, Gold und Schmuck. In alter Zeit beurteilte man den Reichtum eines Menschen oft nach der Zahl seiner Schafe, Ziegen, Ochsen und anderer Tiere. Welche Form das Geld auch immer annimmt, Sie werden allezeit genug davon haben, wenn Sie sich dazu richtig einstellen und aus der Quelle kosmischer Energie schöpfen.

Er hat erreicht, was er sich wünschte

Vor einigen Jahren fragte mich ein junger Bankkassier: „Wie kann ich mehr Geld verdienen? Wie stelle ich es an, daß ich tun kann, was ich will?" Ich antwortete ihm mit der einfachen Erklärung, daß seine

Denkgewohnheit in seinem Unterbewußtsein bestimmte Spuren und Wege – Denkgeleise – einschleife und daß er soviel Geld haben könne, wie er brauche, wenn er sein Denken und seine innere Rede richtig lenke.

Ich betonte, daß seine innere Rede alle äußeren Erlebnisse seines Daseins bewirke. Ich fragte ihn, wie er denken, sprechen und handeln würde, wenn er das Geld, das er sich wünsche, bereits besäße. Er sagte, er würde seiner Frau ein Haus kaufen, sich selbst einen Cadillac, dann eine Weltreise machen und an einer der nahegelegenen Universitäten Volkswirtschaft studieren.

Ich empfahl ihm, sein inneres Gespräch ungefähr folgendermaßen zu führen: „Ich habe ein schönes Haus. Es ist wunderbar. Ich bin auf einer Reise um die Welt. Ich habe einen prächtigen neuen Cadillac. Ich studiere Volkswirtschaft an der Rutgers-Universität." Dieses Selbstgespräch sollte er täglich auf dem Weg zur Arbeit, in der Bank, beim Rasieren oder im Restaurant führen. Er sollte nie bezweifeln, was er innerlich behauptete.

Alles verwirklichte sich. Er wurde in einen Spezialkurs für Volkswirtschaft an die Rutgers-Universität nach Stonier geschickt. Er verdient heute viel mehr als sein damaliger Direktor; das Geld ist in seinem Leben eine Selbstverständlichkeit, und er hat erreicht, was er sich vornahm.

In der Bibel heißt es: *Aus deinen Worten wirst du gerechtfertigt werden, und aus deinen Worten wirst du verdammt werden* (Matthäus 12, 37). Die innere Rede oder das Selbstgespräch dieses Bankangestellten basierten auf der inneren Überzeugung, er habe alle gewünschten Dinge bereits. Sie waren in dem Sinne wirklich, als sie Vorstellungsbilder in seinem Geist waren: man muß alles, was man haben möchte, zuerst im Geist besitzen, denn hier finden alle Transaktionen statt.

Er behielt seine Ziele und Bestrebungen ständig im Auge; denn er hatte erkannt und wußte, daß seine innere Rede oder sein Selbstgespräch auf dem Bildschirm des Raumes sichtbar werden mußte. Sie müssen sich das geistige Äquivalent von allem schaffen, das Sie im Leben haben möchten. Denken Sie voll Interesse an das, was Sie sich wünschen. Ihre Gedanken erzeugen eine Gefühlsbewegung, und wird diese wiederholt, so prägt sie sich Ihrem Unterbewußtsein ein und muß sich verwirklichen.

Wie Sie erreichen können, daß in Ihrem Leben das Geld frei zirkuliert

Legen Sie sich einen kleinen Satz zurecht, der sich Ihrem Unterbewußtsein leicht einprägt, und sagen Sie ihn sich immer wieder vor, wie eine Art Wiegenlied. Hier ein einfacher solcher Satz: „Ich behaupte bewußt und wissentlich, daß Geld in meinem Leben frei und freudebringend fließt und stets in gottgegebenem Überfluß vorhanden ist."

Nehmen Sie sich am Morgen und am Abend vor dem Einschlafen jeweils fünf Minuten Zeit und wiederholen Sie diesen Satz; Sie werden feststellen, daß die Idee des Reichtums sich Ihrem Unterbewußtsein einprägt. Ihr Bewußtdenken ist die Feder, mit der Sie die Idee vom Reichtum in Ihr Unterbewußtsein schreiben. Dieses wird sich Ihre Idee einverleiben und auf eine Weise reagieren, die Sie nicht kennen.

Sie müssen aber auf jeden Fall sicherstellen, daß Sie nicht hinterher in Abrede stellen, was Sie behauptet haben. Sie dürfen nicht etwa sagen: „Ich komme mit meinem Geld nicht aus, ich kann die Miete nicht bezahlen, ich kann mir keinen neuen Wagen leisten." Gebrauchen Sie unter keinen Umständen den Ausdruck *„Ich kann nicht"*; denn Ihr Unterbewußtsein wird Sie wortwörtlich verstehen und den Strom des Erwünschten abblocken. Wiederholen Sie den Satz, sooft Sie wollen. Wenn Sie wissen, was Sie tun und warum Sie es tun, werden sich Ergebnisse einstellen. Sie wenden ein zwingendes geistiges Gesetz an: Was Sie dem Unterbewußten einzuprägen vermögen, das wird in Ihrem Leben Gestalt annehmen.

Warum sie von ihrem Unterbewußtsein keine Antwort erhielt

Die Quelle kosmischer Energie ist allen zugänglich. Es liegt in ihrer Natur, gemäß der Natur der an sie gerichteten Bitte zu reagieren. Vor mehreren Jahren sagte mir eine OP-Schwester, sie bete um „Mittel", womit sie Geld meinte; sie gebrauchte das Wort Geld nicht und gab zu, daß sie die Gewohnheit hatte, Geld als „dreckig" zu bezeichnen. Ich erklärte ihr, daß alles, was wir verdammen, Flügel bekommt und davonfliegt und daß sie genau das verdammte, worum sie betete. Dies war natürlich unsinnig.

In dem Gespräch wurde ihr klar, daß Gold, Silber, Blei, Zink, Kupfer und Eisen nichts Böses sind. Unser Geld besteht derzeit aus einer Mischung von Kupfer und Nickel oder aus Papier; bestimmt ist an diesen Metallen und am Papier nichts Böses oder Schmutziges. Der einzige Unterschied zwischen den einzelnen Metallen liegt in der Zahl und den Bewegungen der Elektronen, die um den Zentralkern kreisen. Ein Metall kann durch Bombardierung der Atome im mächtigen Zyklotron in ein anderes Metall verwandelt werden. Irgendwann wird man Gold, Silber und ähnliche Metalle im Labor synthetisch herstellen. Es ist nichts Schlechtes an Elektronen, Protonen oder elektromagnetischen Wellen.

Die OP-Schwester wurde sich nun bewußt, daß jeder Mensch Geld wünscht, und zwar nicht nur genug, um eben auszukommen. Der Drang des Menschen, sein Wunsch nach Essen, Kleidung, Häusern, Autos, Selbstverwirklichung und Wohlstand ist gottgegeben, gottgewollt und wurzelt fest in dem Bibelwort: . . . *Gott, der uns dargibt reichlich, allerlei zu genießen* (1 Timotheus 6, 17).

Sie begann also nachdrücklich und ganz bewußt zu sagen: „Ich weiß und glaube, daß Geld gut ist, sogar sehr gut. Gott bezeichnete alles als gut, sogar sehr gut. Tag und Nacht komme ich voran, ich wachse und weite mich in alle Richtungen aus. Ich verwende Geld klug, vernünftig und aufbauend. Ich werde von Gott geführt und verwirkliche mich auf höchster Ebene. Geld ist Gottes Idee, und es zirkuliert immer frei in meinem Leben; ich bin wirtschaftlich gesund. Ich danke für Gottes Reichtümer, die stets wirksam, verfügbar, unveränderlich und ewig sind."

Sie sagte sich diese Wahrheiten am Morgen, Nachmittag und Abend wiederholt vor und achtete darauf, daß sich in ihre Gedankengänge keine negativen Unterstellungen hinsichtlich des Begriffs Geld einschlichen.

Sie beschloß dann plötzlich, Medizin zu studieren, wurde zum Studium zugelassen, machte in kürzester Frist ihren Doktor. Später heiratete sie einen Professor der Medizin. Geld zirkuliert in ihrem Leben nun reichlich, und es ist – wie sie sich einst suggeriert hatte – immer ein gottgegebener Überschuß vorhanden.

Warum ihm auf einmal genug Geld zufloß

Ein Geschäftsmann klagte, er bete um Wohlstand, höheres Einkommen und besseren Verkauf; mit anderen Worten, er wünsche sich mehr Geld, um tun zu können, was er tun wolle, erziele aber keine Ergebnisse. Im Gegenteil, er werde sogar ärmer.

Oft bringt schon die Erklärung die Heilung, wie in diesem Fall. Der Mann sagte sich vor: „Ich bin wohlhabend, ich komme voran, Geld strömt mir frei zu, ich habe Erfolg." Aber er bezweifelte, was er sich vorsagte.

Ich erklärte ihm, sein Unterbewußtsein nehme stets die dominierende von zwei gegensätzlichen Ideen auf oder die dominierende Stimmung oder Gefühlsempfindung. Im weiteren Gespräch mit ihm erfuhr ich, daß die Wiederholung der oben angeführten Suggestionsformel („Ich bin wohlhabend" usw.) in ihm stets ein Gefühl der Beklemmung, der Not wachrief. Folglich löste jede Behauptung die gegenteilige dominierende Empfindung aus, also eine Gefühlshaltung angesichts von Geldmangel, Eingeengtheit, schlechtem Verkauf usw. In seinem Dasein stellte sich folgerichtig noch mehr Mangel ein.

Er erkannte, daß die Lösung darin bestand, sein Denken und Fühlen in Einklang zu bringen; dann würde es keinen Widerspruch mehr geben. Das Unterbewußtsein akzeptiert, was wir wirklich bewußt und tief überzeugt glauben, was unser vorherrschendes Denken und Fühlen ihm einprägen. Er sicherte sich nun die „Mitarbeit" seines Unterbewußtseins, indem er sich suggerierte: „Jeden Tag bessern sich meine Verkäufe; jeden Tag kommen mehr Kunden, sie sind zufrieden und glücklich. Ich verdiene an jedem Tag meines Lebens mehr Geld. Ich komme ständig voran."

Diese Aussagen verursachten in seinem Gemüt keinen Konflikt mehr; denn nichts in ihm sagte, sein Verkauf und seine Einnahmen könnten nicht steigen. Er fand diese Einstellung psychologisch gesund, und sie brachte die gewünschten Ergebnisse. Er hielt an seiner geistigseelischen Übung fest, und nach vier Monaten mußte er zwei zusätzliche Verkäufer einstellen, um den gestiegenen Verkauf zu bewältigen. Das Geld floß ihm reichlich zu.

Öffnen Sie Geist und Herz für den Zustrom der Reichtümer Gottes

Um auf den Königsweg zu Reichtümern aller Art zu gelangen – geistigen, seelischen, materiellen, finanziellen –, dürfen Sie nie anderen Menschen Hindernisse in den Weg legen, und Sie dürfen auch nicht eifersüchtig, neidisch, voller Haß oder Groll auf andere sein. Denken Sie daran: Ihre Gedanken sind kreativ, und was Sie über andere denken, das erzeugen Sie in Ihrem eigenen Leben und Erleben.

Ich habe entdeckt, daß viele begabte Männer und Frauen Eifersucht und Neid gegenüber früheren Schulkameraden oder ihren Geschäftspartnern empfinden, die auf der Erfolgsleiter höher gestiegen sind, Reichtümer angesammelt und sich ausgezeichnet haben. Negativ von ehemaligen Studienkollegen oder von Geschäftspartnern zu denken und ihren Reichtum zu verurteilen, hat zur Folge, daß der Reichtum, um den so denkende Menschen für sich selbst beten, sich ihnen entzieht. Sie beten auf zweierlei Art; ich fand heraus, daß sie in einem Atemzug sagen: „Gott läßt mich jetzt vorankommen", und (stumm oder laut): „Empörend, daß ‚dieser Kerl' vorankommt!"

Wenn diese Menschen ihre Haltung ändern und sich ehrlich über Erfolg, Beförderung und Wohlstand ihrer Bekannten freuen, haben sie, wie ich oft erlebte, selbst größere Erfolge, als sie in ihren kühnsten Träumen erwarteten. Dies geht auf den uralten wahren Gedanken zurück, den unsere Ahnen vor Jahrtausenden äußerten: „Das Glück meines Bruders ist mein Glück."

Von Lumpen zu Wohlstand

Lloyd Watson veröffentlichte einen exemplarischen Bericht über den Aufstieg eines zielstrebigen Mannes:

> Mit Dreizehn verdiente Peter Traynor als Farmarbeiter bei Boston vier Dollar am Tag, während seine aus Polen stammenden armen Einwanderereltern darum kämpften, sich in den Vereinigten Staaten ein neues Leben aufzubauen. Heute, mit Vierunddreißig, ist er Multimillionär. „Ich verdiene jetzt mehr als vier Dollar in der Minute", sagt Traynor, der dem Leverage Funding System vorsteht, einer Gesellschaft in Los Angeles, die für mehr als fünfzehnhundert Ärzte Geld investiert.
>
> „Ich lernte das Erfolgsdenken von meinem Vater", erklärt Traynor. „Er verkaufte vor dem Zweiten Weltkrieg Krawatten und getragene Kleidung, um seinen Lebensunterhalt zu ver-

dienen. Ich erinnere mich, wie er die Kleider in unsere alte Klapperkiste von Auto lud und erst heimkam, nachdem er alles verkauft hatte – und wenn es bis Mitternacht dauerte."

Mit Erfolg als ständigem Ziel gelang es Traynor, fast alles, was er anfaßte, in Geld zu verwandeln.

„Alles, was ich tue, ist auf Erfolg ausgerichtet", sagte er. „In der High School mähte ich nach den Vorlesungen Rasen. Dadurch wurde ich bald zu einem Halbtags-Landschaftsgärtner, was mir achtzehntausend Dollar jährlich einbrachte, als ich mich noch im vorletzten Studienjahr befand."

1961, nachdem er die Universität Boston absolviert hatte, ging Traynor in den Westen. „Ich kam nach Kalifornien, um Erfolg zu haben", erklärte er. „Ich beobachtete erfolgreiche Männer und ahmte ihren Stil, ihre Techniken und ihre Disziplin nach."

Zunächst nahm er eine Stellung bei der Penn Mutual Insurance Company an – und stellte einen neuen Rekord dieser Versicherungsgesellschaft auf; denn er verkaufte in seinem ersten Jahr Versicherungen im Wert von über drei Millionen Dollar. In seinem dritten Jahr schloß Traynor Versicherungen über zwölf Millionen Dollar ab – und machte sich damit zum „Superverkäufer" seiner Branche. Obwohl auf dem Gipfel des Erfolgs, verließ Traynor die Penn Mutual auf der Suche nach noch höheren Gipfeln. Er beschloß, selbst eine Investmentgesellschaft zu eröffnen.

„Die Idee kam mir, nachdem ich herausgefunden hatte, daß Ärzte die besten Kunden für Versicherungsunternehmen sind", sagte Traynor. „Ich wußte, daß Ärzte Geld haben – aber ich wußte auch, daß sie oft nicht die Zeit haben, es selbst klug zu investieren. Also gründete ich die Leverage Funding, um ihr Geld für sie arbeiten zu lassen – und auch für mich."

Traynor verfügt über die Anteilsmehrheit der Gesellschaft (Leverage Funding), die voriges Jahr mehr als zwei Millionen Dollar Gewinn auswies, und er hat auch die Mehrheit der Anteile an den Lester-Traynor Productions, einer Firma, die ins Filmgeschäft eingestiegen ist.

„Erfolg", sagt Traynor, „hängt nur davon ab, daß man sich selbst richtig einsetzt. Wenn man die Lage sorgfältig analysiert,

> logisch vorgeht und vom Erfolg überzeugt ist, lassen sich nur sehr wenige Ideen nicht in die Praxis umsetzen."

Der obige Artikel von Lloyd Watson erschien am 2. September 1973 im *National Enquirer*. Peter Traynor hatte nichts gehabt als eine gute Idee, und da er beharrlich daran festhielt, prägte sich diese Idee seinem Unterbewußtsein ein, das seinerseits – sozusagen autonom – für deren Verwirklichung sorgte. Sie können „Erfolg" denken, „Reichtum" oder „Wohlstand" zur beherrschenden Parole Ihres Denkens und Wünschens machen. Ihr Unterbewußtes wird Ihre Idee aufnehmen und im Leben auf eine Art und Weise verwirklichen, die Sie sich jetzt gar nicht vorzustellen vermögen.

ZUSAMMENFASSUNG

1. Indem Sie Ihr Innenleben regelmäßig und systematisch auf die Quelle kosmischer Energie einstellen, fällt Ihnen alles zu, was Sie irgendwann irgendwo brauchen.

2. Wenn Sie viel Geld wollen, dann denken Sie an das, was Sie damit anfangen würden, und reden und handeln Sie, als besäßen Sie bereits soviel Geld, wie Sie brauchen, um tun zu können, was Sie tun wollen. Machen Sie es wie der spätere Manager, der Selbstgespräche über die sinnvolle Verwendung des Geldes führte, der sich im Geiste ein Bild von all den Dingen machte, die er tun wollte, und alle verwirklichten sich. Ihre innere Rede, d. h. Ihr Selbstgespräch (Ihr Denken und Fühlen), wird immer sichtbar. *Und das Wort ward Fleisch* (Das gedankliche Bild wurde sichtbar) ... Johannes 1, 14.

3. Sie sind hier, um ein erfülltes, glückliches Leben zu führen. Sie sollten genug Geld haben, um tun zu können, was Sie tun wollen und wann Sie es tun wollen. Machen Sie sich klar, daß das Geld, wie alles übrige, von Gott kommt. Geld, welche Form es auch immer annimmt, ist gut, sogar sehr gut. Betrachten Sie das Geld als Symbol von Freiheit, Schönheit, Fülle, Raffinement und Wohlleben, und Sie werden immer soviel haben, wie Sie wollen.

4. Ein Bankangestellter begann zu denken, zu sprechen und zu handeln, als besitze er das Geld bereits, das er sich wünschte. Er dachte vom angestrebten Ziel aus, und zwar so, als hätte er es bereits erreicht. Er entdeckte, daß seine innere Rede, sein stummes, inneres Selbstgespräch, alle seine Wünsche Wirklichkeit werden ließ.

5. Es gibt eine einfache Formel, die es Ihnen ermöglicht, in Ihrem Leben einen ständigen Geldstrom zu erzeugen, so daß Sie alle Ihre Bedürfnisse erfüllen können. Legen Sie sich einen kleinen Satz zurecht, der sich leicht in Ihr Unterbewußtsein eingräbt, und wiederholen Sie ihn immer von neuem. Er wird sich Ihrem Unterbewußtsein einprägen und nach zwingendem Gesetz verwirklichen. Verwenden Sie folgenden Satz: „Geld fließt frei in meinem Leben, und es ist stets ein gottgegebener Überfluß davon vorhanden."

6. Eine OP-Schwester hatte die Gewohnheit, das Geld als „dreckig" zu bezeichnen, zugleich wünschte sie sich eine Menge Geld. Sie erkannte, daß sie das verdammte, worum sie betete, was absurd ist. Sie änderte ihre Einstellung, und damit änderte sich alles. Sie sagte sich, das Geld sei gut, sogar sehr gut: „Geld ist Gottes Idee, und es zirkuliert immer frei in meinem Leben; ich bin wirtschaftlich gesund." Sie betete auch um göttliche Führung, und ihr Leben nahm eine andere Rich-

tung. Sie machte ihren Doktor der Medizin, schloß eine glückliche Ehe und hat mehr als genug Geld.

7. Ein Mann, der sich im Grunde von Gedanken an Not und Eingeengtheit nicht trennen konnte, sagte sich vor: „Ich bin wohlhabend, ich komme voran"; doch er wurde immer ärmer. Er lernte, sein Denken und Fühlen in Einklang zu bringen. Also begann er nach der Formel zu leben: „Jeden Tag bessern sich meine Verkäufe; jeden Tag kommen mehr Kunden, sie sind zufrieden und glücklich. Ich verdiene an jedem Tag meines Lebens mehr Geld. Ich komme ständig voran." Diese in seinem Denken und Fühlen beherrschend gewordenen Feststellungen verursachten in seinem Gemüt keinen Konflikt mehr und brachten die gewünschten Ergebnisse.

8. Ein großes Hindernis auf dem Weg zu Reichtum und Glück ist für viele Menschen, daß sie Eifersucht und Neid gegenüber ihren Mitmenschen empfinden. Sie erkennen nicht, daß man alles, was man über die anderen denkt, in seinem eigenen Geist, Körper und Dasein erzeugt. Gedanken haben Gestaltungskraft. Wenn Sie auf andere eifersüchtig sind oder sie beneiden, dann machen Sie sich selbst ärmer und ziehen sich selbst Mangel und Beschränkungen zu. Sie sollen sich am Erfolg aller Menschen Ihrer Umgebung freuen, ihnen Gesundheit, Wohlstand und die Teilhabe an der Fülle kosmischer Energie wünschen. Wenn Sie dies aufrichtig und ehrlich tun, werden Sie feststellen, daß das Glück Ihres Bruders auch Ihr Glück sein wird.

9. Peter Traynor, der als Arbeiter vier Dollar am Tag verdiente, hatte in seinem Geist an vorderster Stelle die Vorstellung von „Erfolg und Wohlstand" und arbeitete sich mit einer Idee aus Lumpen zu phantastischem Reichtum empor. Heute ist er Chef der Leverage Funding Company, einer Investmentgesellschaft, und verwaltet das Geld von fünfzehnhundert Ärzten. Indem er für sie verdiente, verdiente er für sich. Auch Sie können eine Idee haben, die ein Vermögen wert ist.

KAPITEL 3

Die beglückende Quelle des Friedens und der Erfüllung

Abraham Lincoln sagte: „Ich werde oft von der überwältigenden Überzeugung auf die Knie gezwungen, daß ich mich nirgendwohin sonst wenden kann. Meine Weisheit und die aller um mich schien unzureichend für den Tag."

Sokrates sagte: „Unsere Gebete sollten um allgemeine Segnungen flehen; denn Gott weiß am besten, was gut für uns ist."

Alfred Lord Tennyson sagte: „Durch Gebete werden mehr Dinge erwirkt, als die Welt sich träumen läßt. Worin sind die Menschen besser als Schafe oder Ziegen, die im Gehirn ein blindes Leben nähren, wenn sie nicht, da sie Gott kennen, ihre Hände im Gebet für sich selbst und für jene heben, von denen sie Freunde genannt werden?"

Samuel Taylor Coleridge sagte: „Der betet am besten, der am besten liebt."

John Greenleaf Whittier sagte: „Das einfache Herz, das frei in Liebe bittet, bekommt."

Ralph Waldo Emerson sagte: „Ist ein Gebet nicht eine Untersuchung der Wahrheit, ein Ausflug der Seele ins ungefundene Unendliche? – Kein Mensch betete von Herzen, ohne etwas zu lernen."

John Bunyan sagte: „Beim Beten ist es besser, ein Herz ohne Worte als Worte ohne Herz zu haben."

Ein altes Sprichwort sagt: „Wenn die Menschen zu Gott beten, bitten sie gewöhnlich darum, daß zwei und zwei nicht vier sei."

Wenn Sie beten, dann versuchen Sie nicht, die Quelle kosmischer Energie zu verändern, die Gott ist, denn Gott ist gestern, heute und immerdar derselbe. Wirksames Beten besteht darin, daß Sie sich selbst nach dem ausrichten, was göttliches, was kosmisches Gesetz und

Brennpunkt für die Äußerung von Leben, Liebe, Wahrheit, Schönheit, Freude und Erfülltheit ist. Mit anderen Worten: Gebet ist die Betrachtung der Wahrheiten Gottes vom höchsten Standpunkt aus.

Gott als die Quelle kosmischer Energie setzt seine Gesetze für niemanden außer Kraft; und er bevorzugt niemanden. Er ist unpersönlich und sieht die Person nicht an. Beten bewirkt das Einfließen kosmischer Energie in Ihre Denk- und Vorstellungsgewohnheiten und in Ihren Glauben. In gewissem Sinn gibt es so viele Gebetsformen, wie es Menschen auf Erden gibt.

Er sprach das Bittgebet

Vor kurzem unterhielt ich mich mit einem Matrosen, dessen Schiff im letzten Weltkrieg von einem Torpedo getroffen worden war. Der Matrose trieb zehn oder zwölf Stunden auf einem improvisierten Floß im Meer. Er sagte, er habe laut geschrien: „O Gott, rette mich! Du weißt, daß ich hier bin." Für ihn war Gott ein Wesen von menschenähnlicher Gestalt, das irgendwo im Raum existierte. Er kannte die kosmischen Gesetze des Geistes nicht, er wußte nicht, daß Gott der Geist in ihm war, allgegenwärtig, ohne Gesicht, Form oder Gestalt und jedem Menschen sofort zugänglich. Sein Bitten und Flehen erreichte die Quelle kosmischer Energie nicht, aber sein vom Verstand nicht geblendeter, inbrünstiger blinder Glaube erreichte sie. Als er von einem norwegischen Schiff gerettet wurde, sagte der Kapitän, aus einem undefinierbaren Grund habe er den Kurs geändert, und der treibende Matrose sei von einem wachhabenden Matrosen auf dem Schiff erspäht worden.

Der Grund für die Rettung des Mannes war, daß er sich in einer äußerst gefährlichen Lage befand und bedingungslos glaubte, daß er gerettet werde. Der kosmische Energiespender reagierte gemäß dem blinden Glauben des Mannes.

Ihr Denken ist Ihr Gebet

Beten bedeutet, im Denken vom Standpunkt universeller Prinzipien und ewiger Wahrheiten auszugehen, genau wie ein Ingenieur von feststehenden mathematischen Regeln ausgeht oder ein Chemiker vom Standpunkt der Gesetze, die chemischen Zusammensetzungen zugrunde liegen. Jeder Gedanke ist in gewissem Sinn ein Gebet, einfach weil jeder Gedanke zu Aktion und Ausdruck tendiert. In der Bibel heißt es: ... *Gott war das Wort* (Johannes 1,1). Das Wort ist ein ausgedrückter Gedanke, und wie Ihnen gesagt wurde, war das Wort Gott; dies bedeutet, daß das Wort kreativ ist. Gott ist die eine Schöpferkraft, die Quelle kosmischer Energie. Da Ihr Gedanke ebenfalls schöpferisch ist, ist er auch Gott, nämlich Ausfluß und Teil Gottes.

Wir alle haben einen gemeinsamen Ursprung und bestehen aus einem universellen Stoff. In der Bibel heißt es: *Darum sollt ihr also beten: Unser Vater ...* (Matthäus 6, 9), und das heißt, daß wir alle aus dem einen Lebensprinzip hervorgegangen und aus der einen Quelle kosmischer Energie am Leben sind; deshalb sind wir in Wahrheit alle verwandt. Und darum ist es wichtig, daß Sie beim Beten allen Menschen auf Erden Liebe und Wohlwollen entgegenbringen, ebenso allen Tieren des Feldes. Der Mensch muß seine wesenhafte Einheit mit allen Dingen spüren: mit den Vögeln in der Luft, den Fischen im Wasser, einfach mit allem, was da wächst.

Der Spender kosmischer Energie erschafft alle Dinge, und alles wird in ihm und aus ihm erschaffen. Nichts im Universum kann der Gegner eines anderen sein. Wir sind alle Teil eines wunderbaren Ganzen, dessen Körper die Natur und dessen Seele Gott ist.

Wie man richtig betet

Es gibt viele Ebenen und viele Arten des Betens. Eine alte Maxime besagt: „Wenn deine Gedanken Gottes Gedanken sind (schöpferisch, aufbauend, auf dem Prinzip beruhend), dann ist Gottes Macht mit deinen Gedanken des Guten."

Beten ist im wesentlichen Denken von einem schöpferisch-aufbauenden Standpunkt aus. Richtiges Beten geht von der geistigen Voraussetzung aus, daß jeder von uns an kosmischer Energie teilhat und wir erhalten, was wir wünschen, soweit wir uns das Gewünschte zum geistigen Besitz machen.

Die konstruktive, schöpferisch-aufbauende Aktion Ihres Denkens steht im Einklang mit Gott als Quelle der kosmischen Energie, mit dem universellen Prinzip, und dieses reagiert gemäß der Natur Ihres Denkens.

Wirkliches Beten ist eine beharrlich aufrechterhaltene, konstruktive Geisteshaltung, die zu Überzeugtheit führt. Ist der Inhalt Ihres Denkens und Glaubens, Ihre Idee, Ihr Wunsch, einmal Ihrem Unterbewußtsein einverleibt, wird die Antwort als Teil eines Schöpfungsgesetzes offenbar. Die Feuerprobe, ob Sie Überzeugtheit erreicht haben oder nicht, ist bestanden, wenn Ihr Geist Ihre Idee voll und ganz akzeptiert hat und Sie sich das Gegenteil nicht mehr vorstellen können.

Warum sie nicht erhört wurde und welches Gebet sie befreite

Die Tendenz des Lebensprinzips und kosmischen Gesetzes ist es, die Menschheit in unzähligen Weisen zu heilen, wiederherzustellen, gesundzuerhalten und gedeihen zu lassen. Jeder Organismus hat ein eingebautes Prinzip der Unversehrtheit und Einheit. Im Brief des Jakobus heißt es: ... *ihr bittet, und nehmet nicht, darum daß ihr übel bittet* ... Jakobus 4, 3.

Frau B. hatte Geschwüre und nahm die ihr von den Ärzten verordneten Medikamente ein, sagte aber ständig: „Die Medizin taugt nichts. Meine Geschwüre werden immer schlimmer." Ihre sämtlichen Gedanken waren wie ihre Krankheit von bitterer, schwäriger Natur; sie war voller Haß, Feindschaft und kaum noch unterdrückter Wut auf ihre Verwandten. Gleichzeitig flehte sie Gott an, ihr Leiden zu heilen, das sie in ihrer Unwissenheit über sich selbst brachte. Sie betete mit einem Herzen voll Feindschaft, Wut und Haß, und dies ist übles Bitten.

Als sie in einfacher Weise erklärt bekam, was sie sich selbst antat, beschloß sie, ihre Verwandten folgendermaßen freizugeben: „Ich entlasse meine Angehörigen voll und ganz ins große Meer des Lebens, wünsche ihnen Harmonie, Gesundheit und Frieden. Wann immer mir einer von ihnen in den Sinn kommt, werde ich sofort sagen: ‚Ich habe dich entlassen – Gott sei mit dir.'"

Sie beschloß auch, ihre Ärzte und die von diesen verordneten Arzneien nicht mehr zu kritisieren; denn sie hatte erkannt, daß sie, wenn sie keine Krücken mehr brauchte, geheilt sein würde und daß sie inzwischen aufhören mußte, bei sich und anderen Fehler zu suchen.

Sie hatte nun begriffen, daß ihre Geschwüre eine Folge ihrer negativen Geisteshaltung waren und daß harmonische Gedanken des Friedens und der Liebe ihre Gesundheit wiederherstellen würden.

Sie machte es sich zur Gewohnheit, folgende Lebenswahrheiten beharrlich zu sagen: „Ich lebe in Frieden mit allen Menschen und Dingen. Gott führt mich in meinem Essen und Trinken. Ich werde von kosmischer Energie durchströmt und von Frieden, Harmonie, Kraft und Vitalität erfüllt. Die Lebenskräfte fließen frei, freudig und harmonisch durch mein ganzes Wesen, ich bin geheilt, unversehrt und vollkommen."

Als sie ihren Geist immer mehr mit diesen Wahrheiten durchtränkte, sich selbst verzieh, daß sie negative Gedanken gehabt hatte, und ihre Verwandten freigab, überkam sie ein wunderbares Gefühl des Friedens. Sie hat ein neues Leben gefunden und ist nicht nur gesund, sondern auch in jeder Weise freundlicher, brauchbarer und glücklicher geworden.

Liebe ist der große Magnet

Vor mehreren Monaten wurde ein mit mir befreundeter Arzt in ein unangenehmes Gerichtsverfahren verwickelt. Er war sehr verärgert, verwirrt und von tiefem Groll erfüllt über die Unterstellungen und falschen Beschuldigungen seiner Gegner. Der Zivilprozeß endete nicht befriedigend für ihn. Ich erklärte ihm, er müsse erst seine Feindseligkeit und seinen Groll ausmerzen, bevor er mit Erfolg beten und dadurch eine Wendung herbeiführen könne.

Er begann sich regelmäßig und systematisch vorzusagen: „Unendliche Gerechtigkeit, Liebe, Harmonie und Wahrheit, die Summe kosmischer Energie, wirken im Geist und in den Herzen aller, die in diesen Prozeß verwickelt sind, und die Wahrheit ist mein Schutz und Schirm." Immer wenn seine Gedanken sich seinen Gegnern zuwandten, sagte er: „Gottes Liebe erfüllt eure Seelen."

Nach etwa einer Woche war er von einem tiefen Gefühl des Friedens erfüllt. Als der Fall vor das Berufungsgericht kam, wurde das erstinstanzliche Urteil aufgehoben und zu seinen Gunsten entschieden.

Dieser Arzt gestand mir, nach der Änderung seiner Einstellung habe er entdeckt, daß die Liebe wie ein eiserner Magnet sei, der gleiches anziehe. In ähnlicher Weise zieht er nun immer mehr Patienten an und erreicht bemerkenswerte Heilungen. Seine Frau sagt: „Mein Mann ist jetzt magnetisch."

Magnetismus ist ein anderes Wort für Liebe und den Inbegriff kosmischer Energie. Es sind Liebe, Wohlwollen, Kraft und Vitalität, die der Arzt heute gegenüber seiner Umgebung ausstrahlt. Er hat sich verwandelt und sendet unaufhörlich einen Strom der Liebe aus, und alle, die mit ihm in Berührung kommen, sind gesegnet.

Vor seiner inneren Wandlung war er oft gereizt und ständig voll Haß und Groll gewesen. Er hatte Patienten und Geld verloren. Er hatte in der Tat die Quelle kosmischer Energie abgeblockt. Es bedurfte dieses Prozesses und des zitierten Gebetes, damit er entdecken konnte, daß die göttliche Liebe alles auflöst, was ihr nicht ähnlich ist.

Der Wunsch und der Glaube an die Wunscherfüllung

Vor einiger Zeit nahm ich im Haus von Freunden auf Maui, einer der schönsten Hawaii-Inseln, an einem geselligen Abend teil. Unter den Gästen befand sich eine Frau, und sie erzählte uns allen, wie sie ihr Leben verwandelt hatte. Sie wies darauf hin, daß sie viele Bücher über positives Denken und geistiges Training gelesen habe: trotzdem sei ihr Leben ein einziges Durcheinander gewesen; sie hatte sich einsam und enttäuscht gefühlt, finanzielle Schwierigkeiten und nur eine Teilzeitbeschäftigung gehabt.

Neun Worte in der Bibel jedoch haben ihr Leben verändert: *Glaube, wenn er nicht Werke hat, ist er tot ...* (Jakobus 2, 17). Sie betrieb, nur so als Hobby, ein bißchen Malerei. Eines Tages hatte sie das Haus gemalt, das sie sich wünschte; es war eine Art geistiger Plan. Sie hatte das Haus in der Ecke eines großen Bogens Zeichenpapier angesiedelt. An einer anderen Stelle hatte sie geschrieben: „Jahresgehalt fünfundzwanzigtausend Dollar." An wieder anderer Stelle hatte sie den Satz angebracht: „Ich bin mit einem bewundernswerten Mann glücklich verheiratet." Dann hatte sie noch ein Schwimmbassin mit einem Zaun rund um das Ganze herum auf den Bogen gemalt. Diesen Bogen, ihren Wunschplan, hatte sie in ihrer Wohnung mit Reißzwecken an einer Wand befestigt, wo sie ihn oft betrachten konnte. Sie hatte sich Bilder geschaffen, die nach und nach ein geistiges Modell erzeugen mußten, das sich nach dem Gesetz kosmischer Energie verwirklichen und all ihren Wünschen Leben verleihen sollte.

Das Modell hatte sich mit der Zeit ihrem Unterbewußtsein eingeprägt: Wunsch, gepaart mit dem Glauben an die Wunscherfüllung. Sie sagte, nach ein paar Wochen habe sie tatsächlich das Gefühl gehabt, alle diese Dinge zu besitzen.

Kurz danach, als sie zur Zahnbehandlung in Honolulu gewesen war, hatte sie im Royal Hawaiian Hotel einen alten Freund getroffen. Er hatte sie mit seinem Bruder bekannt gemacht, der sich auf den ersten Blick in sie verliebt und sie geheiratet hatte. Sie hat jetzt von ihm ihre fünfundzwanzigtausend Dollar im Jahr, die sie nach Gutdünken ausgeben kann. Sie wohnt nun in Sydney, Australien, hat ein herrliches Haus, ein Schwimmbad und vor allem einen prächtigen Mann.

Wir alle waren beeindruckt von der einfachen Unmittelbarkeit ihrer Erzählung, noch mehr aber von ihrem Vertrauen in die Gesetze des Geistes und die Wunder der unendlichen Macht, derer wir alle teilhaftig sind.

ZUSAMMENFASSUNG

1. Coleridge sagte: „Der betet am besten, der am besten liebt."

2. Wenn Sie beten, dann versuchen Sie nicht, die Quelle kosmischer Energie zu verändern, die gestern, heute und immerdar dieselbe ist. Beten besteht darin, daß Sie sich nach den ewigen Wahrheiten des Lebens ausrichten und ein Brennpunkt werden für die Äußerung von Leben, Liebe, Wahrheit, Schönheit und Erfülltheit.

3. Wenn ein Mensch sich in äußerst gefährlicher Lage befindet und dem vertraut, was für ihn Gott im Himmel ist, so ist ein solches Bittgebet nicht vergeblich. Der kosmische Energiespender reagiert auf seinen blinden Glauben.

4. In gewissem Sinn sind Ihre Gedanken Ihr Gebet, einfach weil jeder Gedanke zu Aktion und Ausdruck tendiert. Es gibt nur eine Schöpferkraft, nur die eine Quelle kosmischer Energie, die alles Leben erzeugt. Ihr Denken ist von jener immateriellen Kraft, die Sie kennen. Sie sind, was Sie den ganzen Tag lang denken.

5. Wenn Sie beten, dann ist es wichtig, daß Sie mit allen Menschen und Dingen in Frieden leben. Seien Sie sich klar über Ihre wesenhafte Einheit mit allem Leben, denn Gott ist Leben oder Geist und eins und unteilbar. Wenn Sie mit der ganzen Welt in Frieden leben, durchströmt Sie die Quelle kosmischer Energie und füllt alle leeren Gefäße Ihres Lebens.

6. Wenn Ihre Gedanken Gottes Gedanken sind, ist Gottes Macht mit Ihren Gedanken des Guten. Beten ist im wesentlichen Denken von einem konstruktiven Standpunkt aus. Richtiges Beten geht von der geistigen Voraussetzung aus, daß jeder von uns an kosmischer Energie teilhat und wir erhalten, was wir uns wünschen, soweit wir uns das Gewünschte zum geistigen Besitz machen.

7. Die Tendenz des Lebensprinzips kosmischer Energie ist es, Sie zu heilen, wiederherzustellen, gesundzuerhalten und gedeihen zu lassen.

8. Eine Frau, die Geschwüre hatte, lernte, daß sie, um geheilt zu werden, jedwede Kritik und Verurteilung anderer unterlassen und auch sich selbst vergeben mußte. Sie begann alle jene zu segnen, die sie reizten. Sie machte es sich zur Gewohnheit, folgendermaßen zu beten: „Ich werde von kosmischer Energie durchströmt und von Frieden, Harmonie, Kraft, Vitalität erfüllt. Ich bin geheilt, unversehrt und vollkommen." Sie fand in dieser sich verändernden Welt ihre Gesundheit und ihren Frieden.

9. Ein Arzt wurde in ein unangenehmes Gerichtsverfahren verwickelt. Als er beschloß, seinen Groll und seine Feindseligkeit auszumerzen, vermochte er wirksam zu beten. Immer wenn er an seine Gegner denken mußte, sagte er sich: „Gottes Liebe erfüllt eure Seelen!" und vertraute zutiefst der unendlichen Gerechtigkeit, Harmonie und Wahrheit Gottes. Der Prozeß endete zu seinen Gunsten.

10. Dieser Arzt entdeckte, daß Liebe der stärkste Magnet ist. Er zieht mit seiner Strahlkraft viel mehr Patienten an als früher und erreicht bemerkenswerte Heilungen. Die Liebe löst alles auf, was ihr nicht gleicht.

11. Eine Frau malte das Haus, das sie sich wünschte, samt Schwimmbassin auf einen großen Bogen Zeichenpapier und brachte darauf in schriftlicher Form noch ihre großen Herzenswünsche an. Sie betrachtete diesen Plan ihres geistigen Besitzes im Laufe des Tages sehr oft, denn sie wußte, daß sie damit ihr Unterbewußtsein prägte. Nach kurzer Zeit verwirklichte sich ihr geistiges Modell, erfüllten sich alle ihre Bitten in göttlicher Fügung.

KAPITEL 4

Die versöhnende Quelle liebevollen Wohlwollens

Vor ein paar Jahren, als ich in Irland mit dem Zug von Dublin nach Cork fuhr, fiel mir ein Mann auf, der einen Rucksack trug. Der Schaffner sagte zu ihm: „Sie können den Rucksack ruhig abnehmen. Der Zug trägt Sie beide." Das erinnerte mich an die Tatsache, daß viele Menschen die Last von Kummer, Leid, Mißgunst, Ärger, Bitterkeit und Feindseligkeit mit sich herumschleppen, die Kurzschlüsse verursacht und ihnen Lebensenergie raubt. Wie der elektrische Strom bei einem Kurzschluß abgeleitet wird und verlorengeht, so wird in ihrem Leben die kosmische Energie abgeleitet und vergeudet.

Sie befreite sich von ihrer Last und ihrem Übergewicht

Es ist noch nicht sehr lange her, daß ich mit einer Frau sprach, die eine ärztlich verordnete wissenschaftliche Diät eingehalten und dadurch zwanzig Kilo abgenommen hatte; seit ein paar Monaten war sie jedoch wieder dort, wo sie angefangen hatte, nämlich bei zwanzig Kilo Übergewicht. Ich erklärte ihr, die Grundursache ihres Übergewichts sei die Last, die sie in ihrem Geist, in ihrer Seele trage, und sie würde davon befreit, wenn sie sich an die große Wahrheit halte: *Wirf dein Anliegen auf den Herrn: der wird dich versorgen* ... (Psalm 55, 22).

Die Last dieser Frau bestand in ihrer Haßhaltung gegenüber ihrem Mann. Sie hatte entdeckt, daß er ihr untreu gewesen war, ihm nach außen hin auch verziehen, nicht in ihrer Seele. Indem sie ihn aber haßte, haßte sic sich selbst, und ihre haßerfüllten Gedanken erzeugten dementsprechende Gefühle. Jeder Haß ist Selbsthaß, und dieser ist ein tödliches Gift. Ihre Abscheu vor sich selbst hatte schließlich dazu geführt, daß sie ganze Speckschwarten ansetzte, so daß sie mit ihrem Kummerspeck auf Männer abstoßend wirken mußte.

Oft bringt schon die Erklärung die Heilung. Ich erklärte ihr, daß die Quelle kosmischer Energie in einem harmonischen Rhythmus des Friedens und der Freude fließt, daß jedoch dieser Strom lebensnotwendiger Energie von ihr abgeblockt werde; dies rufe bei ihr Müdigkeit, Erschöpfung, Schlaflosigkeit und Migräne hervor. Ich empfahl ihr, alles aus ihrem Geist zu verbannen, was nicht zu Schönheit, Freude, Vitalität und Seelenfrieden beitrug. Sie erkannte mit einem Schlag, was sie sich selbst antat – daß sie tatsächlich geistig-seelische Gifte erzeugte, die ihr den Frieden, die Gesundheit und das Glück raubten.

Sie kam zu einer klaren Entscheidung, hörte auf, mit einer Lüge weiterzuleben. Sie beauftragte ihren Anwalt, die Scheidung einzureichen; und sie beschloß, ihrem Mann und seiner Geliebten gegenüberzutreten und ihnen zu sagen, daß sie ihnen alle Wohltaten des Lebens wünsche.

Sie nahm sich vor, ein Brennpunkt kosmischer Energie zu werden, und suggerierte sich als gegebene Tatsache, die belebende, energiespendende Kraft des unendlichen, allumfassenden Geistes fließe durch sie und göttliche Liebe durchtränke ihr ganzes Wesen. Sie wußte nun, wenn sie sich auf die kosmische Energie einstimmte, also auf Liebe, so würde die Liebe alles auflösen, was ihr nicht glich. Nach kurzer Zeit stellte die Frau fest, daß jedwedes Übelwollen, jede Bitterkeit und jeder Haß aus ihrer Seele gewichen waren.

Am Abend vor dem Einschlafen sagte sie sich immer: „Ich wiege sechzig Kilo nach göttlicher Fügung und durch göttliche Liebe." Einige Wochen später verlor sie ihren verhängnisvollen Appetit auf stärkehaltige, fette Nahrung, die zu ihrem Übergewicht beigetragen hatte. Sie erlangte ihre Schönheit, ihre Gesundheit und ihren Seelenfrieden wieder. Sie hatte an sich erfahren: *So ist nun die Liebe des Gesetzes Erfüllung.* Römer, 13, 10.

Was ist Ihr Ziel, Ihr Ideal?

Die kosmische Energie fließt uns im Gleichklang konstruktiven Denkens und einer harmonischen, liebevollen und freudigen Seele zu. Wenn wir gegen das Prinzip von Harmonie und Liebe verstoßen oder in einer Weise denken und handeln, die der positiven Vorwärtstendenz des Lebens zuwiderläuft, dann leiden wir; aber wir haben zugleich die Strafe über uns selbst verhängt.

Wir alle müssen uns einen bestimmten Plan vom Leben machen, müssen uns ein Ziel im Leben setzen. Auf diese unsere Vision gehen wir immer zu. Unsere Vision ist das, was wir im Geiste betrachten, dem wir unsere Aufmerksamkeit schenken, ist das Ideal, auf das wir uns konzentrieren, ist unser Anliegen. Sobald Sie erkennen, daß Sie Ihr Ziel zu erreichen vermögen, beginnt die Quelle kosmischer Energie für Sie zu fließen und zieht alles zu Ihnen, was Sie zur Verwirklichung Ihres Anliegens benötigen.

Die neue Haltung des Wohlwollens änderte alles

Ein Hörer meiner Rundfunksendungen in Los Angeles schrieb mir: „Aus Ihrem Programm lernte ich, daß ich alles Gute in mir erstickte, weil ich ständig dem Chef, der Firma, meiner Frau oder irgend jemand anderem die Schuld an meinem unglücklichen Leben und meiner dauernden Geldknappheit gab. Ich beschloß, meine Bürde leichter zu machen, nachdem ich Sie hatte erklären hören, was es bedeutet, die Last negativen Denkens abzuwerfen. Ich weiß jetzt, daß mein Ärger mir meine kostbare Kraft raubte, sich nachteilig auf meine Drüsen und meinen Blutdruck auswirkte und eine völlige Erschöpfung und Ausbeutung meiner Lebensenergie verursachte."

Dieser Absatz ist einem langen Brief entnommen und zeigt trotz seiner Kürze klar, daß Kritik, die Verurteilung von Mitmenschen und unterdrückte Wut den ganzen Organismus schädigen und dem heilsamen und beglückenden Fluß kosmischer Energie zuwiderlaufen. Es spielt keine Rolle, wie andere handeln oder was sie tun. Wichtig ist lediglich, was wir selbst denken. Bei dem Mann hatte tatsächlich die Richtung der eigenen Gedanken seine ganzen Schwierigkeiten verursacht und sein Vorwärtskommen verhindert. Weder die Gedanken noch die Taten der anderen, nur unsere eigenen Gedanken sind wichtig.

Der Mann durchtränkte von nun an seinen Geist mit Wahrheiten, von denen er wußte, daß sie durch stete Wiederholung, durch Glauben und Erwartung in sein Unterbewußtsein sinken und sich dann in seinen Lebenserfahrungen geltend machen und in allen Phasen seines Lebens wirken würden. Sein ständiges Gebet lautete folgendermaßen:

„Ich weiß, daß alle Menschen meine Geschwister sind. Wir alle haben einen gemeinsamen Vater. Ich sehe den lebendigen Gott in jedem, der mir begegnet. Ich grüße das Göttliche in jedem Menschen. Die Liebe Gottes strömt durch mich der ganzen Menschheit entgegen. Ich segne alle, die mich kritisieren. Ich bete für jene, die schlecht von mir reden. Ich freue mich, wenn ich sehe, daß andere Erfolg haben. Ich gebe alle frei und lasse sie, frei von Schuld, in Frieden ziehen. Ich öffne die Fenster für meinen Geist: ich lasse den Strom göttlichen Geistes herein. Ich bin vollkommen und gereinigt. Ich lebe im Frieden mit mir selbst. Die Liebe Gottes erfüllt meine Seele; alles ist gut. Ich widerspiegle die Liebe Gottes; ich bringe allen nur Liebe entgegen. Ich bin mir Gottes überall bewußt, denn Gott ist über allem, in allem. Ich weiß, daß Gottes Wirken im Geist und in den Herzen aller Menschen stattfindet. Es ist wunderbar!"

Im Laufe eines Monats änderte sich sein ganzes Leben. Er vergeudete seine Lebensenergie nicht mehr. Er fand inneren Frieden, und da er Liebe und Wohlwollen in sich trug, fand er sie überall, warteten sie überall auf ihn. Jetzt sind auch seine Kanäle für Gesundheit und Reichtum geöffnet.

Wie sie aufhörte, lebensnotwendige Energie zu verschwenden

Fanget uns die Füchse, die kleinen Füchse, die die Weinberge verderben; denn unsere Weinberge haben Blüten gewonnen. Hohelied 2, 15.

Eine Regierungssekretärin konsultierte mich; sie sagte, ihre Probleme seien auf „die kleinen Füchse, die die Weinberge verderben" zurückzuführen. Sie erzählte, sie sei selbst sehr empfindlich, aber ihre Kolleginnen seien eifersüchtig und neidisch auf sie und trügen dem Chef Klatsch und Lügen über sie zu. Sie verachtete die Mädchen, und sie haßte es, in einem Haus solcher Fesseln und Intrigen arbeiten zu müssen – alles selbstverschuldet. Sie gab anderen die Macht, sie zu verletzen, und vergeudete ihre Lebensenergie, was zu Nervosität, einem Gefühl der Ohnmacht, völliger Erschöpfung am Abend und damit einhergehender Schlaflosigkeit führte.

Auf meine Empfehlung hörte sie auf, die kleinen Ärgernisse, Vorfälle negativer Art und den Klatsch im Büro zu beachten. Diese unbedeutenden Unannehmlichkeiten hatten viel von ihrer inneren Kraft verzehrt, ließen sie auch Fehler machen, was wiederum zu Kummer und Sorgen führte. Sorgen und Ärger verhinderten auch das Strömen alles Guten aus der Quelle kosmischer Energie, der Quelle sämtlicher Segnungen und Wohltaten.

Jeden Morgen und mehrmals während des Tages vergegenwärtigte sie sich folgende Gedanken:

„Gott ist mein Chef, mein Arbeitgeber, mein Wegweiser, mein Führer, mein Berater, meine Kraftquelle. Ich bringe der höchsten Macht in mir meine ganze Ergebenheit, Treue und Hingabe entgegen. Gott führt mich, wacht über mich, stützt und stärkt mich, und ich erhalte Energie vom Himmel. Gott denkt, spricht und handelt durch alle Mädchen im Büro, und immer, wenn ich an eines von ihnen denke, sage ich mir sofort: ‚Gott liebt dich und sorgt für dich.'"

Sie hielt getreulich an diesen Wahrheiten fest, und als sie sich auf diese Weise innerlich änderte, wurde auch das äußere Bild anders. In dieser sich verändernden Welt fand sie Frieden. Sie hörte auf, die nutzlose Last von Haß, Ärger und Feindseligkeit mit sich herumzuschleppen. Dies sind die kleinen Füchse, die die Weinberge des Lebens verderben, nämlich den anregenden, belebenden Strom kosmischer Energie, der im Einklang mit unserer befreiten Seele durch unseren ganzen Organismus fließt. Die Frau ist die Lebensleiter emporgestiegen und jetzt leitende Beamtin. Ihr Weg führt in göttlicher Fügung vorwärts, aufwärts.

Das Leben als Energiestrom der Liebe

Paulus sagt: ... *Glaube, der durch die Liebe tätig ist* (Galater 5, 6). Die Liebe, von der Paulus spricht, ist das Gefühl des Wohlwollens in Ihrem Herzen gegenüber allen Menschen. Es ist ein Ausstrahlen oder Ausgreifen des Herzens zu allen hin, sobald es Ihnen Freude macht, die Menschen zu sehen, wie sie sein sollten: glücklich, heiter, frei. Liebe befreit und gibt; sie ist der Geist Gottes in Aktion. Liebe ist auch dieses innere Gefühl, durch welches Sie der einzigen universellen Macht – dem Spender aller kosmischen Energie – Ergebenheit, Treue und Anerkennung bezeigen; dabei achten Sie nicht auf Menschen,

Bedingungen oder überhaupt Umstände, die Sie von Ihrem Guten abbringen möchten.

Frau B., deren Mann vor einigen Jahren starb, fühlte sich einsam, verbittert und zurückgesetzt. Und sie fühlte sich ziemlich isoliert von ihrer Familie, die im Osten Amerikas lebte, nie schrieb und mit ihr keinerlei Verbindung hielt. Auf meine Empfehlung begann sie die Last des Selbstzweifels, der Einsamkeit, des Kritisierens ihrer Verwandten und der Abneigung gegen andere Bewohner des Altersheims abzuwerfen. Sie trachtete alles abzustreifen, was nicht zu ihrem Wohlbefinden beitrug. Oft bekräftigte sie sich selbst gegenüber:

„Kosmische Energie fließt durch mich als Strom des Lebens, der Liebe, Wahrheit und Schönheit, sie erzeugt angenehme Beziehungen, Harmonie, Fülle und Sicherheit in meinem Leben. Ich bin ein Brennpunkt für die in mir pulsierende kosmische Energie, mein Geist und mein Herz sind offen für die Wohltaten des Lebens. Ich danke für eine wunderbare Europareise und für Gottes Reichtümer, die mir von überall her zufließen. Ich lebe nach dem Gesetz der Liebe und wünsche allen anderen, was ich mir selbst wünsche."

Sie wiederholte diese Wahrheiten viele Male am Tag, wodurch sich ein Kern bildete, um welchen die kosmische Energie zu fließen begann. Einige kurze Wochen verstrichen, dann rief aus heiterem Himmel ihre Tochter aus dem Osten an und forderte sie auf, an einer sechswöchigen Europareise teilzunehmen, die ihr ganz bezahlt wurde. Auf dieser Reise lernte Frau B. einen pensionierten Professor kennen; die beiden heirateten in London und haben sich jetzt in Spanien niedergelassen, um ihre restlichen Jahre in glücklicher Zweisamkeit zu verbringen.

Vor kurzem schrieb mir Frau B., sie sei noch nie so glücklich gewesen. Sie besorgt den Garten, gibt den Kindern der Nachbarn zweimal wöchentlich Englischstunden und erlebt die schönste Zeit ihres Lebens. Sie erklärte, daß sie keine Gedanken des Neids, Grolls und Unwillens mehr hege. Sie weiß heute, daß ihr früheres Schuldgefühl sie zu einer Art Sklavendasein verurteilt und daß sie ständig versucht hatte, ihre geringe Meinung von sich selbst zu kompensieren.

Wohlwollen – auch Ihnen selbst gegenüber

Verzeihen Sie sich selbst. Haben Sie eine hohe Meinung von sich. Sie sind ein Sohn oder eine Tochter des Unendlichen. Bringen Sie dem Göttlichen, das Sie und das gesamte All sowie sämtliche Dinge darin erschuf und über Sie wacht, eine gesunde, ehrerbietige, natürliche Achtung entgegen. Machen Sie es sich zur Gewohnheit, die Gegenwärtigkeit Gottes in Ihnen zu preisen. Einer der raschesten Wege auf Erden, Minderwertigkeits- oder Untauglichkeitskomplexe loszuwerden, besteht darin, jeden Morgen und jeden Abend etwa fünf Minuten lang in den Spiegel zu schauen und laut, lebhaft und wissend zu sagen:

„Ich preise Gott in meinem Inneren, der die Kraft hat, mich zu heilen, wiederherzustellen und auf zahllose Arten schöner und größer zu machen."

Sie werden staunen, wie sehr Sie mit diesem suggestiven Gebet kosmische Energie in sich mobilisieren, die als Strom der Liebe, des Friedens, der Harmonie und Fülle in Ihr Dasein zu fließen beginnt.

Er versuchte Schuldgefühle zu kompensieren

Ein leitender Angestellter in einem großen Unternehmen setzte seine Kollegen im Geiste ständig herab. Es war ihm zur geradezu manischen Gewohnheit geworden, an allen Menschen seiner Umgebung ständig Fehler zu suchen. Er kritisierte ihre Fähigkeiten und Leistungen, ihre moralische Einstellung und Berufsauffassung. Ich wies ihn darauf hin, daß er im Grunde versuchte, sie auf sein eigenes Niveau herunterzuziehen und gleichzeitig sich selbst über sie zu erheben; in Wirklichkeit projizierte er seine eigenen Mängel und sein Minderwertigkeitsgefühl auf sie. Ihm gefiel nicht, was er sah, und seine Einstellung verursachte seine Feindseligkeit und Streitsucht. Der Mann verschwendete seine Lebensenergie in dieser unaufhörlichen geistigen Auseinandersetzung und verlor dadurch die Kontrolle über den Strom, der ein erfüllteres Leben ermöglicht.

Diesen Mann quälte ein verdrängtes Schuldgefühl, das auf eine frühere Ehe zurückging. Er hatte seine erste Frau noch während der Schwangerschaft verlassen, in Mexiko die Scheidung erwirkt und dann wieder geheiratet. Offenbar hatten die beiden ständig gestritten und ganz und gar nicht zusammengepaßt. Wegen seines Schuldgefühls war er immer in der Defensive, äußerst reizbar und sehr empfindlich.

Ich fragte ihn: „Würden Sie heute Ihre Frau verlassen?“ Er antwortete: „Nein. Ich bin sehr glücklich und habe zwei prächtige Kinder.“

Ich machte ihm klar, daß er nicht mehr derselbe Mann sei, der vor zwanzig Jahren seine erste Frau verlassen hatte – weder physisch noch emotionell, noch seelisch-geistig –, und zwar aus dem einfachen Grund, weil er jetzt ein gutes Leben führte und aufrichtig wünschte, weiterhin ein erfülltes, glückliches Leben zu führen. Das Lebensprinzip steht Strafen fern; wir selbst strafen uns durch den Mißbrauch universeller Gesetze und durch negatives Denken. Aber in dem Augenblick, in dem ein Mensch vertrauensvoll beschließt, seine Geisteshaltung zu ändern und seine Gedanken den ewigen Wahrheiten anzupassen, kommt ihm automatisch sein Unterbewußtsein zu Hilfe: die Vergangenheit wird vergessen. Ein neuer Anfang bedeutet ein neues Ziel. Beginnen Sie Ihren Geist mit Glauben, Vertrauen, Liebe und Wohlwollen zu füllen, und die Folge werden Gesundheit, Glück, Frieden und Sicherheit sein.

Der Mann bemühte sich aufrichtig, mit Hilfe seines Anwalts seine erste Frau ausfindig zu machen, die wieder geheiratet hatte. Er erfuhr, daß sie aus der Ehe mit ihm eine Tochter hatte. Auf den Rat seines Anwalts sandte er ihr ein anonymes Geldgeschenk von dreißigtausend Dollar. Das verschaffte ihm ungeheure Erleichterung. Er begann Gott in seinem Inneren zu preisen und übte sich darin, gegenüber seinen Kollegen wie auch seiner ersten Frau Liebe, Frieden und Wohlwollen auszustrahlen und jedem von ihnen Gesundheit, Glück, beruflichen Erfolg und alle Wohltaten des Lebens zu wünschen. Der Kurzschluß des Lebensstromes infolge Schuld- und Minderwertigkeitsgefühlen war beseitigt, Ausgeglichenheit, Frieden und Harmonie haben jetzt die Oberhand. Er weiß jetzt: „Das Glück meines Bruders ist auch mein Glück!“ Seine zwanzigjährige Tochter, die er noch nie im Leben gesehen hatte, besuchte ihn vor kurzem, und es gab ein fröhliches Sichfinden. Liebe bedeutet Erfüllung des Gesetzes.

ZUSAMMENFASSUNG

1. Viele Menschen schleppen unnötige Bürden wie Kummer, Groll, Selbstverurteilung und Feindseligkeit mit sich herum. Das sind geistige Gifte, die ihnen ihre Vitalität, Begeisterung und Energie rauben und ihren ganzen Organismus schwächen. Lernen Sie, diese Bürden abzuwerfen, indem Sie Ihren Geist und Ihr Herz dem Zustrom der kosmischen Energie und göttlichen Liebe öffnen, die alles auflösen, was ihnen nicht gleicht.
2. Eine Frau, die ihren Mann haßte, kompensierte dies, indem sie Kummerspeck ansetzte, so daß sie auf Männer abstoßend wirken mußte. Sie erkannte schließlich, daß jeder Haß Selbsthaß ist und daß sie damit sich selbst vergiftete. Sie löste die Lüge auf, gab ihren Mann frei und wünschte ihm alle Wohltaten des Lebens. Nachdem sie sich selbst verziehen hatte, gab sie jeden Abend vor dem Einschlafen ihrem Unterbewußtsein ein, sie wiege sechzig Kilo. Ihr Unterbewußtsein befreite sie von ihrem Verlangen nach stärkehaltigen und fetten Speisen. Sie erlangte ihre Schönheit, ihre Gesundheit und ihren Seelenfrieden wieder.
3. Wenn Sie im Leben einen bestimmten Plan, ein Ziel, ein Anliegen haben, dann werden Sie feststellen, daß die Quelle kosmischer Energie für Sie fließt und Ihr ganzes Wesen belebt. Schöpferische Ideen und Inspirationen werden Ihnen zuteil, alle Türen öffnen sich für Sie und bringen Ihnen die Verwirklichung Ihrer Vision.
4. Viele Menschen blocken ihr Vorankommen, ihr Wachstum und ihre Entfaltung ab, indem sie andere kritisieren und verurteilen: sie sehen nicht, daß man, wenn man andere bekrittelt, herabsetzt und schmäht, alles Nachteilige bei sich selbst erzeugt. Tatsächlich zieht man andere auf das Niveau der eigenen niedrigen Selbsteinschätzung herab. Die Menschen neigen dazu, eigene Mängel, Unzulänglichkeiten und Minderwertigkeiten auf andere zu projizieren. Nicht, was die anderen sagen oder tun, sondern nur unser Denken darüber ist wichtig. Die Lösung besteht darin, Gott in unserem Inneren zu preisen und die Göttlichkeit in anderen zu grüßen, ihnen Wohlergehen und alle Wohltaten des Lebens zu wünschen. Tun Sie dies regelmäßig und systematisch, bis es zur Gewohnheit wird, dann werden Sie einen Frieden finden, der über das Verständnis hinausgeht.
5. Eine Sekretärin verbannte sich selbst in ein geistiges Haus der Eingeengtheit, indem sie in ihrem Denken anderen Mädchen die Macht gab, sie zu verletzen, und indem sie ihre Lebensenergie vergeudete, was zu Nervosität und Schlaflosigkeit führte. Sie vergegenwärtigte sich dann die göttliche Allmacht und betrachtete Gott als ihren Führer, Berater, Zahlmeister, Koordinator und als Quelle aller Wohltaten. Gleichzeitig pries sie stumm das Göttliche in allen anderen Mädchen und sagte beim Gedanken an eines von ihnen immer sogleich: „Gott liebt dich und sorgt für dich." In dieser sich verändernden Welt fand sie Frieden.

Sie veränderte sich innerlich, und die Außenwelt wurde zum Bild und Gleichnis ihrer Erwartung.

6. ... *Glaube, der durch die Liebe tätig ist* (Galater 5, 6). Unter dieser Liebe, von der Paulus sprach, hat man kein Hollywood-Gefühl zu verstehen. Sie bedeutet ein Ausgreifen des Herzens, ein Ausstrahlen von Wohlwollen gegenüber allen Menschen. Sie ist das innere Gefühl des Glaubens und Vertrauens, das Ihnen ermöglicht, Ihre Träume trotz der Zweifel Ihrer Umwelt zu verwirklichen. Diese Liebe bedeutet auch, daß Sie trotz Schmähung oder Feindseligkeit anderer beharrlich durchhalten, bis Sie am Ziel sind. Es ist wichtig, daß Sie überall und gegenüber allen Menschen Höflichkeit, Liebenswürdigkeit und Wohlwollen beibehalten, denn, wie Paulus sagt, *hätte ich allen Glauben, also daß ich Berge versetzte, und hätte der Liebe nicht, so wäre ich nichts.* Glaube ist durch die Liebe tätig.

7. Eine Frau, die in einem Altersheim lebte, verbittert und enttäuscht über ihre Kinder, weil diese sich nie bei ihr meldeten, entschloß sich, ihr Leben zu ändern. Sie behauptete in ihren täglichen Gebeten, die kosmische Energie fließe durch sie als Strom des Lebens, der Liebe, Wahrheit, Fülle und Sicherheit. Sie machte es sich zur Gewohnheit, für Gottes Reichtümer zu danken, die ihr ungehemmt zuflossen, und begann nach dem Gesetz der Liebe zu leben, allen alle Wohltaten des Lebens zu wünschen. Und siehe da, Wunder geschahen. Ihre Tochter rief aus heiterem Himmel an und lud sie ein, mit ihr nach Europa zu reisen. Dort lernte sie einen Mann kennen und heiratete ihn. Heute führen die beiden ein erfülltes Leben in Spanien.

8. Lernen Sie, als erstes sich selbst negative Gedanken über sich und andere zu verzeihen. Sie können nicht geben, was Sie nicht haben. Wenn Sie das Licht der Liebe Gottes in Ihre Seele lassen, können Sie gegenüber den Mitmenschen den in Ihnen eingefangenen Lichtglanz freisetzen. Beginnen Sie jetzt damit, den Strom göttlicher Liebe in Ihre Seele fließen zu lassen. Preisen Sie Gott in Ihrem Inneren. Wenn Liebe Sie erfüllt, bleibt kein Raum für Groll, Unwillen, Eifersucht oder Feindschaft. Dies alles löst sich im Licht der Liebe Gottes auf.

9. Ein Mann versuchte sich zu erhöhen, indem er andere herabsetzte. Das zeigte, daß ihn ein Minderwertigkeitskomplex, Unsicherheit und ein Schuldgefühl quälten. Er verschwendete seine Lebensenergie und hatte die Kontrolle über sein Leben verloren. Schließlich erkannte er, daß er sich selbst strafte, und befreite sich von seinem Schuldgefühl, indem er seiner ersten Frau und seiner Tochter, die er zwanzig Jahre zuvor verlassen hatte, dreißigtausend Dollar schickte. Seine Tochter besuchte ihn, und er stellte fest, daß Liebe und Wohlwollen alle Tränen trocknen. Er achtet jetzt das Göttliche in seinem Inneren, woraus die Achtung vor dem Göttlichen in allen Menschen folgt. Er begreift jetzt die alte Wahrheit: Das Glück meines Bruders ist auch mein Glück.

KAPITEL 5

Die überströmende Quelle aller Wohltaten

Jeder Mann ist ein Sohn Gottes und jede Frau eine Tochter Gottes, denn es gibt nur diese eine unendliche, allgegenwärtige Macht, Ursache und Wirkung alles Lebendigen. Lernen Sie, sich auf Gott als Quelle kosmischer Energie einzustimmen; wenn Sie das tun, werden Sie feststellen, daß Sie echte geistige Mündigkeit erlangen und Ihr Selbst verwirklichen.

Beginnen Sie sich vorzusagen, daß Ihnen Energien des Himmels zuteil werden und Sie alles durch die Gotteskraft in Ihnen tun, dann werden Sie erleben, daß Sie auf einmal, von kosmischer Energie entzündet, Funken aussenden – elektrische Energie und Kraft, die andere spüren und zu schätzen wissen. Kontakt mit dem Göttlichen in uns zu haben, das ist, als werde man an Hochspannungsdrähte angeschlossen. Man sieht es an den Resultaten, die sich zwangsläufig einstellen!

Jedes Leben besteht weitgehend in der Aufnahme einer Kraft, von deren Vorhandensein man nichts weiß. Bevor Sie, sozusagen der Dynamo, zu rotieren beginnen, gibt es nur potentielle Kraft, das heißt Kraft als Möglichkeit. Wenn Sie sich aber als dynamische, magnetische Persönlichkeit („Dynamo“) zu bewegen anfangen, werden Sie, um beim Bild zu bleiben, bald Funken aussenden und aus der Quelle der Allmacht Kraft erzeugen. Doch Sie kommen nicht umhin, ein „Selbststarter“ zu werden. Manche Menschen werden immer erst in Notsituationen „lebendig“, anstatt es sich zur täglichen Gewohnheit zu machen, im Feld potentieller Energie zu Hause zu sein.

Geglaubtes wird konkrete Wirklichkeit

Winston Churchill sagte, was wir glauben, erhärte sich zu Tatsachen. Ein aus Vietnam heimgekehrter Veteran erzählte, er habe sich im Dschungel verirrt und zunächst Angst gehabt; dann habe er sich hingesetzt und gesagt: „Es ist alles in Ordnung mit mir. Gott ist auch hier." Ihm fiel ein, wie er sich einst zu Hause in den Bergen verlaufen und einen Mann, der da fischte, nach dem Weg zurück zur Hauptstraße gefragt hatte. Der Angler hatte ihm den Weg beschrieben. Er hatte der Richtigkeit seiner Angaben vertraut und nach kurzer Zeit die Straße erreicht. Genauso glaubte er nun, Gott werde ihn zu seinen eigenen Kameraden zurückführen. Er brach auf und stieß nach wenigen Stunden auf zwei Sanitäter, die sich seiner annahmen.

Was wir glauben, erhärtet sich zu Tatsachen und konkretisiert sich auf dem Bildschirm des Raums, in dem wir leben.

Lord Chesterfield sagte: „Manche Menschen leben und sterben mit ihrer ganzen Größe noch in sich." Jeder von uns ist ein Kraftwerksdynamo und kann die verborgenen Kräfte durch richtiges Denken und Glauben, durch die richtigen Geistes- und Gefühlshaltungen freisetzen. Gottes Potential muß aktiviert und durch dynamische Aktion gesteigert werden, oder es bewegt sich weiter von uns weg.

Glauben Sie an Gott, der in Ihnen ist (als Potential); in Ihnen möchte kosmische Energie freigesetzt werden. Lassen Sie Gottes Energie durch die Adern Ihres Körpers strömen, indem Sie sich sagen: „Ich bin voll der Weisheit und Energie des unendlichen Einen; sie strömen jetzt durch meine Adern." Wenn Sie dies beharrlich tun, bewegen Sie sich dynamisch auf ein Optimum an Gesundheit und Vitalität zu.

Wie ihr die Wohltaten des Lebens zuteil wurden

Eine Geschäftsfrau rief mich an und klagte, ihre finanzielle Lage, ihr Ehe- und Familienleben seien sehr schlecht und praktisch ihrer Kontrolle entglitten. Ich erklärte ihr, das Gegenteil sei der Fall, sie habe volle Kontrolle und Herrschaft über ihre Gedanken, Gefühle, Taten und Reaktionen und müsse unbedingt die Verantwortung für Harmonie, Frieden und Glück in ihrem Leben übernehmen.

Per Telefon riet ich ihr, die Bibel aufzuschlagen und Hesekiel 34, 26, zu lesen: ... *das sollen gnädige Regen sein.* Ich empfahl ihr, ihrem Geist diesen Gedanken einzuimpfen; und da der Gedanke dynamisch sei, solle sie mit ihrem inneren Ohr darauf hören. Er würde dann ihr Unterbewußtsein durchdringen und die dort schlummernden Energien freisetzen.

Das Leben dieser Frau war dürr geworden wie Boden, auf den es zu lange nicht geregnet hat. Sie war voller Angst, Groll und Haß gegen ihren Mann und zutiefst von Defätismus erfüllt. Sie sagte, ihr erstes Jahr im Geschäft sei ein großer Erfolg gewesen – schön und harmonisch. Den Erfolg dieses ersten Jahres verbuchte sie für sich. Ich machte ihr jedoch klar, daß sie auch die Verantwortung für ihr anschließendes Versagen und ihr gestörtes häusliches Leben zu tragen habe.

Einige Wochen vergingen, dann bekam ich einen wunderbaren Brief; sie schrieb, sie singe sich nun häufig vor: „Das sollen gnädige Regen für mich sein." Sie hatte sich den Gedanken zu eigen gemacht, er hatte Eingang in ihr Unterbewußtsein gefunden, und von da an änderte sich alles: das Geschäft belebte sich, neue Kunden kamen, und ihr Mann wurde befördert. Sie ist nun erfüllt von neuem Lebenselan.

Als sie den Vers des Triumphs zu singen angefangen hatte, löste sich wie Salz im Regen alle Bitterkeit, alle Feindseligkeit auf, und kosmische Energie begann sie als Harmonie, Gesundheit, Frieden und Fülle zu durchströmen.

Angst blockierte alles Gute

Vor kurzem sprach ich mit einem Geschäftsmann, der Angst vor der Zukunft – eine Dollarabwertung werde ihn bankrott machen – sowie vor irgendeiner schrecklichen Krankheit hatte. Ich erklärte ihm, er schließe systematisch in sich den Strom potentieller Energie ab und sei deshalb in seiner Arbeit weniger leistungsfähig. Zu Angst bestehe kein Anlaß, denn es gebe ein Gegenmittel, das sie vertreibt.

Dieses Gegenmittel ist Gott im Menschen, eine alles beherrschende, allmächtige, allgegenwärtige Kraft. Nichts vermag sich ihr entgegenzustellen, sie zu beeinträchtigen oder zu vereiteln. Ich nannte ihm einen Bibelvers, der folgende dynamische Worte enthält: *... daß du getrost und freudig seist. Laß dir nicht grauen und entsetze dich nicht; denn der Herr, dein Gott, ist mit dir in allem, was du tun wirst.* Josua 1, 9.

Er begann zu beten: „Gott, der Allmächtige, führt mich und leitet mich auf allen meinen Wegen. Seine Liebe umgibt mich, umfaßt mich und hüllt mich ein. Diese Kraft durchströmt mich und führt mich zu Harmonie, Stärke und dem richtigen Tun." Wenn ihm ein angstvoller Gedanke kam, merzte er ihn sofort durch die Worte aus: „Gott liebt mich und sorgt für mich."

Er machte sich dieses Gebet zur Gewohnheit und stellte fest, daß durch derartige Steuerung der Anlaß für Angst verscheucht und im Licht von Gottes Liebe aufgelöst wurde. Durch beharrliche Wiederholung ewiger Wahrheiten bewirkte er, daß die Kraft des Unendlichen in seinem Leben aktiv und wirksam wurde. Seine Angst verwandelte sich in den vertrauensvollen Glauben an Gott und alle guten Dinge. Sein neu gefundener Glaube an Gott als Quelle unendlicher Kraft und nie versiegender Energie schuf in seinem Geist einen neuen Kanal, und hieraus erhalten nun alle seine wie immer gearteten Gedanken ihre Qualität und Färbung. Jetzt sind seine Gedanken von Glauben, Vertrauen, Liebe und Wohlwollen erfüllt. Der Bibelvers, den ich ihm nannte, durchdrang seinen Geist und sein Herz und heilte ihn von allen seinen Ängsten.

Nichts mehr im Leben kann ihn beirren

Unlängst hielt ich einen Kurs über die „Psychologische und geistige Bedeutung des Johannesevangeliums" im *Neuen Testament* ab. Ich erklärte den Sinn des Verses: *Wie viele ihn aber aufnahmen, denen gab er Macht, Gottes Kinder zu werden* (Johannes 1, 12). Ich erklärte, wenn ein Mensch seinen Geist und sein Herz dem Strom der kosmischen Energie und Kraft öffne, könne er große Dinge vollbringen; seine Lebensdevise solle sein: „Ich kann durch die Gotteskraft, die mich stärkt und leitet, erstaunliche, wunderbare Dinge leisten."

Ein Kind Gottes ist jeder Mensch, der erkennt, daß Gott ihm innewohnt, daß Gott sein Vater und der Vater aller ist – das Lebensprinzip, das eine und einzige Schöpfungsprinzip. Deshalb müssen Sie vertrauensvoll glauben, daß Gott Ihr stiller Partner, Ihr Führer, Ihr Zahlmeister, Ihr Entstörer, Ihr Berater, Ihre Kraftquelle und Ihre immerwährende, allzeitige Stütze ist. Wie William Wordsworth sagte: „Ihr kamt, ziehende Wolken des Ruhmes ... von Gott, der unser Heim ist."

Am Ende eines Kurstags erzählte mir ein Mann, er trete jetzt jeden Morgen vor den Spiegel und sage laut: „Ich bin ein Sohn Gottes. Der Sieg ist mein, der Erfolg ist mein, Reichtum ist mein, Harmonie ist mein. Gott ist mein Partner. Es ist wunderbar!"

Der Kurs dauerte fünf Wochen. In der dritten Woche wurde dieser Mann völlig überraschend von der Leitung seiner Gesellschaft heimberufen und dann gebeten, den Posten des leitenden technischen Direktors seiner Gesellschaft mit einem Gehalt von fünfzigtausend Dollar plus Nebeneinkünften zu übernehmen. Ihm kamen ständig neue Ideen, und er sparte seiner Gesellschaft immense Beträge allein schon durch seinen Ideenreichtum. Dank seiner Intuition verstand er manches Problem zu lösen, das zuvor als unlösbar erschien.

Dieser Mann hatte die ungeheure Weisheit und Kraft erkannt, die in ihm schlummerte, und aus der Quelle kosmischer Energie zu schöpfen gelernt. Er sagte zu mir: „Ich weiß, daß nichts mehr im Leben mich beirren kann. Ich weiß, was diese Kraft vermag."

Religiös – was also stimmt nicht?

Eine Frau beklagte sich bei mir: „Ich glaube sehr an meine Religion. Ich glaube an die Gebote, die Sittenregeln und die Dogmen meiner Kirche; trotzdem bin ich nicht erfolgreich, ich komme finanziell auf keinen grünen Zweig, fühle mich von meiner Arbeit unbefriedigt und unglücklich. Ich bete und erhalte keine Antwort."

Der Grund lag darin, daß ihre Religiosität pure Fassade war, Lippenbekenntnis. Sie erging sich in Worten der Ergebenheit gegenüber den Lehren und Doktrinen ihrer Kirche und gab sich auch nach außen hin gut. Sie stand aber dem Guten fern, erwartete stets das Übelste, verurteilte sich selbst, hegte Groll auf ihre Geschäftskollegen und glaubte, Gott sei vor allem da, um die bösen Mitmenschen zu bestrafen. Ihrem Glauben fehlte jegliches Vertrauen, ihr Glaube war äußerlich, völlig oberflächlich.

Ich erklärte ihr, wichtig sei lediglich der Glaube, den sie zutiefst in ihrem Herzen hege – ihre emotionellen Parteinahmen, ihre tiefsitzenden Überzeugungen. Religion ist die Geisteshaltung, die den Menschen bindet. Ihr vorherrschender Gedanke war aber Selbstverurteilung.

Der Gedankeninhalt, der Sie bindet, ist Ihre wirkliche Religion. Ihr vorherrschender Glaube über sich selbst, über Gott und das Leben ist Ihre wirkliche Religion. Ihre unterbewußten Überzeugungen und Gefühlsgewißheiten diktieren und beherrschen Ihr ganzes bewußtes Tun. Und dies ist Ihre Religion, ist Ihr Verhältnis zu Gott.

Die Frau wandte die Spiegelbehandlung an. Sie stellte sich jeden Morgen etwa fünf Minuten vor den Spiegel und sagte laut, voll tiefem Empfinden: „Ich bin eine Tochter des Ewigen. Gott liebt mich und sorgt für mich. Ich preise Gott in meinem Inneren. Ich bin unversehrt, vollkommen, liebevoll, harmonisch. Ich werde aus der Quelle kosmischer Energie inspiriert. Gott wirkt Wunder durch mich." Wenn ihr ein Gedanke der Selbstverurteilung oder des Grolls kam, merzte sie ihn sofort aus, indem sie sich ins Gedächtnis rief: „Gott liebt mich und sorgt für mich."

Nach einem knappen Monat heiratete sie einen erfolgreichen Wissenschaftler, sie hat jetzt eine neue Auffassung von sich selbst und liebt die Wahrheiten des Lebens über alles. Wahrlich, es geschehen Wunder, wenn Sie beten.

ZUSAMMENFASSUNG

1. Jeder Mann ist ein Sohn Gottes und jede Frau eine Tochter Gottes, denn es gibt nur diese eine allgegenwärtige Macht, Ursache und Wirkung alles Lebendigen. Beginnen Sie sich jetzt vorzusagen, daß Sie durch die Gotteskraft, die Sie stärkt, alles vermögen.

2. Jedes Leben besteht weitgehend in der Annahme einer Kraft, von deren Vorhandensein Sie nichts wissen. Glauben Sie, daß diese Kraft göttlicher Herkunft existiert, dann werden Sie bald, von kosmischer Energie entzündet, Funken aussenden und Hochspannungskräfte erzeugen.

3. Churchill sagte, was wir glauben, erhärte sich zu Tatsachen. Ein Veteran glaubte, es gebe ein göttliches Führungsprinzip, das ihn aus dem Dschungel geleite und jeden seiner Schritte lenke; er fand tatsächlich zu seinen Kameraden zurück.

4. Sie sind ein Kraftwerk und können die verborgenen Kräfte durch richtiges Denken und Glauben, durch die richtigen Geistes- und Gefühlshaltungen freisetzen. Vergegenwärtigen Sie sich, daß Sie voll der Weisheit und Energie des Unendlichen seien und diese Kraft jetzt durch Ihre Adern ströme. Sie werden das Einströmen kosmischer Energie spüren.

5. Eine Frau, die verzagt, düsterer Stimmung und in finanziellen Schwierigkeiten war, impfte ihrem Geist den Gedanken ein, es werde für sie „gnädige Regen" geben. Der Gedanke erfüllte sie, eine ungeheure Energie durchströmte sie und veränderte ihr Leben finanziell und gesellschaftlich, indem sie zu Geschäftserfolg und ehelicher Harmonie fand.

6. Angst unterband bei einem Mann den Strom kosmischer Energie. Er begann das große Gegenmittel anzuwenden. Er prägte seinem Geist folgende Wahrheit ein: ... *daß du getrost und freudig seist. Laß dir nicht grauen und entsetze dich nicht; denn der Herr, dein Gott, ist mit dir in allem, was du tun wirst* (Josua 1, 9). Wenn ihm ein angstvoller Gedanke kam, merzte er ihn sofort durch die Worte aus: „Gott liebt mich und sorgt für mich." Er machte sich dies zur Gewohnheit, und es gelang ihm, die Angst zu verscheuchen. Klopft die Angst an die Tür seines Geistes, so öffnet die Tür sein Glaube an Gott, und es steht niemand davor.

7. Ein Mann vertraute sich Gott als seinem stillen Partner, Führer, Berater, Zahlmeister, Entstörer und Kraftspender an. Er führte die Spiegelbehandlung durch, sagte sich jeden Morgen vor dem Spiegel: „Der Sieg ist mein, der Erfolg ist mein, Reichtum ist mein ... Gott ist mein Partner. Es ist wunderbar!" Er wurde technischer Direktor seiner Gesellschaft und schöpfte tief aus seinem Inneren phantastische Ideen, die seiner Firma viel Geld sparten und noch mehr einbrachten.

8. Eine Frau behauptete, religiös zu sein, lebte aber in Mangel und Beschränkung. Wirkliche Religiosität jedoch kommt aus dem Herzen. Was Sie zutiefst in Ihrem Herzen glauben, das wird in Ihrem Leben sichtbar. Ihre theoretisch bleibende Zustimmung zu gewissen Dogmen und Lehren ist bloßes Denken mit dem Kopf, ist Scheinglaube. Nur das Denken mit dem Herzen — überzeugtes Denken und Glauben, das sich dem Unterbewußtsein einprägt — ist wichtig. Ihr vorherrschender Denkinhalt ist Ihre wirkliche Religion. Glauben Sie an die Güte Gottes, an seine Führung und seine Liebe. Glauben Sie an die Fülle und die Reichtümer des Unendlichen, dann geschehen Wunder, wenn Sie darum beten.

KAPITEL 6

Die wunderbare Quelle der Heilung

Berichte über seelische und körperliche Krankheiten des Menschen, wie sie in großer Zahl in der Bibel geschildert werden, gab es seit undenklichen Zeiten und gibt es heute noch. Fast in jedem Krankenhaus können Sie dieselben Leiden und Krankheitssymptome sehen. Natürlich haben diese schon in der Bibel beschriebenen Krankheiten heute wissenschaftliche Namen, die der medizinischen Terminologie entstammen.

Heutzutage jedoch beginnen auf der ganzen Erde – mit oder ohne Berufung auf die Bibel – Männer und Frauen verschiedenster Konfessionen und Wissenszweige zu erkennen, welche ungeheuren therapeutischen Ergebnisse sich durch Anwendung geistig-seelischer Gesetze erzielen lassen. Auf dem Gebiet der Medizin, Psychiatrie, Psychologie, Parapsychologie und verwandten Gebieten werden Beweise dafür erbracht und Abhandlungen darüber geschrieben, daß geistig-seelische und gefühlsmäßige Konflikte die verborgenen Ursachen verschiedener verheerender Krankheiten sind.

Über die Grundlage jeder Heilung

Jede Heilung erfolgt gemäß dem Glauben des einzelnen. Das Unterbewußtsein ist die schöpferische Fähigkeit in uns und macht sichtbar, was das Bewußtsein ihm einprägt; das Bewußtdenken prägt ihm seine Gedanken ein; die Gedanken sind Äußerungen des Glaubens; was also dem Unterbewußtsein eingeprägt wird, macht sich gemäß unserem Glauben in unserem Leben geltend.

Die weitverbreitete Überzeugung, daß Krankheit, als eine sekundäre Ursache nur ein Zustand, eine primäre Ursache sei, ist falsch.

Sie änderte ihren Glauben und verließ den Rollstuhl

Vor einigen Tagen führte ich ein interessantes Gespräch mit einem Taxifahrer. Er erzählte mir, seine Mutter habe die Angewohnheit gehabt zu sagen: „Ich denke, irgendwann werde ich Arthritis bekommen und dann verkrüppelt sein wie meine Mutter und meine Großmutter." Als Junge hatte er sich nichts dabei gedacht, bis dann der Tag kam, da die Arthritis seine Mutter tatsächlich zum Krüppel machte, so daß sie ins Krankenhaus mußte.

Er brachte ihr ein Exemplar meines Buches *Die Macht Ihres Unterbewußtseins* (Ariston Verlag) und bat sie: „Mutter, lies das." Sie tat es und bat ihn: „Ich möchte, daß du für mich betest." Der behandelnde Arzt hatte dem jungen Mann eröffnet, seine Mutter müsse für den Rest ihres Lebens einen Rollstuhl benutzen.

Nach der Lektüre des Buches und den aufbauenden Suggestionen ihres Sohnes erkannte die Frau jedoch, was ihre Arthritis verursacht hatte – ihr Unterbewußtsein. Da es unpersönlich ist und geradezu autonom verwirklicht, was ihm eingeprägt wird, hatte es ihre ständig wiederholte negative Behauptung akzeptiert: „Ich denke, ich werde Arthritis bekommen wie meine Mutter und meine Großmutter." Tatsächlich hatte sie, wie ihr nun klar wurde, die Krankheit selbst über sich gebracht; denn das Unterbewußtsein versteht uns wörtlich.

Die Frau sah ein, daß sie ihr Denken völlig ändern mußte; deshalb wiederholte sie mehrmals am Tag bestimmte Wahrheiten, die ihr Unterbewußtsein akzeptieren würde. Ich schrieb ihr folgendes Gebet auf: „Der lebendige Geist in mir ist die unendliche Heilgegenwärtigkeit. Ich impfe nun meinem Unterbewußtsein die Vorstellung von Unversehrtheit, Vitalität und vollkommener Gesundheit ein. Göttliche Liebe durchströmt mich und löst alles auf, was ihr nicht gleicht. Göttlicher Friede erfüllt meine Seele. Kosmische Energie aus der Quelle der unendlichen Heilgegenwärtigkeit durchdringt mich und dringt hinab in die größten Tiefen meines Unterbewußtseins. Ich weiß, daß ich jedesmal, wenn ich dieses Gebet spreche, mein Unterbewußtsein in diesem neuen Glauben bestärke, bis ich wieder unbehindert und voller Freude gehen kann."

Ihr Sohn betete in ähnlicher Weise für sie. Aus dem Krankenhaus kam sie zwar noch im Rollstuhl nach Hause, doch innerhalb eines Monats genas sie völlig.

Wir wandeln im Glauben, nicht im Schauen

Vor ein paar Monaten konnte ich persönlich beobachten, welche wunderbaren Ergebnisse eine Mutter erzielte, die an die Gegenwärtigkeit der unendlichen Heilkraft in ihrem Unterbewußtsein glaubte. Sie brachte ihren fünfjährigen Sohn zu mir. Er erschien mir als prächtiger, gesunder Junge; doch die Mutter sagte, er leide an schweren Asthma-Anfällen und die Medizin, die er einnehme, vermöge die Anfälle nicht immer zu verhindern. Der Vater des Jungen war kurz nach dessen Geburt gestorben, und die Anfälle hatten etwa sechs Monate vor dem Besuch bei mir begonnen.

Ich sagte der Frau, ihr Sohn könne gesund werden. Der hl. Augustinus hatte gefragt, wozu der Glaube diene, wenn nicht dazu, das zu glauben, was man nicht sehe. Die Frau machte es sich nun zur Aufgabe, ihren Glauben an die Quelle kosmischer Energie zu demonstrieren. Sie besaß wunderbares Wissen über die seelisch-geistigen Gesetze und erklärte mir: „Ich weiß, daß sich, obwohl das Zeugnis meiner Sinne es abstreitet, mein gläubiges Gebet, sofern ich es in den Sinnen bewahre, in meinem Unterbewußtsein ablagern und sich verwirklichen wird."

Drei- oder viermal am Tag wurde sie ganz still und stellte sich im Geist ihren Sohn vor, sie sah ihn zu ihr treten und hörte ihn sprechen: „Mama, Gott hat mich geheilt. Es geht mir prima." Sie hielt beharrlich an diesem geistigen Bild fest, und nach einem Monat war der Junge völlig frei von den krampfartigen Asthma-Anfällen.

Ihr Lieblingszitat lautet: *Denn wir wandeln im Glauben und nicht im Schauen* (2. Korinther 5, 7). Sie schulte ihren Geist und wußte, daß ihr konstruktives Denkbild, das sie sich in Form eines unsichtbaren Modells in ihrem Geist geschaffen hatte, sich vergegenständlichen und verwirklichen würde.

Die Technik der Fernheilung

Kosmische Energie ist Ausfluß jenes Lebensprinzips, das alle Menschen beseelt. Wenn beispielsweise Ihr Bruder im Ausland ist und Sie für ihn beten wollen, müssen Sie daran denken, daß es zwischen Persönlichkeiten keine feste Demarkationslinie gibt, denn subjektiv sind wir alle eins. Wenn Sie an Ihren Liebsten denken, dann gibt es in Ihrem Unterbewußtsein weder Zeit noch Raum; deshalb empfängt er Ihre Gedanken der Unversehrtheit, Schönheit, Vitalität und Liebe, und diese Dinge werden in ihm zum Leben erweckt.

Die Wirkung geht, indem Sie denken, von Ihrem Bewußtsein aus, und die Übertragung zu Ihrem Liebsten oder Freund erfolgt über sein Unterbewußtsein; seine Empfangsbereitschaft bezeichnet man als Rapport mit Ihnen. Der kosmische Energiespender oder der Inbegriff des lebendigen Geistes – Gott – ist in seiner Ganzheit überall gleichzeitig gegenwärtig. Wenn Sie die Technik der Fernheilung anwenden, indem Sie für einen körperlich nicht anwesenden Menschen beten, können Sie dem Unterbewußtsein des Kranken Unversehrtheit und Vitalität verordnen, als wäre es Ihr eigenes, und gemäß Ihrem Glauben und Ihrer Überzeugung werden sich Ergebnisse einstellen.

Die Wunderheilung eines fieberkranken Kindes

Während der Arbeit an diesem Kapitel erhielt ich einen Anruf aus Georgia. Die Anruferin sagte, ihr Kind liege im Sterben, die verordneten Medikamente senkten das Fieber nicht; offenbar gebe es keine Hoffnung mehr.

Ich erklärte ihr, das Kind (sechs Jahre alt) werde auf ihren Glauben und ihr Vertrauen in die Gegenwärtigkeit der unendlichen Heilkraft Gottes in dem Kind reagieren. Ich riet der Mutter, ihre Gedanken von der Betrachtung des Fiebers und der Symptome sowie von allem Körperlichen überhaupt abzuziehen und dann in bewußter Formulierung mit lebhaftem Gefühl zu beten: „Der Spender aller kosmischen Energie – der lebendige, allmächtige Gott – ist das Leben meines Kindes. Gottes Strom des Friedens durchdringt das ganze Wesen meiner Tochter. Gottes Liebe erfüllt ihre Seele. Die belebende, heilende, harmonisierende Macht Gottes wird jetzt in ihrer Seele und ihrem Körper offenbar. Die Vitalität wird jetzt in ihr wiedererweckt, und ich danke dafür."

Sie wiederholte dieses Gebet etwa eine halbe Stunde lang unaufhörlich; denn sie wußte, daß das Unterbewußtsein ihres Kindes ganz durchdrungen würde von der Erkenntnis der ihm innewohnenden Heilkraft und daß die Gesundheit ihrer Tochter wiederhergestellt würde. Nach einer halben Stunde sank die Temperatur des Kindes auf den Normalwert, und der Arzt sagte zur Mutter: „Eine höhere Macht hat dies bewirkt.“ Das kleine Mädchen verlangte nach seinem Hund und nach etwas zu essen.

Der Schwache spreche: Ich bin stark! Joel 4, 10.

Schritte bei der seelisch-geistigen Heilung

Der erste Schritt besteht darin, daß Sie es ab sofort ablehnen, Angst vor den sichtbaren Symptomen einer Krankheit zu haben. Der zweite Schritt muß zu der Erkenntnis führen, daß die Verfassung des Kranken nur eine Folge negativen Denkens ist, dem künftighin die Macht entzogen sein wird. Der dritte Schritt ist, die Heilkraft Gottes, den Strom kosmischer Energie in dem Kranken, zu preisen.

Auf diese Weise hört die Produktion aller Toxine in Ihnen oder in der Person auf, für die Sie beten. Bezeichnen Sie die Verfassung des Kranken als falsch; heben Sie ihn in Ihrem Geist auf, sehen Sie ihn, wie er sein sollte – glücklich, heiter, frei. Leben Sie in der Verkörperung Ihres Wunsches, und das Wort wird Fleisch, d. h. Ihr Denken und Fühlen werden sich verwirklichen.

Wie ein Geistlicher die Heilkraft freisetzte

Vor einiger Zeit erzählte mir ein Geistlicher aus New York, er erziele durch die Benutzung meines Buches *Das Wunder Ihres Geistes* (Ariston Verlag) phantastische Ergebnisse.

Seine an Tuberkulose erkrankte Frau hatte nicht positiv auf die Behandlung und auf das Klima in Tucson, Arizona, angesprochen, wo sie den ganzen Sommer über gewesen war. Da hatte der Geistliche, ein Freund von mir, sich einen Absatz aus der Bibel ausgesucht: *Jesus aber hob seine Augen empor und sprach: Vater, ich danke dir, daß du mich erhöret hast. Doch ich weiß, daß du mich allezeit hörst . . .* Johannes 11, 41–42.

Drei- oder viermal am Tag hatte er abgeschaltet, seine Gedanken beruhigt und sich völlig entspannt. Dann hatte er sich vorgestellt, er spreche mit Gottes Heilgegenwärtigkeit in seinem Inneren; seine innere Rede lautete: „Ich danke dir, Vater, für die wunderbare Heilung meiner Frau." Er hatte dies unaufhörlich wiederholt, bis er von tiefem Dankgefühl durchdrungen war.

Seine Frau hatte dieselbe Technik angewandt. Nach einem Monat waren das Sputum und alle anderen Untersuchungen negativ gewesen. Als die beiden ihren Geist und ihre Herzen zu der ihnen innewohnenden unendlichen Heilgegenwärtigkeit Gottes erhoben, setzten sie die Heilkraft frei. Ihre innere Rede stimmte mit ihrem Ziel überein.

Immer muß die innere Rede – das Selbstgespräch, das stumme Denken – mit Ihrem Lebensziel oder -wunsch übereinstimmen. Immer wird Ihre innere Rede äußerlich sichtbar werden, Ihr Wunsch sich verwirklichen.

Bei dem Ehepaar stimmte die innere Rede mit dem Wunsch nach Unversehrtheit, Gesundheit und Vollkommenheit überein. *Und ich, wenn ich erhöht werde von der Erde, so will ich sie alle zu mir ziehen.* Johannes 12, 32.

Der Schlüssel zu seelisch-geistiger Heilung

Die ideale Bewirkung der seelisch-geistigen Heilung ist es, alle Gedanken vollständig von den körperlichen Symptomen des Krankheitszustandes abzuziehen und an den Menschen, für den man betet, als rein geistiges Wesen zu denken; mit anderen Worten, ihn seinem geistigen Wesen und der ihm innewohnenden kosmischen Energie gleichzusetzen und dann zu sagen, daß das, was im Geistigen zutreffe, auch auf die Person zutreffe, der man zu helfen versucht.

Bei dieser Technik erkennen Sie an, daß der Geist aus der Quelle kosmischer Energie (Gott) allmächtig und völlig frei von Unterordnung unter irgendeinen Zustand oder eine Verfassung ist. Sie behaupten, der Patient bringe nun die Vitalität, Unversehrtheit und Macht zum Ausdruck, die Inbegriff des Geistes sind. Der Patient ist aufnahmebereit für Ihre Behauptungen der Wahrheit, er wird Ihre Gedanken von Psyche zu Psyche empfangen, und sein Unterbewußtsein wird mit dem aufbauenden Gedankeninhalt des Heilers angefüllt. Unversehrtheit, Vitalität und Kraft werden wiedererweckt, Gesundheit tritt an die Stelle der Krankheit.

Seine Umkehr an der Schwelle des Todes

Eine Frau kam vor mehreren Monaten zu mir, weil ihr Mann an Delirium tremens litt. Sein Herz flatterte, und er halluzinierte. Die Ärzte sagten, sein Tod sei nur noch eine Frage von Tagen, wenn nicht Stunden. Sie bat mich, mit ihr ins Krankenhaus zu gehen; er verlange nach mir, weil er jeden Morgen meine Rundfunksendung gehört habe.

Der Mann stand unter Morphium, sprach aber trotzdem klar und logisch. Er war Alkoholiker und bekannte bei dem Gespräch am Krankenlager alle seine Verfehlungen, die er begangen hatte – eine stattliche Zahl, selbst regelrechter Verbrechen. Er sagte: „Ich bin am Ende. Ich muß sterben. Werde ich zur Hölle fahren?" Er hatte altmodische religiöse Vorstellungen, obwohl er schon längst in keine Kirche mehr gegangen war.

Ich erklärte ihm, daß das höchste Lebensprinzip – Gott – nie verdammt; daß jedes Urteilen dem Menschen überlassen sei, womit unser Geist gemeint ist, und daß wir uns selbst verurteilen, selbst unsere Hölle (als Einengung, Fessel) und selbst unseren Himmel (als Frieden, Harmonie und Gesundheit) machen. Des weiteren erklärte ich ihm, er müsse sich jetzt selbst alle seine vergangenen Vergehen verzeihen und inbrünstig beschließen, sie nicht nochmals zu begehen; außerdem könne er sich nun mit mir zusammentun, und wir würden alle jene freigeben, gegen die er Groll und Haß hegte. Ich sagte ihm, oberflächliches Beten sei keine Lösung; nur eine wirkliche Änderung des Herzens vermöge die wunschgemäße Verwirklichung; er müsse aus tiefstem Inneren all jenen, die er gehaßt und verabscheut hatte, Gesundheit, Glück, Frieden und alle Wohltaten des Lebens wünschen.

Er nannte etwa zehn Personen. Wir begannen in gemeinsamem Gebet jedem einzelnen von ihnen Gottes Liebe, Frieden und Freude und alle Wohltaten des Lebens zuzudenken und fühlten den Strom kosmischer Energie. Plötzlich machte der Mann an der Schwelle des Todes einen strahlenden, glücklichen Eindruck. Der Grund war, daß er nun den tiefen inneren Glauben hatte, es gebe „dort oben", wie er sagte, keine Macht, die ihn bestrafen werde.

Er spürte, daß er mit Gott und den Menschen versöhnt und ihm alles vergeben war. Er entspannte sich und war bereit für das, was er den „Himmel" nannte.

Der behandelnde Arzt und die Schwestern stellten eine bemerkenswerte physische Besserung fest, und die neue Prognose lautete, er werde am Leben bleiben. Nach ein paar Tagen war er völlig gesund. Dieser Mann ist jetzt voller Leben, Vitalität und schäumt über vor Begeisterung.

Die Tatsache, daß er sich selbst und den Mitmenschen vergeben hat, seine entspannte Haltung und seine Hingabe an Gott befreiten seine Seele und seinen Körper sofort von Schmerz, Angst, Schuld und Haß. Sein Körper reagierte in wunderbarer Weise auf diese neue Geisteshaltung. Sein inneres Gefühl der Freiheit und des Seelenfriedens setzte die Heilkraft des kosmischen Energiespenders frei, und er war ein neuer Mensch in Gott. Er hat an sich erfahren, daß Selbstverurteilung die Hölle ist und Selbstvergebung der Himmel – geistigseelischer Frieden.

Der Lohn ist Heilung

Das Ihr Unterbewußtsein bestimmende Gesetz hat nichts zu tun mit Gut- oder Schlechtsein, mit Dogmen oder religiösen Überzeugungen. Dieses Gesetz ist unpersönlich. Gott sieht die Person nicht an. Die Sonne scheint auf die Ungerechten genauso wie auf die Gerechten. Der Regen fällt auf die Guten und die Schlechten. Das Gesetz Ihres Geistes enthält keinerlei Moral. Es ist immer unparteiisch, unpersönlich und neutral. Die Moral hängt von Ihrer Motivation und davon ab, wie Sie das Gesetz des Geistes sehen. Ihr Denken trägt seinen Lohn in sich. Ihre Idee, Ihr Wunsch, Plan oder Ziel sind gut oder schlecht, je nach der Natur des Wunschs oder Plans. Wählen Sie das Gute, und Gutes wird die Folge sein.

Sie können Ihren Wunsch verwirklichen, ohne auch nur einem Lebewesen auf dieser Erde ein Haar zu krümmen. Paulus sagt: *So ist nun die Liebe des Gesetzes Erfüllung* (Römer 13, 10). Dies bedeutet, daß Sie, wenn Sie richtig denken, fühlen und handeln, das Gesetz konstruktiv anwenden und jedermann Wohlwollen entgegenbringen werden. Dieses Ausgreifen Ihres Herzens nach anderen wird dazu führen, daß Ihre Mitmenschen Ihnen gegenüber in ähnlicher Weise reagieren.

Heilung auf Grund eines zwingenden Mechanismus

In der Bibel heißt es, man müsse *nicht siebenmal, sondern siebzigmal siebenmal vergeben* (Matthäus 18, 22). Dies ist bildlich gesprochen und bedeutet tausendmal am Tag, wenn nötig; es bedeutet, daß man von einem Geist immerwährenden Vergebens, was zugleich ein ständiges Geben bedeutet, erfüllt sein soll. Ihr Geist ist ein Prinzip, und wenn Sie das Prinzip richtig anwenden, ist in Ihrem Geist kein Platz für Groll, Schuld und Strafe. Wenn Sie beispielsweise die Prinzipien der Mathematik, Chemie oder Elektrizität unwissend oder in falscher Weise angewandt haben, würden Sie von dem Augenblick an nicht mehr verletzt oder Schädigungen erleiden, ab dem Sie nun anfingen, diese Prinzipien richtig zu benutzen. Ein neuer Anfang ist ein neues Ziel.

Gott verdammt oder bestraft nie. Tatsächlich bestrafen Sie sich selbst durch Mißbrauch des Gesetzes und durch negatives Denken. Die wunderbare Wahrheit, die Sie lernen müssen, lautet: Sie vergeben sich auf der Basis eines wirksamen Geistesgesetzes, eines wissenschaftlich erwiesenen Mechanismus, aufgrund dessen Ihr Unterbewußtein automatisch seine Aktion Ihnen gegenüber umkehrt, wenn Sie richtig zu denken beginnen. Ob Sie ein Alkoholiker, Rauschgiftsüchtiger, Räuber, Dieb, Sadist oder Mörder sind, das Gesetz Ihres Unterbewußtseins hegt keinen Groll gegen Sie, verurteilt und bestraft Sie nicht und reagiert auch nicht mehr negativ, sobald Sie den ernsten Entschluß gefaßt haben, ein anderer Mensch zu werden und die Wahrheiten Gottes, die gestern, heute und immerdar dieselben sind, anzuwenden und zu leben.

Alle unsere Verfehlungen, Versäumnisse, Verbrechen, Feindseligkeiten und Haßgefühle werden ausgelöscht, wenn wir unsere Herzen ändern und bekennen, daß die Liebe und Harmonie Gottes unser Leben bestimmen. Wenn göttliche Liebe, göttliche Harmonie und göttlicher Friede Ihren Geist und Ihr Herz beherrschen, wird das Gesetz Ihres Unterbewußtseins, das zwingend ist, Sie zwingen, die Eigenschaften und Attribute Gottes sichtbar werden zu lassen; diese werden in Ihrem Leben ihren Niederschlag finden. Alle Ihre Wege werden Wege der Freude sein und zum Frieden führen.

Eines aber sage ich: Ich vergesse, was da hinten ist, und strecke mich zu dem, was da vorne ist, und jage – nach dem vorgesteckten Ziel . . . Philipper 3, 13–14.

ZUSAMMENFASSUNG

1. Auf der ganzen Erde beginnen Männer und Frauen verschiedenster Glaubensrichtungen und Wissenszweige zu erkennen, welch ungeheure therapeutische Ergebnisse sich durch Anwendung geistig-seelischer Gesetze erzielen lassen.

2. Jede Heilung erfolgt gemäß dem Glauben des einzelnen oder seines Behandlers. Das Unterbewußtsein ist das kreative Medium und der Heiler des Körpers. Was das Bewußtdenken dem Unterbewußtsein einprägt, wird das Unterbewußtsein gemäß unserem Glauben getreulich im Leben verwirklichen.

3. Die Mutter eines Taxifahrers las *Die Macht Ihres Unterbewußtseins* (Ariston Verlag) und erkannte, daß sie ständig gefürchtet und erwartet hatte, von Arthritis verkrüppelt zu werden, weil ihre Mutter und ihre Großmutter diese Krankheit gehabt hatten. Sie änderte ihre Einstellung und begann regelmäßig, systematisch und bewußt zu sich selbst zu sagen, kosmische Energie aus der Quelle der unendlichen Heilkraft durchströme sie als Harmonie, Vitalität und Unversehrtheit und sie werde gesund. Sie stellte sich auch sich selbst vor, wie sie ging und alle Dinge tat, als sei sie schon gesund und unversehrt. Außerdem betete ihr Sohn für sie, indem er sich immer wieder sagte, daß göttliche Liebe, göttlicher Frieden und göttliche Harmonie den Geist und das Herz seiner Mutter erfüllen. Ständig sah er ein geistiges Bild vor sich: seine lebende, vitale und vom Geist beseelte Mutter zu Hause. Sein Bild stimmte mit seinem Gebet überein, und das sogenannte Wunder geschah: die Frau geht jetzt ungehindert und lebt voller Freude.

5. Die kosmische Energie ist Ausfluß jenes Lebensprinzips, von dem alle Menschen beseelt werden. Wenn Sie für einen Freund oder Verwandten beten wollen, der Tausende Kilometer entfernt ist, müssen Sie daran denken, daß es im Geist weder Zeit noch Raum gibt. Geist ist allgegenwärtig, und wenn Sie Ihrem Freund helfen wollen, dann gehen Sie in sich, betrachten Sie die Unversehrtheit, Schönheit, Vitalität, Intelligenz und Macht Gottes und sagen Sie sich, daß alles, was auf Gott zutrifft, auch auf Ihren Freund zutrifft. Tun Sie dies, bis Sie ruhig und entspannt sind und das Gefühl haben, im Augenblick nicht mehr tun zu können. Später, wenn Sie den Drang haben zu beten, wiederholen Sie den Gebetsvorgang, als sprächen Sie das Gebet zum erstenmal. Bei jedem Male dringen Sie tiefer in Ihr Unterbewußtsein und in das Ihres Freundes ein, und er wird die Verwirklichung dessen erfahren, was Sie fühlen und glauben.

6. Eine Mutter, deren Kind an Fieber zu sterben drohte und auf kein Medikament reagierte, zog alle ihre Gedanken von dem Fieber und der Krankheit des Kindes ab. Sie setzte sich zu dem Kind und betete voll

Glauben und Vertrauen: „Gottes Strom des Friedens durchdringt das ganze Wesen meiner Tochter. Die belebende, heilende, harmonisierende Macht Gottes wird jetzt in ihrer Seele und ihrem Körper offenbar." Etwa eine halbe Stunde betete sie so, dann sank die Temperatur des Kindes auf den Normalwert. Das Unterbewußtsein des Kindes war durchdrungen von den Wahrheiten, welche die Mutter bekräftigt hatte, und sofort stellten sich Ergebnisse ein.

7. Der erste Schritt bei der seelisch-geistigen Heilung besteht darin, keine Angst vor Krankheit oder deren Symptomen zu haben. Der zweite Schritt muß zu der Erkenntnis führen, daß die Verfassung des Kranken nur eine Folge negativen Denkens ist, dem künftighin kein Platz mehr eingeräumt wird. Der dritte Schritt ist, die Heilkraft Gottes, den Strom kosmischer Energie in dem Kranken, zu preisen. Diese Geisteshaltung führt zur Heilung.

8. Ein Geistlicher erwirkte die wunderbare Heilung seiner an Tuberkulose leidenden Frau, indem er über einen Bibelvers meditierte und ihn so lange wiederholte, bis sein Unterbewußtsein und das seiner Frau den Vers ganz aufgenommen hatten. Er wandte sich nach innen, als spreche er den unendlichen Geist an, und betete: *Vater, ich danke dir, daß du mich erhöret hast. Doch ich weiß, daß du mich allezeit hörst ...* (Johannes 11, 41—42). Er fuhr fort, Gott für die wunderbare Heilung seiner Frau zu danken; denn er wußte, daß ein dankbares Herz immer Gott nahesteht. Die Tuberkulose heilte völlig aus.

9. Der Schlüssel zu seelisch-geistiger Heilung liegt darin, nicht an die körperlichen Symptome des Kranken zu denken, sondern nur an sein geistiges Wesen und die Gegenwärtigkeit Gottes im Inneren, und dann voll Überzeugung zu beten, daß der Inbegriff von Liebe, Harmonie, Unversehrtheit und Vitalität aus der Quelle kosmischer Energie die Person, für die Sie beten, belebt, stärkt, wiederherstellt und heilt. Sie müssen sich diese Person auch so vorstellen, wie sie sein sollte — glücklich, unversehrt, vital, völlig gesund. Ihr geistiges Bild muß immer mit Ihrem Gebet übereinstimmen, und gemäß Ihrem Glauben werden Sie Ergebnisse sehen.

10. Ein Alkoholiker war krank, fühlte sich schuldig und fürchtete den Tod. Als man ihm erklärte, daß er sich selbst seinen Himmel und seine Hölle schafft, lernte er das Gesetz des Verzeihens und erkannte, daß niemand ihn bestrafte außer er selbst und daß sein Groll und Haß ihn vergifteten, weil er alles, was er über andere dachte, in seinem eigenen Leben erzeugte. Er beschloß, sich selbst und den anderen zu vergeben, und er meinte es ernst. Liebe erfüllte seine Seele und Frieden seinen Geist. Er spürte, daß er ausgesöhnt und ihm alles vergeben war. Eine erstaunliche Heilung erfolgte, er konnte das Krankenhaus nach ein paar Tagen verlassen. Heute ist er ein anderer Mensch. Er hat erkannt, daß

Selbstvergebung der Himmel ist, nämlich Frieden, und Selbstverurteilung die Hölle, nämlich Einengung und Fessel.

11. Das Gesetz der Vergebung ist ein wissenschaftlich erwiesener Mechanismus. Ihr Geist ist ein Prinzip, und wenn Sie beginnen, es richtig anzuwenden, erfolgt sofort eine automatische Reaktion Ihres Unterbewußtseins, die Ihrem Bewußtdenken entspricht. Deshalb entdeckten sogar Verbrecher, die den intensiven Wunsch hatten, neue Menschen in Gott zu werden, daß ihr Leben sich änderte. Durch oberflächliches Gebet ist dies freilich nicht zu erreichen, sondern nur, wenn eine wirkliche innere Wandlung erfolgt. Ein neuer Anfang ist ein neues Ziel.

12. Siebzigmal siebenmal vergeben ist ein bildlicher Ausdruck aus der Bibel, der bedeutet, daß Ihr Leben von einem Geist immerwährenden Vergebens und damit Gebens beherrscht sein sollte. Ersetzen Sie beharrlich negative Gedanken durch aufbauende, harmonische, dann vergeben Sie ständig sich selbst. Was Sie über andere denken und anderen wünschen, das erzeugen Sie in Ihrem eigenen Körper, in Ihrer Verfassung, Ihrem Dasein und Ihren Erlebnissen.

13. Alle unsere Verfehlungen und Versäumnisse werden völlig vergeben, wenn in uns die Liebe, Harmonie und der Frieden Gottes die Oberherrschaft erlangen; dann reagiert unser Unterbewußtsein entsprechend, und da der Mechanismus unseres Geistes zwingend ist, begeben wir uns zwangsläufig auf den Weg zur Freude und zum Frieden. *Seine Gnade währet ewig und seine Wahrheit für und für.* Psalm 100, 5.

KAPITEL 7

Die reinigende Quelle Ihrer seelisch-geistigen Nahrung

Langjährige Erfahrung lehrte mich, daß viele Menschen nicht vorankommen, weil sie wegen früherer Ereignisse und Erlebnisse Schuldgefühle haben und auf ihrer Suche nach Glück und Erfolg durch ihre Selbstkritik und Selbstverurteilung – durch unbewußte Selbstbestrafung – den Strom kosmischer Energie von ihrem Inneren wegleiten.

Ich machte auch die Beobachtung, daß Menschen, die den Entschluß fassen, sich von Schuld und Selbstbestrafung zu trennen, das heißt, sich selbst und den Mitmenschen zu verzeihen, unweigerlich aufblühen, gedeihen und ein Leben zu führen beginnen, das ich als unverwundbar und wie unter einem Zauber stehend bezeichnen möchte. Alles, was sie aufrichtig und inbrünstig zu erreichen wünschen, erfüllt sich nach göttlicher Fügung. Selbstverurteilung bringt Versagen und Elend. Selbstvergebung bringt Glück, Frieden und ein Leben des Erfolges.

Das Wort *Sünde* stammt aus dem Griechischen und bedeutet „das Ziel verfehlen“. Wenn die griechischen Bogenschützen das Auge des Stiers nicht trafen, sagte man, sie hätten gesündigt – oder das Ziel verfehlt. Alle innigen Wünsche, Pläne und Ideale, die Sie haben, sind das Ziel, das Sie anstreben. Ihre Seele, Ihre Persönlichkeit will sich verwirklichen. Ihr Ziel zu verfehlen bzw. nicht zu erreichen, ist Sünde – nicht mehr, nicht weniger. Sie sündigen daher, wenn Sie nicht Gesundheit, Wohlstand, Erfolg, Seelenfrieden, Liebe und Glück – echte Selbstverwirklichung – anstreben.

Vergeben bedeutet Geben

Vor kurzem kam eine junge Frau aus Georgia nach Los Angeles und trat hier eine gute Stellung bei der Regierung an. In dem Gespräch mit ihr stellte ich fest, daß sie sehr scheu, schüchtern, ausgesprochen introvertiert war. Sie klagte darüber, daß es an ihrer Arbeitsstelle keine Männer gab, denn sie wolle den richtigen Mann kennenlernen und heiraten. Sie wünschte sich ein Heim, zu lieben und geliebt zu werden. Diese junge Frau sündigte im wahrsten Sinne des Wortes: Weil sie ihr Ziel nicht anstrebte, nicht einmal klar erkannte, konnte sie es natürlich nicht erreichen.

Auf meine Empfehlung begann sie das Gefühl zu entwickeln, sie werde geliebt, begehrt, gebraucht und geschätzt. Im Lauf des Tages sagte sie sich immer wieder: „Ich werde begehrt, gebraucht, geliebt, umsorgt und geschätzt." Sie stellte sich bildhaft vor, ein wunderbarer Mann lade sie zum Essen in die besten Restaurants ein, führe sie ins Konzert, ins Kino, ins Theater. Sie schrieb alle ihre Wünsche auf einen Notizblock. Diese Liste ging sie tagsüber oft durch: denn sie wußte und glaubte jetzt, daß sich alle ihre Bitten nach und nach ihrem Unterbewußten einprägen und folgerichtig verwirklichen würden.

Sie besuchte einen der Kurse, die ich in Costa Mesa abhielt, und lernte dort einen Ingenieur kennen, der sich in sie verliebte. Er führte sie in die besten Restaurants der Stadt und zu vielen Theateraufführungen. Vor der Hochzeit schenkte er ihr ein Auto.

Nach ihrem Denken und Glauben, genau nach den Bildern ihrer systematischen Wunschvorstellung erfüllten sich ihre Herzenswünsche – in göttlicher Fügung. Die junge Frau führt jetzt ein glückliches, wie unter einem Zauber stehendes Leben voller Wunder.

Vergeben bedeutet Geben. Sie gab sich der Stimmung erfüllter Wünsche hin und entzog sich völlig dem früher vorherrschenden Gefühl von Mangel, Einsamkeit und Beschränkung. Sie erreichte das Ziel, indem sie es klar erkannte und anstrebte und zu sündigen aufhörte.

Sie haben die Macht, sich selbst zu vergeben

Sie haben die Macht, sich selbst alle Verfehlungen, Fehler und Versäumnisse aus Ihrer Vergangenheit zu verzeihen, indem Sie beschließen, Ihre Gedanken zu ändern und an der Änderung festzuhalten. Wenn Sie beginnen, auf der Basis ewiger, unveränderlicher Wahrheiten aufbauend, harmonisch, friedlich und liebevoll zu denken, wird Ihr Unterbewußtsein sofort auf Ihre von positiven Gefühlen begleiteten Gedanken und Vorstellungen reagieren; die Vergangenheit wird vergessen und nie mehr ins Gedächtnis gerufen werden. Immer ist ein neues Ziel ein neuer Anfang.

Im Geiste gibt es weder Zeit noch Raum, und in dem Augenblick, da Sie beschließen, Ihr Leben zu ändern, indem Sie Ihr Unterbewußtsein mit lebensfördernden Gedankeninhalten füllen, erfährt aus der Quelle kosmischer Energie Ihr Unterbewußtsein die Reinigung, die Sie frei macht. Gott als der Inbegriff und Spender dieser Energie bestraft nie. Wir bestrafen uns vielmehr selbst durch negatives Denken und Mißbrauch der Lebensgesetze. Daraus erwachsen Schuld und Strafe, alles Unheil und alles Elend, Verbrechen und Kriege in dieser unserer Welt.

Er erschloß die Quelle kosmischer Energie

Ein Mann, der in großer Armut lebte, beneidete zutiefst die Menschen in seiner Umgebung um ihren Reichtum und Erfolg. Er erzählte mir, er habe sich einer bestimmten religiösen Gruppe angeschlossen und sei *gerettet*. Doch er blieb arm an der Seele, krank und elend. Offensichtlich hatte er sich selbst nicht vergeben.

Ich erklärte ihm, er müsse seinen Glauben bewußt demonstrieren, wie wir immer in Wort und Tat zeigen, was wir glauben.

Ich erklärte ihm weiter, Gott, der Inbegriff des lebendigen allmächtigen Geistes, das Lebensprinzip, sei in ihm und erfülle ihn mit kosmischer Energie zur Verwirklichung seiner Wünsche, wenn er darum bitte. Er begann nun in vollem Verständnis zu beten: „Gott ist meine unversiegbare, sofort wirkende Kraftquelle und immerwährende Stütze, Gott erfüllt alle meine Bedürfnisse immer und überall sofort." Wenn er an irgendeinen Mangel dachte, zerstreute er den negativen Gedanken sofort und ersetzte ihn durch die beharrliche Aussage: „Gott ist meine immerwährende Kraftquelle und Stütze."

Nach und nach stimmte sich sein Geist auf die wirkliche Quelle aller Dinge ein, und kosmische Energie begann für ihn zu wirken, verlieh ihm neue Kraft, neue Vitalität, schöpferische Ideen. Er fand eine neue Stellung mit einem für seine Voraussetzungen phantastischen Einkommen. Die Quelle kosmischer Energie schließt sich jedem auf, der sich die ewigen Lebenswahrheiten vergegenwärtigt. Seine letzte Äußerung mir gegenüber war: „Ich habe um mich den Zauber Gottes gelegt, es ist wunderbar!"

Wie ein neuer Gedanke sein Leben veränderte

Sie haben die Fähigkeit, sich eine Idee anzueignen und sie durch viel Gefühl dem Tiefengewebe Ihres Geistes, Ihrem Unterbewußtsein einzuverleiben. Wenn Sie Ihr Einssein mit Ihrem Wunsch spüren, wird aus der Quelle kosmischer Energie eine immense Kraft in Ihnen wirksam, und Ihr Wunsch erfüllt sich. Dies ist ein in jedem Menschen wirkendes schöpferisches Gesetz. Das Wissen darüber vollbringt Wunder in Ihrem Leben.

Unlängst sprach ich mit einem Mann, der geschäftlich gescheitert war und auf dem Aktienmarkt viel Geld verloren hatte, das seine Familie dringend brauchte. Er sagte mir, er bereue seine Fehlspekulationen und sei tief zerknirscht. Er war deprimiert und voller Selbstverurteilung. Ich erklärte ihm, dies sei die destruktivste aller menschlichen Haltungen. Diese Gefühls- und Geisteshaltung pumpe psychisches Gift in seinen ganzen Organismus, dieses Gift verkrüpple ihn völlig und mache ihn zu einem geistigen Wrack.

Ich erläuterte ihm, das Wort *bereuen* könne nur bedeuten, sein Denken in eine lebensfördernde Richtung zu lenken und an der Änderung festzuhalten; und *vergeben* bedeute, sich mit seinem Ziel oder Lebensideal zu identifizieren. Er hörte mir aufmerksam zu und sagte, er wolle gern dieses Wissen nutzen. Er begriff, daß er lediglich bei der Vorstellung von Erfolg und Prosperität verweilen müsse, damit sein davon erfülltes Unterbewußtsein ihn zwinge, alles zu tun, was zum Erfolg notwendig war.

Er begann jeden Abend vor dem Einschlafen über Erfolg und Prosperität zu meditieren. Er dachte darüber nach, was Erfolg und Prosperität für ihn bedeuteten, und daß er im Vertrauen auf Gott in allen Unternehmungen immer Erfolg haben würde. Er verweilte bei der Tatsache, daß er des Unendlichen teilhaftig und dazu geboren war, sein Leben zu meistern und Erfolg zu haben, daß er in seinen Beziehungen zu den Menschen seiner Umgebung und auf dem von ihm erwählten Gebiet Erfolg haben werde und Gottes Reichtümer ihm immer zugänglich seien.

Er prägte weiterhin sein Unterbewußtsein, indem er jeden Abend bekräftigte: „Der Erfolg ist jetzt mein; Reichtum ist jetzt mein.“ Er wiederholte die Worte langsam und ruhig fünf oder zehn Minuten lang, bevor er einschlief. In schläfrigem Zustand ist der Geist empfänglicher, und es ist dann leichter, dem Unterbewußtsein einen Gedanken, eine Überzeugung einzuprägen.

Die Folgen sind interessant. Plötzlich verspürte er den Wunsch, einen Redner- und Managementkurs zu besuchen, dazu einen Lehrgang speziell über die Kriterien bei Investitionen auf dem Aktienmarkt. Heute ist er ein äußerst erfolgreicher Makler und hat ein Einkommen weit jenseits aller Bedürfnisse seiner Familie.

Der Detektiv war nicht zufällig unverwundbar

Vor kurzem hielt ich in Dallas, Texas, einige Sondervorlesungen. Im Verlauf eines Gesprächs mit einem Detektiv im Hotel erzählte mir dieser, auf ihn sei mindestens zwanzigmal geschossen worden, manchmal aus nächster Nähe, aber immer sei er wie durch ein Wunder heil davongekommen – entweder hatte die Waffe geklemmt oder der Schütze hatte ihn verfehlt, jedenfalls wurde die Kugel immer von ihrem Ziel abgelenkt.

Sein regelmäßiges Gebet am Morgen und Abend lautet: „Der ganze Schutz Gottes umhüllt mich. Ich bin unverwundbar. Gott ist meine Zuflucht, und er umgibt mich mit Gesängen der Erlösung.“

Dies ist sein bevorzugtes Gebet. Durch ständige Wiederholung, Glauben und Erwartung grub er seinem Unterbewußtsein unauslöschlich die Überzeugung ein, Gottes Liebe mache ihn gefeit gegen jede Verletzung; und sein gefährliches Leben als Detektiv verläuft nach seinem Glauben.

Wer in diesem Fall einfach Zufall einwenden möchte, der möge sich nur – ausnahmsweise einmal – das Gegenteil denken: Ohne Gottes Führung hätte ein Mann mit solchen Erfahrungen Angst. Und Angst zieht das Unglück geradezu an. Auch dies entspricht dem wissenschaftlich erwiesenen Mechanismus. Darum gibt es den Zufall im Leben nicht.

Ihre seelisch-geistige Nahrung bestimmt Ihr Leben

Weisheit und ein erfülltes Leben bestehen weder im Konsum von Fleisch und Kaffee, noch darin, keines von beiden zu sich zu nehmen. Sie können ein enthaltsames, asketisches Leben führen und weise, stark, gesund, reich und glücklich sein; oder Sie können verheiratet sein, zehn Kinder haben, Schinken essen, Kaffee trinken und dennoch erleuchtet, inspiriert, erfolgreich und wohlhabend sein.

Weisheit, die ein Sichbewußtsein der Gegenwärtigkeit Gottes im Menschen ist, weiß ganz genau, daß keine besondere Tugend darin liegt, abseits der Welt zu leben und sich nur von Nüssen und Früchten zu ernähren. Andere Menschen genießen das Leben voll, essen, was sie wollen, sind wohlhabend und erquicken sich an den Wahrheiten Gottes wie auch an allem Guten. Der Mensch kann umgekehrt die erlesensten Speisen essen und dennoch nach Liebe, Gesundheit und Inspiration hungern. Der Mensch ist, was er seelisch-geistig zu sich nimmt.

Erquicken Sie sich an der Führung und Güte Gottes in dieser Welt der Lebenden. Durchtränken Sie Ihren Geist mit Gottes Strom des Friedens und der Liebe. Bestätigen Sie sich selbst, daß Sie vom Himmel inspiriert sind, und machen Sie es sich zur Gewohnheit, die Sonne von Gottes Liebe über alle Menschen auszugießen. Wenn Sie diese Wahrheiten beharrlich wiederholen, verschmelzen Ihre ganze Welt, Ihr Körper, Geist, berufliches und häusliches Leben wie durch Zauber zum Bild und Gleichnis Ihrer Kontemplation. Warum sich mit Unwesentlichem befassen, mit nebensächlichen Dingen wie dem, was Sie essen oder trinken? Warum Mücken seihen und Kamele verschlucken – Berge der Ignoranz, der Angst und des Aberglaubens?

Die Wahrheit, die sein Leben verwandelte

In einem Gespräch mit einem schwer arbeitenden Mann erfuhr ich, daß er im Sinne der Lehren seiner Kirche viel Gutes tat, den Armen gab, Kranke besuchte, zu seiner Familie gut und freundlich war, dennoch aber Sorgen verschiedenster Art hatte. Sein Haus brannte ab, zwei Autos wurden ihm eins nach dem anderen gestohlen, er mußte sich einer schweren Operation unterziehen; er wurde fälschlich eines Vergehens beschuldigt und kam dahinter, daß das Kind, das seine Frau zur Welt brachte, nicht von ihm stammte, was ihm einen argen Schock versetzte.

Ich stellte ihm eine einfache Frage: „Was ist Ihre Auffassung von Gott?“ Ich wußte, die Antwort würde die Ursache all seiner Schwierigkeiten enthüllen. Er glaubte, Gott sei ein von der Menschheit und ihm selbst völlig getrenntes, unabhängiges Wesen irgendwo fern im

Raum und wir seien auf Erden, um zu leiden. Tatsächlich glaubte er, Gott bestrafe ihn für Sünden, die er vor Jahren begangen hatte. Die Folgen seiner unheilvollen und unzutreffenden Auffassung von Gott erlebte er nun in Form verschiedenster Probleme und Sorgen.

Ich erklärte ihm, wichtig sei einzig der tiefverwurzelte Glaube seiner Seele, der aufrichtige Glaube tief in seinem Herzen, und er werde immer diesen tiefsitzenden Glauben im Leben zum Ausdruck bringen. Deshalb hatte Dr. Phineas Parkhurst Quimby schon 1848 gesagt: „Der Mensch ist zum Ausdruck gebrachter Glaube." Mein Gesprächspartner, der sich Gott weit oben im Himmel dachte, hatte die Vorstellung von einem launischen Gott mit allen Grillen und Fehlern eines Menschenwesens. In dieser irrigen Auffassung glich er einem Geschäftsmann, der zu mir sagte: „Mit mir wäre alles in Ordnung, wenn Gott mich in Ruhe ließe."

Ich riet dem Mann, zur wahren Auffassung Gottes zurückzukehren, wie sie in Jesaja 9, 6 enthalten ist: . . . *und er heißt Wunderbar, Rat, Kraft, Held, Ewig-Vater, Friedefürst.*

Dreimal am Tag betete er von nun an voll Gefühl: „Ich preise Gott in meinem Inneren, Gott, der die Macht hat, mich zu heilen und wiederherzustellen. Ich weiß, Gott ist absolute Freude, absolute Harmonie, unendlicher Geist, grenzenlose Liebe, Allmacht und Allgegenwärtigkeit, die unversiegbare Quelle kosmischer Energie. Ich weiß, Gott ist Liebe, und Liebe kann nichts ohne Liebe tun. Ich weiß und glaube, daß Gottes Wunsch für mich ein größeres Maß an Freude, Glück, Liebe, Frieden, Erfolg, Harmonie, Gesundheit und erfülltem Leben ist. Ich vergegenwärtige mir, ich fühle und weiß, daß die Vitalität, Kraft, Unversehrtheit, die Schönheit und Freude des Unendlichen mich beleben und erhalten, und daß Gottes Liebe meine Seele erfüllt. Ich danke für Gottes Reichtümer, die mir allezeit zuteil werden, die allezeit gegenwärtig, unveränderlich und ewig sind."

Der Mann vergegenwärtigte sich nun jeden Morgen und Abend diese Wahrheiten; denn er wußte, daß durch häufige Wiederholung dieser Wahrheiten in seinem Geist sein Unterbewußtsein geprägt und seine Überzeugung im Leben sichtbar würde.

Mehr als drei Monate sind vergangen, seit er mit dem Gebet begann, und sein ganzes Leben hat sich inzwischen verwandelt. Er ist bei bester Gesundheit, hat wieder geheiratet, der Geist der Vergebung erfüllt ihn. Er glaubt jetzt unverrückbar an einen Gott der Liebe. Gottes Liebe hat in seinem Geist und Körper, in seinem Geschäft und Heim alles aufgelöst, was ihr nicht glich. Wunder geschehen, wenn Sie richtig beten.

ZUSAMMENFASSUNG

1. Das Gefühl einer Schuld läßt viele Menschen nicht vorankommen, denn es leitet den Strom kosmischer Energie von ihrem Inneren weg, raubt ihnen die Vitalität, Begeisterung und verhindert die Selbstentfaltung. Selbstverurteilung bringt Versagen und Elend; Selbstvergebung bringt Glück, Freude und Erfolg.
2. Das Wort Sünde bedeutet „das Ziel verfehlen". Um das Ziel zu erreichen, muß man es anstreben. Sie sündigen darum, wenn Sie nicht ein erfülltes, glückliches und erfolgreiches Leben — echte Selbstverwirklichung — anstreben.
3. Eine scheue, schüchterne, ängstliche junge Frau fühlte sich einsam, zu kurz gekommen und unglücklich. Sie änderte ihre Haltung völlig und vergegenwärtigte sich immer wieder, sie werde begehrt, gebraucht, geschätzt und geliebt. Sie begann sich vorzustellen und zu fühlen, sie werde in Restaurants, Kinos und ins Theater geführt. Sie betete auch darum, den richtigen Mann anzuziehen. Und genau nach den Bildern ihrer Wunschvorstellung erfüllten sich alle diese Dinge in göttlicher Fügung.
4. Vergeben bedeutet Geben. Sie haben die Macht, sich selbst Ihre Verfehlungen der Vergangenheit zu vergeben, indem Sie Ihre Gedanken auf die universellen Wahrheiten ausrichten und an der Änderung Ihrer Geisteshaltung festhalten. In dem Moment, da Sie das tun, reagiert automatisch Ihr Unterbewußtsein, die Vergangenheit wird vergessen. Immer ist ein neues Ziel ein neuer Anfang.
5. Das Problem der Armut oder Krankheit lösen Sie nicht, indem Sie irgendeiner Kirche, Sekte oder Gruppe beitreten. Sie müssen Ihren Glauben bewußt demonstrieren. Wir alle zeigen in unserem Leben durch Wort und Tat, was wir wirklich glauben. Wenden Sie sich an die Quelle aller Wohltaten und sagen Sie sich ständig, Gott sei Ihre sofort wirkende Kraftquelle und immerwährende Stütze, dann schließt sich Ihnen die Quelle kosmischer Energie auf.
6. Wenn Sie Ihr Einssein mit Ihrem Wunsch spüren, wird aus der Quelle kosmischer Energie eine immense Kraft in Ihnen wirksam, und Ihr Wunsch erfüllt sich.
7. Das Wort bereuen bedeutet, die Gedankenrichtung zu ändern und gemäß ewiger Wahrheiten zu denken — der Wahrheiten, die sich nie ändern. Ein Mann konzentrierte vor dem Einschlafen seine Aufmerksamkeit auf die zwei Gedanken „Erfolg" und „Reichtum"; er prägte wiederholt diese Worte seinem Unterbewußtsein ein. So aktivierte er die schlummernde Macht seines Unterbewußtseins, die sich in seinem Lebenserfolg niederschlug.

8. Ein Detektiv ist unverwundbar kraft folgenden Gebetes: „Der ganze Schutz Gottes umhüllt mich. Ich bin unverwundbar. Gott ist meine Zuflucht, und er umgibt mich mit Gesängen der Erlösung." Nicht zufällig, sondern durch regelmäßiges Beten ist er gefeit gegen jede Verletzung.

9. Sie sind, was Sie seelisch-geistig zu sich nehmen. Sie können asketisch leben oder die erlesensten Speisen essen und dennoch nach Liebe, Harmonie und Gesundheit hungern. Gott kümmert sich nicht darum, ob Sie feiern oder fasten. Erquicken Sie sich an den Wahrheiten Gottes, und Ihr Leben wird, was immer Sie essen, in Schönheit, Harmonie und Freude verlaufen.

10. Sie können vom herkömmlichen Standpunkt aus ein sehr guter Mensch sein, die Vorschriften und Lehren hoher Menschlichkeit oder Ihrer Kirche einhalten und gütig gegenüber Ihrer Familie und Ihren Mitmenschen sein; Sie müssen aber immer daran denken: Im Leben verwirklicht sich stets der Glaube tief in Ihrem Herzen. Wenn Sie glauben, daß Gott Sie bestraft, Krankheit schickt oder für Sie Unangenehmes bereithält, werden Sie die Folgen solchen Glaubens zu spüren bekommen. Tatsächlich bestrafen Sie sich selbst. Nehmen Sie eine neue Auffassung von Gott als dem Inbegriff der Liebe und Güte an, und Ihnen wird geschehen, wie Sie glauben.

11. Ein schwer arbeitender Mann, der in allem Unglück die Strafe Gottes sah, revidierte seine irrige Auffassung von Gott und wandte sich ihm als dem Inbegriff der Liebe zu. Dadurch zogen Harmonie, Freude und Frieden in sein Leben ein.

KAPITEL 8

Die dynamische Quelle des Schutzes

Jeder einzelne von uns muß erkennen, daß wir alle eingebettet sind in den unendlichen, allumfassenden Geist, der die Antworten auf sämtliche Fragen sowie die Lösung aller Schwierigkeiten und Probleme der Welt kennt, in einen Geist, der als Allmacht, Allwissenheit, Allgegenwärtigkeit und Inbegriff der Erschaffung zu verstehen ist und der auf die Gedanken der Menschen reagiert.

Was unter dem unendlichen, allumfassenden Geist zu verstehen ist

Wenn wir den Ausdruck *Allmacht* gebrauchen, beziehen wir uns auf die ganze Macht, auf alle Energie im gesamten Kosmos; dieser Geist, diese Macht oder Energie, wohnt Ihnen inne. Gott ist an jedem Punkt des Universums voll und ganz gegenwärtig, und es spielt keine Rolle, durch wie viele Menschen die Energie strömt; sie ist immer in unerschöpflichem Maß vorhanden. Wir haben es hier mit der unendlichen Summe und unversiegbaren Quelle aller Energie zu tun. Sie ist Gott und zugleich voll in Ihnen.

Sie sind der Erbe dieser ganzen Energie, die ich – um ihre Einmaligkeit und vollendete Großartigkeit anzudeuten – kosmische Energie nenne. Diese wohnt Ihnen voll inne; denn im Unendlichen gibt es keine Bruchteile. Die Unendlichkeit kann weder geteilt noch multipliziert werden. Die ganze Allmacht ist dort vorhanden, wo Sie sind. Sie können sich als Empfänger all der Macht und Weisheit und der Reichtümer des Unendlichen betrachten, gleichzeitig aber nehmen Sie niemandem irgend etwas weg. Jeder Mensch ist Erbe dieser ganzen Energie, die ihm innewohnt.

Wenn wir diesem unendlichen, allumfassenden Geist oder Gott *Allwissenheit* zugeschrieben haben, so ist damit die gesamte Weisheit gemeint; sie weiß und sieht alles. Diese Allwissenheit erschuf die ganze Welt, die Galaxien im Weltraum und auch Sie. Ihr sind alle Prozesse und Funktionen Ihres Körpers bekannt. Da sie alles weiß, kennt nur sie die Lösung absolut aller Probleme unter der Sonne, ja im kosmischen Weltplan und Raum.

Ein anderer Ausdruck, den wir für den Spender und die Quelle dieser kosmischen Energie gebrauchen, ist *Allgegenwärtigkeit,* die Gottes Vorhandensein an jedem Ort ausdrückt. Man könnte die Allgegenwärtigkeit mit Radiowellen vergleichen, die es einem Menschen in New York ermöglichen, im gleichen Augenblick das gleiche Programm zu hören wie jemand in Berlin. Oder Sie können sofort telefonisch mit einem Freund in Honolulu Verbindung aufnehmen. Der Psalm sagt es so: *Wo soll ich hingehen vor deinem Geist, und wo soll ich hinfliehen vor deinem Angesicht? Führe ich gen Himmel, so bist du da. Bettete ich mich in die Hölle, siehe, so bist du auch da. Nähme ich die Flügel der Morgenröte und bliebe am äußersten Meer, so würde mich doch deine Hand daselbst führen und deine Rechte mich halten.* Psalm 139, 7 – 10.

Mit der Bezeichnung als Inbegriff der *Allerschaffung* und alles Geschaffenen erkennen wir an, daß die höchste Weisheit das gesamte Universum gestaltet hat und alle Zyklen der Zeit sowie die Bewegung der Erde und der Planeten steuert. Wissenschaftler können beispielsweise die Wiederkehr des Kometen Halley auf die Sekunde genau vorhersagen. Wir sehen, daß Prinzipien und Gesetze, die rhythmisch, harmonisch und systematisch ablaufen, den ganzen Kosmos beherrschen. Wir haben es mit unermüdlicher Energie und erstaunlicher mathematischer Präzision zu tun. Das brachte der Psalmist zum Ausdruck, als er schrieb: *Die Himmel erzählen die Ehre Gottes, und die Feste verkündigt seiner Hände Werk.* Psalm 19, 1.

Die Universalität der schützenden Gegenwärtigkeit

Unsere Bibel und alle Religionen der Welt lehren uns, daß in uns etwas gegenwärtig ist, das uns ermöglicht, uns unter den Schutz und die Führung Gottes zu begeben – des kosmischen Energiespenders, der Wunderkraft des Universums. Menschen aller Schichten, Konfessionen und Rassen wurden sich dieser geheimnisvollen Kraft bewußt und verwendeten Metaphern und die Bildersprache, um ihre wunderwirkende Macht zu beschreiben.

Er wurde aus dem Feuerofen gerettet

Unlängst traf ich auf einer Reise nach Mexiko City bei den Pyramiden vor der Stadt einen Mann. Er erzählte mir, daß im Koreakrieg sein Flugzeug beschossen worden war und Feuer gefangen hatte. Die Maschine war, wie er sich ausdrückte, ein regelrechter Feuerofen gewesen. Er konnte an nichts anderes als an die Worte des Psalmisten denken: *Er wird dich mit seinen Fittichen decken, und deine Zuversicht wird sein unter seinen Flügeln* (Psalm 91, 4). Er sagte, großer Frieden habe sich über ihn gesenkt, und er habe intuitiv gewußt, er würde keine Verletzung davontragen und nicht verbrennen. Es war ein inneres Wissen. Kein Haar wurde ihm gekrümmt, er sprang mit dem Fallschirm in Sicherheit.

Sein Glauben an die schützende Gegenwärtigkeit des kosmischen Energiespenders machte ihn immun gegen jede Verletzung. Er bewies, daß in höheren Denkdimensionen – nach Gottes Fügung – selbst Feuer nichts vermag.

Wolkensäule, Feuersäule

Das *Alte Testament* berichtet von einem langen Zug der Hebräer durch die „Wildnis". Am Tag wurden sie von einer Wolkensäule geschützt, bei Nacht von einer Feuersäule. Feuer bedeutet in der Bibel das Feuer des Geistes, dessen lebensspendende, reinigende Glut nie erlöscht ... *unser Gott ist ein verzehrend Feuer*. Hebräer 12, 29.

Feuer bedeutet auch, daß sich der unendliche, allumfassende Geist Antworten in Träumen der Nacht, in Visionen und Intuitionen, die aus dem Dunkel des Unterbewußtseins aufsteigen, offenbart. Die schützende Wolkensäule bei Tag verkörpert Meditation, gedankliches Eingebettetsein in die göttliche Gegenwärtigkeit, Erfülltsein von dem Wissen, daß wir gefeit sind gegen jede Verletzung, unverwundbar und unbesiegbar. Die Wolke ist ein Zeichen unseres Wissens und Fühlens, daß wir, von der ewigen Liebe Gottes umgeben, unverwundbar sind.

Als ich vor ein paar Jahren die ägyptischen Pyramiden besuchte, erzählte mir ein Führer, wenn in alten Zeiten Karawanen durch die Wüste zogen, sei ein Mann auf einem Kamel vorausgeritten, der ein Becken mit glühender Kohle in Händen hielt. Den davon aufsteigenden Rauch habe man meilenweit gesehen, so daß Nachzügler sich orientieren konnten und den Weg fanden; nachts dagegen hätten Zurückgefallene die Funken erblickt. Wohl möglich, daß diese Gewohnheit zum Bild der Bibel als Wolkensäule bei Tag und Feuersäule bei Nacht beigetragen hat. Für uns ist die symbolische Bedeutung wichtig.

Die Feuersäule bedeutet auch Licht oder die Erleuchtung, die aus den Tiefen Ihres Unterbewußtseins als Warnung aufsteigt – oder als Offenbarung, als Antwort oder Lösung für ein verwirrendes Problem.

Der Wahrtraum rettete sie vor dem Flugzeugunglück

In der Zeitung wurde einmal von einem großen Flugzeugunglück berichtet, bei dem neunundachtzig Menschen den Tod fanden. Daraufhin rief mich eine junge Dame aus Burlington im Staat Vermont an und erzählte mir, sie habe für diese Maschine gebucht gehabt, um in ihre Heimatstadt Boston zurückzufliegen. Doch in der Nacht davor habe sie im Traum die Maschine brennen und viele Leichen gesehen; ich sei ihr erschienen und habe gesagt: „Lassen Sie die Buchung streichen." Was sie auch getan hatte.

Sie stand mit mir wegen eines familiären Problems in Korrespondenz, und ich betete oft für sie. Die Erscheinung meiner Person war rein symbolisch: ihr Unterbewußtsein wußte, daß sie die Anweisungen ihres Seelenberaters befolgen würde, und projizierte deshalb mein Gedankenbild in ihren Schlaf.

Dies war das Feuer (Erleuchtung, Licht auf das Problem) bei Nacht (im Schlaf, aus dem Unterbewußtsein). Der Psalmist sagt: . . . *denn seinen Freunden gibt's er im Schlafe* (Psalm 127, 2). Der unendliche Geist – Gott – weist immer den Weg, wie – im Bild der Bibel – die Rauchsäule in der Wüste bei Tag oder die Feuersäule bei Nacht.

Seine Ahnung rettete ihn vor dem Ruin

Ich hatte vor noch nicht allzu langer Zeit eine Unterredung mit einem Mann in San Francisco, der mir sagte, er sei vor dem Bankrott beschützt worden. Er hatte sehr gute Geschäfte gemacht, sich aber in den roten Zahlen befunden, ohne es sich erklären zu können. Er vertraute seinen Angestellten, die seit der Gründung des Geschäftes bei ihm waren.

Er wandte sich mit folgenden Worten an sein höheres Ich: „Du bist allweise. Du weißt alles. Enthülle mir, was hier nicht stimmt. Ich weiß und glaube, daß mir die Antwort ganz klar zu Bewußtsein kommen wird."

Einige Tage geschah nichts, am vierten Abend dann trieb ihn eine Ahnung oder ein dunkles Gefühl kurz vor Ladenschluß in sein Geschäft zurück; er traf zwei seiner Verkäufer dabei an, wie sie gerade ihre Autos mit Kartons beluden, die Waren wie Zigaretten, Whisky und Rasierapparate enthielten. Er entließ sie und setzte seinen Sohn als Geschäftsführer für die Abendstunden ein. Sein Geschäft kam sofort aus den roten Zahlen. Er fügte hinzu, wenn die Diebstähle weitergegangen wären, hätte er im Lauf von sechs Monaten Bankrott gemacht.

Dieser Mann hatte sich an die Quelle kosmischer Energie in seinem Inneren gewandt und die Antwort erhalten.

Die Diagnose auf Grund ideomotorischer Antworten

Am 19. August 1973 erschien in der Zeitung *The National Enquirer* ein Artikel von John South:

> Komiker Dan Rowan diagnostiziert in Hypnose die eigene Krankheit – und beweist, daß die Ärzte Unrecht hatten.
>
> Am Abend, bevor Dan Rowan, Star des „Laugh-in", sich wegen vermuteten Krebses am Bein einer Operation unterziehen sollte, wurde er von einem Arzt hypnotisiert. Die Ergebnisse waren unglaublich.
>
> In Hypnose sagte Rowan – der keine medizinische Schulung besaß –, die seltsame Geschwulst an seinem rechten Bein sei eine gutartige Ansammlung von totem Gewebe. Am nächsten Tag bewies eine Probeexzision, daß Rowans Aussagen in Hypnose erstaunlich richtig waren.

In einem Exklusivinterview für den *Enquirer* berichtete der sonnengebräunte Komiker mit dem Schnurrbart über den verblüffenden Erfolg, den er in Hypnose erzielte.

„Vor zwei Monaten sagten mir Spezialisten, eine große Schwellung an meinem rechten Schenkel könnte Krebs sein, und sie müßten eine Probeexzision machen.

Die Ärzte erklärten, es bestehe ernste Gefahr, daß sie mir das Bein an der Hüfte abnehmen müßten. Natürlich entsetzte mich diese Möglichkeit, deshalb rief ich einen Freund von mir an, Dr. Raymond LaScola.

Er kann phantastisch Diagnosen stellen, indem er durch Hypnose mit dem Geist des Patienten Verbindung aufnimmt."

Dr. LaScola, ein Spezialist für Kinderheilkunde und klinische Hypnose in Beverly Hills, sagte dem *Enquirer:*

„Ich hypnotisierte Dan und wandte eine Technik an, die man als ideomotorische Befragung* bezeichnet. In meinen Fragen gebrauchte ich komplizierte medizinische Fachausdrücke, die Dan bewußt unmöglich verstehen konnte. In Hypnose versteht das Unterbewußtsein die medizinischen Ausdrücke vermutlich nicht, aber es kann die Ursachen Ihrer Leiden aufdecken."

Dr. LaScola stellte seine Fragen so, daß Rowan nur mit „ja" oder „nein" antworten mußte. Ein „Ja" zeigte Rowan durch Heben des rechten Zeigefingers an. Das Heben des kleinen Fingers bedeutete „nein" und das Heben des Daumens, daß er die Antwort nicht wisse.

„In Hypnose bewegte Dans Unterbewußtsein seine Finger in Beantwortung meiner Fragen. Dan konnte sich nicht bewußt auf seinen Körper einstellen, aber sein Unterbewußtsein konnte es.

Aus Dans Antworten erfuhr ich, daß die Geschwulst nicht bösartig war, und ich vermochte die genaue Ursache zu ermitteln. Die Diagnose wurde am nächsten Tag nach der Operation von einem Chirurgen bestätigt."

Dan Rowan selbst kommentierte den Fall gegenüber dem Reporter der Zeitung wie folgt:

---

* Die erstaunliche Methode der Anzapfung des Unterbewußtseins durch das ideomotorische Frageverfahren wurde von Leslie M. LeCron entwickelt und in seinem Werk *Selbsthypnose, Fremdhypnose* (Ariston Verlag, Genf) ausführlich beschrieben.

„Aus meinen Antworten stellte Dr. LaScola die Diagnose, daß die Geschwulst eine Anhäufung von totem Gewebe sei, verursacht durch meine täglichen Insulininjektionen. Ich bin Diabetiker und gebe mir jeden Morgen und jeden Abend eine Insulinspritze. Die Anhäufung sieht wie ein kleines Gewächs aus, ist aber nicht gefährlich.

Ich war über Dr. LaScolas Diagnose erleichtert. Am nächsten Tag, vor der Operation, sagte ich dem Chirurgen, daß ich mein Bein bestimmt nicht verlieren und daß er in dem Bein keine bösartige Geschwulst finden würde. Auf dem Operationstisch öffnete der Chirurg mein Bein bis hinunter zum Knochen, und er fand die Diagnose von Dr. LaScola genau bestätigt.

Ich meine, mehr Ärzte sollten eine Hypnotisierung ihrer Patienten erwägen, bevor sie operieren. Das kann ungeheuer nützlich sein – auch wenn man im Grunde nicht weiß, warum es funktioniert.

Ich habe immer sehr an die Kraft des menschlichen Geistes geglaubt. Es ist erstaunlich, wie der Geist den Körper zu beherrschen vermag. Tatsächlich stehe ich im Augenblick unter Selbsthypnose, um den Schmerz in meinem verstauchten Knöchel auszuschalten. Er müßte weh tun; aber ich spüre keine Schmerzen, weil ich mich selbst hypnotisiert habe."

Der vorstehende Artikel – der Kenner und Praktiker der Hypnose nicht im geringsten überraschen wird – offenbart die Weisheit des Unterbewußtseins, das immer zu heilen, wiederherzustellen und zu schützen versucht.

Die Ihrem Unterbewußtsein innewohnende unendliche Intelligenz bildete Ihren Körper aus einer Zelle und kennt alle seine Prozesse und Funktionen. Das Unterbewußtsein, Ihr göttliches Erbe, kennt die Lösung jedes Problems. In der Bibel heißt es: *Er ruft mich an, so will ich ihn erhören* . . . Psalm 91, 15.

Der Inbegriff aller Wissenschaft

Albert Einstein sagte: „Gott ist ein Wissenschaftler, kein Zauberer." Stellen Sie sich Gott als unendliche Intelligenz vor, wirklich als den größten, ja einzigartigen Wissenschaftler, als den Erschaffer aller Elektronen, Atome und was es sonst noch gibt im ganzen Universum an sichtbaren und unsichtbaren Dingen – als den Inbegriff aller Wissenschaft.

Wir müssen lernen, die Wahrheit zu erkennen, zu glauben und zu akzeptieren, daß es eine unendliche Intelligenz gibt, die uns gemäß geistiger Gesetze, welche von selbst ablaufen und sich erfüllen, lenkt, beschützt und bewacht. Erkennen Sie in Gott den höchsten Wissenschaftler des Universums, der den Kosmos durch unveränderliche Gesetze, durch die unendliche Intelligenz und den unendlichen Geist beherrscht, der uns allen innewohnt und uns die Fähigkeit verleiht, zu denken, zu überlegen, schöpferisch tätig zu werden und Grandioses zu vollbringen, die Fähigkeit, Gottes unendlichen Vorrat an Weisheit und Macht anzuzapfen und uns so ungeahnte Möglichkeiten zu erschließen.

Die schriftliche Botschaft warnte ihn vor dem Erdbeben

Im Flugzeug nach Guadalajara, Mexiko, saß unlängst ein Professor der Medizin neben mir, der sich für paranormale Phänomene interessierte. Er war zu Besuch bei einem alten Freund in Sylmar gewesen, einer Stadt in einem von Los Angeles abführenden Tal, als das letzte Erdbeben dieses Gebiet heimsuchte. Er hatte am Schreibtisch gesessen, um einen Artikel für eine medizinische Zeitschrift zu schreiben, und auf dem Tisch ihm gegenüber hatten Bücher und Schreibzeug gelegen. Plötzlich hatte er einen Bleistift schreiben sehen, ohne daß dieser von irgendeiner Hand geführt worden wäre. Der Stift hatte in Spanisch geschrieben: „Gehe sofort hinaus, es kommt ein Erdbeben." Er war auf der Stelle weggegangen, und eine halbe Stunde später war das Haus zusammengestürzt. Er sagte, er hätte zweifellos den Tod gefunden, wenn er geblieben wäre.

Hier wirkten – vorsichtig ausgedrückt – eine unsichtbare Energie und eine Intelligenz, die diese Energie nutzte und eine Instruktion gab. Der Professor verstand das Erlebnis folgendermaßen: das seinem Unterbewußtsein innewohnende Vorauswissen hatte den Bleistift geführt und in einer Weise zu ihm gesprochen, die ihn zu sofortigem Gehorsam bewog.

In Irland, England und anderswo wurde ich im Kreise von Bekannten oft Zeuge sogenannter psychokinetischer Phänomene. Ein Gegenstand wurde verschoben, den niemand berührte, oder Ähnliches. In diesen Fällen erlebten wir die Entfaltung einer von Intelligenz gesteuerten Energie. (Unter Psychokinese verstehen übrigens die Parapsychologen die Beeinflussung der Materie kraft reinen Geistes.)

Manche Menschen behaupten, die Energie werde in solchen Fällen von einem Geistwesen in der nächsten Dimension gesteuert. Wir müssen jedoch annehmen, daß wir bereits jetzt und hier genausoviel Geist sind wie dereinst dort. Wir sind Geist mit einen physischen Körper, durch den wir auf dieser unserer dreidimensionalen Ebene funktionieren. Unsere verstorbenen Verwandten und Freunde sind Geisterwesen, die in einem Körper der vierten Dimension funktionieren. Ein anderer Unterschied besteht nicht. Der eine einzige Geist, Geist vom Geist Gottes – Gott –, wirkt in allen Menschen, die je gelebt haben, jetzt leben oder einmal leben werden.

Es gibt in uns etwas, das es uns ermöglicht, uns auf die „Frequenz" des unendlichen Lebens, der unendlichen Liebe und der unendlichen Weisheit einzustimmen. Wenn wir uns voll Achtung und Ehrerbietung auf diese Gegenwärtigkeit einstimmen, wird jedes unserer Bedürfnisse, jeder unserer Wünsche in göttlicher Fügung erfüllt werden, und alle unsere Wege werden Wege der Freude und des Friedens sein.

ZUSAMMENFASSUNG

1. Wir alle sind eingebettet in den unendlichen, allumfassenden Geist, der für alle Schwierigkeiten und Probleme der Welt Lösungen hat.

2. Dieser Geist ist die unendliche Summe und die unversiegbare Quelle kosmischer Energie, ist Gott und wohnt Ihnen zugleich inne.

3. Dieser Geist ist allmächtig und allgegenwärtig; er waltet und wirkt an jedem Punkt des Raums, auch in Ihnen. Die in einem Atom enthaltene ungeheure Energie ist die an jedem Punkt konzentrierte Kraft des allmächtigen Gottes.

4. Dieser unendliche, allumfassende Geist ist allwissend und allerschaffend; Gott weiß alles und sieht alles. Er erschuf die Welt und die Galaxien im Kosmos und wohnt jedem Menschen inne. Seine schöpferische Gegenwärtigkeit bildete Ihren Körper mit allen Zellen und kennt alle seine Prozesse und Funktionen. Sie ist auch die unendliche Heilgegenwärtigkeit, die wiederherstellt und heilt.

5. Der ganze Kosmos wird von einer höchsten Weisheit beherrscht, die nach unveränderlichen, beständigen Gesetzen wirkt. Diese Gegenwärtigkeit und Kraft dieser Weisheit steuern alle Zyklen der Zeit sowie die Bewegung der Erde und der Planeten, woraus ersichtlich ist, daß wir es mit einer unermüdlichen Energie zu tun haben.

6. Alle Religionen der Welt künden von einer uns innewohnenden Gegenwärtigkeit des Geistes, die es uns ermöglicht, den Schutz und die Führung des Spenders aller kosmischen Energie, dieser Wunderkraft im Universum, zu erhalten. Gott ist überall und auch in Ihnen.

7. Ein Mann in Mexico City schilderte ein Erlebnis aus dem Koreakrieg. Sein Flugzeug hatte im Luftkampf Feuer gefangen. Er dachte an Gottes schützende Gegenwärtigkeit und sagte sich: „Er wird dich mit seinen Fittichen decken, und deine Zuversicht wird sein unter seinen Flügeln." Er wurde aus dem „Feuerofen" gerettet.

8. Die alten Hebräer sagten, sie würden am Tage von einer Wolkensäule geschützt und bei Nacht von einer Feuersäule. In diesem Bild drückt sich die schützende Gegenwärtigkeit Gottes aus. Feuer bei Nacht bedeutet, daß der unendliche Geist, der unserem Unterbewußtsein innewohnt, in Träumen, Visionen und intuitiven Erleuchtungen Antworten und Führung vermittelt. Die Wolke verkörpert Meditation oder die häufige Einstimmung mit dem Unendlichen während unserer täglichen Beschäftigung, das Wissen, daß wir ständig von einer alles beschirmenden Gegenwärtigkeit geführt und beschützt werden.

9. Ein Verkehrsflugzeug, das von Burlington nach Boston flog, raste in Boston gegen eine Mauer, und neunundachtzig Menschen fanden den Tod. Am selben Abend rief mich eine junge Dame an und erzählte, in der vergangenen Nacht habe sie im Traum das Unglück und viele Tote gesehen; ich sei ihr erschienen und auf meinen dringenden Rat habe sie die Buchung streichen lassen. Der ihrem Unterbewußtsein entstiegene Wahrtraum rettete sie vor dem Tod. Die Wege dieser Weisheit vermögen wir oft nicht zu ergründen.

10. Im August 1973 brachte der *National Enquirer* einen Artikel über den Komiker Dan Rowan, der wegen vermuteten Krebses am Bein operiert werden sollte. Dr. Raymond LaScola, ein Spezialist für Kinderheilkunde und hervorragender Hypnosearzt, hypnotisierte Dan und fand im Direktkontakt mit Dans Unterbewußtsein heraus, daß es sich nicht um eine bösartige Geschwulst handelte und daß die Geschwulst vielmehr durch totes Gewebe infolge von Insulin-Injektionen entstanden war. Dans Unterbewußtsein offenbarte die Antwort, und er rettete sein Bein.

11. Einstein sagte: „Gott ist ein Wissenschaftler, kein Zauberer." Stellen Sie sich Gott als den Spender aller kosmischen Energie und als unendliche Intelligenz vor, die alles kennt, alles weiß, und als den Schöpfer aller sichtbaren und unsichtbaren Dinge. Erkennen Sie Gott als den Inbegriff aller Wissenschaft im Universum, der den gesamten Kosmos durch unveränderliche Gesetze beherrscht.

12. Das Leben eines Professors der Medizin wurde bei einem Erdbeben in Sylmar, wo er Gast eines guten Freundes war, auf wunderbare Weise gerettet. Während er am Schreibtisch saß und schrieb, sah er plötzlich, wie auf einem anderen Tisch ein Bleistift zu schreiben begann. Die Botschaft war Spanisch, das er fließend sprach, und lautete: „Gehe sofort hinaus, es kommt ein Erdbeben." Für ihn hatte das seinem Unterbewußtsein innewohnende Vorauswissen den Bleistift geführt und auf eine Weise zu ihm gesprochen, daß er sofort gehorchte.

13. Wir müssen lernen, der unendlichen schützenden Gegenwärtigkeit und Liebe Gottes zu vertrauen, dem unendlichen, allumfassenden Geist, der alles weiß und die Quelle kosmischer Energie und unseres Daseins ist, damit sie uns lenkt und schützt — nicht durch Zauber, sondern durch geistige Gesetze, die von selbst ablaufen und sich erfüllen.

KAPITEL 9

Die zuverlässige Quelle der Hilfe in jeder Lage

In der Bibel heißt es: *Gott ist unsre Zuversicht und Stärke, eine Hilfe in den großen Nöten . . .* (Psalm 46, 2). Eines der schönsten und ergreifendsten Gebete der Bibel ist das wundervolle Gedicht, das man als den 46. Psalm bezeichnet. Der Vers, mit dem dieses Kapitel beginnt, ermöglicht Ihnen die Bewältigung jeder Schwierigkeit. Er ist das biblische Gebet, das Ihnen die Überwindung von Angst und Sorge gestattet. Seine Kraft steht Ihnen sofort zur Verfügung und kann durch Ihr Denken gesteuert werden.

Sofortige Hilfe auf der Autobahn

Eines Tages rief mich eine junge Frau an, die meine Sonntagsvorlesungen besucht. Sie sagte, sie sei mit zwei Mädchen auf der Autobahn gefahren und plötzlich sei ihr aus unerklärlichen Gründen auf ihrer Fahrspur ein Pkw entgegengekommen. Ein Zusammenstoß schien unvermeidlich, und die Fahrerin war wie gelähmt vor Angst.

Sie sagte voll Liebe: „Gott ist eine immer gegenwärtige Hilfe; Gott ist unsere Zuversicht." Der entgegenkommende Wagen wechselte unversehens auf eine andere Spur über und prallte gegen die Leitplanken. Der Pkw-Fahrer wurde herausgeschleudert; er war bewußtlos, aber nicht ernstlich verletzt. Die junge Dame sagte, sie und ihre Mitfahrerinnen seien vor dem sicheren Tod gerettet worden. Wie der Psalmist schrieb: Gott ist unsere Zuflucht und „eine Hilfe in den großen Nöten".

Das Schutzgebet einer Soldatenmutter

Unlängst hatte ich eine Unterredung mit einem ehemaligen Sergeanten, der in Vietnam gewesen war. Er erzählte mir eine faszinierende Episode, die sich während seines Einsatzes dort zugetragen hatte.

Eines Nachmittags, als er mit seinen Leuten auf Patrouille war, liefen sie direkt auf sechs Vietkong-Soldaten, die seine fünf Leute erschossen, bevor er und seine Kameraden auch nur die Gewehre heben konnten. Zweifellos hatten die Vietkong sie kommen sehen und bereits auf der Lauer gelegen.

Die feindlichen Soldaten sahen ihn an, sagten aber kein Wort zu ihm und ließen durch nichts erkennen, daß sie ihn gewahrten. Sie durchsuchten die Taschen seiner Leute, nahmen die Papiere, die Waffen und alles übrige mit. Er war völlig verblüfft, begriff das Ganze nicht. Er kehrte zu seinem Bataillon zurück und schrieb später seiner Mutter in Kentucky von dem Erlebnis. Sie schrieb zurück: „Sie sahen dich nicht mein Sohn. Sie konnten dich nicht sehen oder berühren, weil ich jeden Tag betete: ‚Mein Sohn wird für den Feind immer unsichtbar sein. Gott ist seine Zuversicht und Festung.‘ “

Die Mutter dieses Mannes behauptete ständig, ihr Sohn sei für den Feind unsichtbar und werde von Gott geschützt. Dies teilte sich dem Unterbewußtsein ihres Sohnes mit, das entsprechend der erhaltenen Impression reagierte. Jeder Brief, den diese Mutter ihrem Sohn schrieb, schloß mit den Worten aus dem 46. Psalm: *„Gott hilft dir früh.“*

Ohne Zweifel hatten die von seiner Mutter geschriebenen Briefe und Gebete tiefe Wirkung auf ihn und beeindruckten sein Unterbewußtsein zutiefst, so daß sich ihre Überzeugung, ihr Sohn werde von Gott geschützt, in seinem Leben niederschlug.

Er trug ein verborgenes Vermögen um den Hals

Als ich in Oklahoma City für eine größere Gruppe von Männern und Frauen ein Seminar unter dem Thema „Die Macht des Unterbewußtseins“ abhielt, suchten mich eines Abends einige Teilnehmer im Hotel auf und wir erörterten verschiedene persönliche Probleme.

Ein Mann griechischer Herkunft wollte wissen, wie er finanziell vorankommen könne. Er arbeitete seit fünfundzwanzig Jahren in Oklahoma, hatte schon die verschiedensten Posten innegehabt. Bevor er nach Amerika gegangen war, hatte ihm seine Mutter einen Talisman gegeben, den er um den Hals tragen sollte und der, wie sie sagte, ihm viel Geld einbringen werde. Der Mann hatte ständig finanzielle Schwierigkeiten, er hatte so manches Buch über die Kraft des Geistes gelesen, das Gelesene aber nie angewandt.

Ich ließ mir den Talisman zeigen, den er als „diesen roten Stein" bezeichnete. Der Stein schien mir sehr wertvoll zu sein. Ich riet dem Mann, ihn bei einem Juwelier schätzen zu lassen, was er auch tat. Es war ein Rubin mit einem Wert von dreißigtausend Dollar. Fünfundzwanzig Jahre lang hatte der Mann in Bedrängnis gelebt, hatte seiner Familie nicht geben können, was sie brauchte, und das alles nur, weil er nichts von dem Vermögen wußte, das er am Hals trug.

Der Durchschnittsmensch ist sich des inneren und auch des äußeren Reichtums nicht bewußt. *Suchet und ihr werdet finden.* Dieser Mann hatte die Antwort gesucht und gefunden. Ich nannte ihm ein einfaches Gebet, das er oft sprechen sollte, und erklärte ihm, wenn er das tue, werde er keinen Tag seines Lebens mehr Not leiden. Er sollte sich jeden Tag zwei- oder dreimal drei bis vier Minuten lang seelisch-geistig sammeln und sich sagen: „Gott ist eine immer gegenwärtige Hilfe, und Gottes Reichtum zirkuliert frei in meinem Leben. Es herrscht immer ein gottgegebener Überfluß."

Er begriff, daß sein Unterbewußtsein, wenn er ihm diese Wahrheit durch sein Bewußtdenken einprägte, reagieren und das Gute für ihn ungeheuer vergrößern würde. Auch riet ich ihm, sich nie mehr einen negativen Gedanken über seine Finanzen zu gestatten. Wenn ihm der Gedanke kam: „Ich kann diese Rechnung nicht bezahlen", sollte er ihn sofort abwehren und dem entgegensetzen: „Gott ist meine Stütze und sorgt für mich – diese Rechnung wird nach göttlicher Fügung bezahlt."

Alle Transaktionen finden im Geist statt, und wenn die Dinge nicht geistig akzeptiert und bezahlt werden, erlebt man auf der gegenständlichen Ebene des Daseins nur Enttäuschungen. Nur durch Ihre geistige Einstellung können Sie gewinnen und verlieren. Ist Reichtum ein ständiges Denkbild in Ihrem Geist, so werden Sie reich sein. Ich bin sicher, dieser Mann wird zeit seines Lebens keine Not mehr leiden; denn er ist begeistert über seinen neu entdeckten Reichtum, zu dem natürlich die Schätze gehören, die sein Unterbewußtsein für ihn bereithält.

Auch Sie besitzen in Ihrem Unterbewußtsein verborgene sagenhafte Reichtümer, die Sie nicht erkennen, nicht wertschätzen, nicht nutzen.

Wie sie lernte, auf die Stimme der Intuition zu hören

Vor ein paar Jahren sagte eine Lehrerin zu mir: „Hätte ich nur früher gewußt, was für ein Mann er ist, würde ich nicht soviel gelitten haben.“ Sie hatte in der Wahl ihrer Liebe einen Fehler gemacht, nach dem Aussehen geurteilt und einen Sadisten geheiratet, der sie beinahe umgebracht hätte.

Seit damals hört sie auf die Stimme der Intuition, was bedeutet: sie wird „von innen belehrt“. Gemeint ist damit das dem Unterbewußtsein innewohnende Wissen. Es drängt sich Ihnen gewöhnlich als eine starke Ahnung auf, als ein zwingendes Gefühl und ein beharrliches unbestimmtes Wissen. Die Intuition lehrt die Wahrheit, die über den Intellekt hinausgeht; doch wir benutzen dann oft unseren nüchtern überlegenden Verstand, um die Stimme der Intuition zu „überstimmen“, um sie zu ersticken.

Die Lehrerin betet nun regelmäßig: „Unendliche Intelligenz offenbart mir immer alles, was ich wissen muß.“ Und sie folgt der inneren Führung, die ihr Bewußtsein, ihr Verstand, ganz klar erhält. Sie hat es sich zur Gewohnheit gemacht, zu denken, es gebe nichts Verborgenes, das nicht offenbart werde, und Gott sei ihre immer gegenwärtige Hilfe und führe sie auf allen Wegen. Gott ist für sie eine Lampe zu ihren Füßen, ein Licht auf ihrem Pfad.

Vor geraumer Zeit heiratete sie einen Collegeprofessor. Sie sagte: „In dem Moment, wo ich ihn zum erstenmal sah, *wußte* ich sofort, daß ich ihn heiraten würde.“ Es war eine intuitive Erleuchtung. Die beiden sind sehr glücklich. Die Lehrerin ist kraft ihres neuen Denkens dagegen gefeit, daß ihr Intellekt sie von intuitiv gewonnenen Erkenntnissen abbringt.

Intuition ist nicht mit Instinkt gleichzusetzen

Unversiegbar rieselt die Quelle kosmischer Energie in Ihnen. Das Raunen dieser Quelle, ihre Einflüsterungen und Warnungen dienen immer dem Leben. Ein Vogel baut aus Instinkt ein Nest, ein Hund verscharrt einen Knochen, und der Biber errichtet einen Damm. Triebmäßiges Verhalten des Menschen führt aber nicht zu einer Verbindung mit der göttlichen Gegenwärtigkeit. Instinkt ist einfach das für alle Lebewesen charakteristische Prinzip der Selbst- und Arterhaltung.

Intuition dagegen ermöglicht es dem Menschen, sich auf das Unendliche einzustimmen und phantastische Erfindungen und Entdekkungen, schöpferische Ideen, ungewöhnliches, wunderbares Wissen hervorzubringen, das in keiner Bibliothek zu finden ist. Durch Intuition erreichen Männer und Frauen die höchsten Höhen genialer Produktion in Musik, Dichtung und bildender Kunst, in der Wissenschaft und Industrie.

Ein Verkaufsleiter arbeitete mit Hilfe seiner Intuition

Ein Verkaufsleiter erzählte mir, er habe die Erfahrung gemacht, daß seine ersten Eindrücke bei der Einstellung von Arbeitnehmern immer richtig seien. Sein ständiges Gebet lautet: „Unendliche Intelligenz offenbart mir sofort den Charakter und die Tauglichkeit eines jeden Bewerbers." Er sagte: „Ich sehe mir kaum ihre Unterlagen an. Ich folge meiner Intuition – und habe in mehr als dreißig Jahren nur einmal einen schweren Fehler begangen. Der betreffende Mann hatte großartige Referenzen und war mir von einem Freund wärmstens empfohlen worden. Doch er erwies sich als gerissener Gauner. Er verkaufte einige unserer Forschungsgeheimnisse an Konkurrenzunternehmen. Bei ihm hatte ich mich nicht von meiner Ahnung leiten lassen."

Der Verkaufsleiter hatte seine Intuition durch das ständig wiederholte Gebet entwickelt, unendliche Intelligenz lasse ihn die richtigen Leute erkennen. Seine Intuition erwächst der inneren Wahrnehmung der Gedanken, Gefühle und Eindrücke im Unterbewußtsein des Bewerbers, was ihm ermöglicht, jene abzulehnen, die nach Charakter und beruflicher Eignung nicht in seine Firma passen würden. Intuition ist dasjenige im Menschen, das manche religiöse Menschen als den „Schutzengel" bezeichnen. Wie man sieht, ist das kein leerer Wahn. Der Verkaufsleiter verdankte seiner intuitiven Fähigkeit, die richtigen Leute auszuwählen, seine im ganzen Konzern sprichwörtlich gewordene „gute Hand" und seinen Erfolg. Auch Sie können das!

Der Arzt stellt seine Intuition nicht mehr in Frage

Während einer Vortragsreihe in Oklahoma City erzählte mir ein junger Arzt, er sei mit dem Wagen zu einem mehrere Meilen entfernt wohnenden Patienten unterwegs gewesen, als ihm plötzlich eine innere Stimme gesagt habe: „Fahr nach Hause. Deine Mutter braucht dich.“ Die innere Stimme und das Gefühl, irgend etwas stimme nicht, waren so stark, daß er wendete und so schnell wie möglich heimfuhr. Dort fand er seine nach Luft ringende Mutter vor, die einen Herzanfall hatte. Er gab ihr eine Spritze, brachte sie zu Bett und fuhr sie am nächsten Morgen ins Krankenhaus, wo sie sich wieder völlig erholte.

Er sagte mir, derartige Dinge würden ihm oft passieren und er stelle solche innere Wahrnehmungen nicht mehr in Frage. Mutter und Sohn stehen unterbewußt immer in Kontakt miteinander – was die Parapsychologen als telepathische Verbindung von Psyche zu Psyche bezeichnen –, und als seine Mutter den Anfall bekam, rief sie zweifellos nach ihm; er hörte sie und rettete ihr das Leben. In der Bibel wird das so ausgedrückt: *Und der Herr wird dich immer führen* . . . Jesaja 58, 11.

Die Polizistin vertraut ihrem ersten Eindruck

Heute ist es eine bekannte, allgemein akzeptierte Tatsache, daß das Unterbewußte durch das Bewußtdenken gesteuert werden kann. Gemäß dem Gesetz von Aktion und Reaktion reagiert das Unterbewußte auf das Bewußtsein. Das Bewußtsein der Gegenwart Gottes schließt das Unterbewußtsein an den Strom kosmischer Weisheit und Energie an und vermittelt eine Fülle von Informationen und Einsichten, die auf die subjektive Ebene des Lebens durchsickern.

Eine Polizistin erzählte mir, ihr ständiges Gebet sei: „Gott führt mich jetzt und offenbart mir immer und überall sofort alles, was ich wissen muß.“

Sie sagte, sie habe im Laufe der Jahre herausgefunden, daß ihr erster Eindruck bei der Begegnung mit einem Menschen genau widerspiegelt, was in der Mentalität des anderen vorgeht. Was der andere wirklich im Sinn hat, wird ihr offenbart; nicht, was er zu sein vorgibt oder scheint. Wie die Polizistin berichtete, hatten einige ihrer Kollegen sie anfangs wegen ihres Vertrauens in den ersten Eindruck ausgelacht, waren inzwischen aber durch viele Beispiele davon überzeugt worden, daß ihre intuitiven ersten Eindrücke meistens stimmten und jedenfalls von großem Wert waren.

Als sie beispielsweise auf der Polizeiwache eine Frau befragte, sah sie vor ihrem geistigen Auge plötzlich einen Beutel Kokain in der Wohnung der Frau. Sie und ein anderer Beamter ließen sich einen Hausdurchsuchungsbefehl geben und fanden den Beutel genau dort, wo sie ihn hellseherisch entdeckt hatte. Dadurch, daß sie ihrem Unterbewußtsein ständig einprägt, ihr werde alles offenbart, was sie wissen müsse, hat sie sich in den seelisch-geistigen Zustand versetzt, der ihr die Antwort oder Lösung enthüllt – auf eine Weise, über die wir nichts oder wenig wissen. Die Antwort kann in Form einer außersinnlichen Wahrnehmung kommen, als Hellsehen oder Hellhören, als eine Ahnung, ein starkes Gefühl oder eine plötzlich aufblitzende Idee.

Diese Polizistin „schwört" auf ihre Intuition und pflegt sie durch ständiges Gebet. Dies brachte ihr Ehre, Respekt, Beförderung und tiefe innere Befriedigung und Freude über gute Leistung ein.

Der einzige Grund, warum Männern und Frauen nicht öfter die Führung durch Intuitionen und Inspirationen zuteil wird, liegt darin, daß sie sich von ihren fünf Sinnen und Ihrem Verstand sowie von der Propaganda der Außenwelt ablenken lassen. Der erste Schritt zur Intuition ist die Überzeugtheit von der Allgegenwärtigkeit Gottes, des unendlichen, allumfassenden Geistes, der Quelle der Weisheit und der kosmischen Energie.

Ein besonderes Gebet um Intuition

„Ich sehe eine Lampe zu meinen Füßen und ein Licht auf meinem Pfad. Ich höre die Stimme der Wahrheit und gehorche ihr. Durch Intuition hören meine Ohren und sehen meine Augen alle Dinge, die mich seelisch-geistig und materiell beglücken, heilen und voranbringen. Meine Intuition ist immer eine direkte Übernahme göttlicher Weisheit, und ich unterscheide klar zwischen dem, was falsch und was richtig ist. Gott offenbart mir immer und überall alles, was ich wissen muß. Gott ist für mich eine stets gegenwärtige Hilfe, und ich danke dafür."

ZUSAMMENFASSUNG

1. Eines der schönsten Gebete in der Bibel ist der 46. Psalm. Der zweite Vers lautet: *Gott ist unsere Zuversicht und Stärke, eine Hilfe in den großen Nöten ...* Diese einfache Wahrheit ist das beste Mittel gegen alle Angst in der heutigen Welt.

2. Eine Frau rettete sich und ihre Freundinnen vor einem Frontalzusammenstoß, indem sie laut sagte: „Gott ist eine stets gegenwärtige Hilfe. Gott ist unsre Zuversicht." Das entgegenkommende Auto bog plötzlich zur Seite, der Fahrer rettete sein Leben und das der jungen Frauen.

3. Die Mutter eines Sergeanten betete, daß ihr Sohn immer unsichtbar für den Feind sei und Gott ständig über ihn wache. Der Sergeant stellte fest, daß er für sechs Vietkong-Soldaten tatsächlich unsichtbar war: sie erschossen fünf Mann seiner Patrouille, beachteten ihn jedoch nicht. Seine Mutter hatte stets behauptet: „Mein Sohn wird für den Feind immer unsichtbar sein." Er überstand den ganzen Krieg unversehrt.

4. Ein Mann, der von seiner Mutter einen sogenannten Talisman erhalten hatte, kam während seines fünfundzwanzigjährigen Aufenthalts in Oklahoma finanziell auf keinen grünen Zweig. Auf meinen Rat ließ er seinen Talisman von einem Juwelier schätzen und erfuhr, daß der Stein dreißigtausend Dollar wert war. In derselben Situation befinden sich Millionen anderer Menschen. Sie sind sich der sagenhaften Schätze, die ihr Unterbewußtsein für sie bereithält, nicht bewußt. Dieser Mann hat gelernt, seinem Unterbewußtsein durch gläubige Wiederholung einzuprägen: „Gottes Reichtum zirkuliert frei in meinem Leben, es herrscht immer ein gottgegebener Überfluß." Wegen seiner Begeisterung bin ich überzeugt, daß er zeit seines Lebens nie mehr Not leiden wird.

5. Eine Frau, die einen Sadisten geheiratet hatte, begann regelmäßig zu beten: „Unendliche Intelligenz offenbart mir immer alles, was ich wissen muß." Und sie folgt der Führung, die ihr Bewußtsein, ihr Verstand, ganz klar erhält. Sie heiratete inzwischen einen College-Professor, von dem sie, als sie ihn zum erstenmal sah, sofort wußte, daß er der Richtige war. Die innere Stimme der Intuition hatte ihr die Antwort offenbart.

6. Intuition ist nicht mit Instinkt gleichzusetzen. Instinkt ermöglicht es einem Vogel, ein Nest nach dem von der Vogelmutter ererbten Muster zu bauen. Der Instinkt dient der Selbst- und Arterhaltung. Intuition ermöglicht es dem Menschen, sich auf das Unendliche einzustimmen und auf den Gebieten der Wissenschaft und Kunst, im Beruf und im Leben die Wunder des unendlichen, allumfassenden Geistes sichtbar zu machen.

7. Ein Verkaufsleiter entwickelte seine Intuition, indem er ständig wiederholte: „Unendliche Intelligenz offenbart mir sofort den Charakter und die Tauglichkeit eines jeden Bewerbers.“ In mehr als dreißig Jahren beging er einen Fehler, weil er sich nicht von seiner „Ahnung“ leiten ließ. Manche religiöse Menschen bezeichnen, nicht zu Unrecht, ihre Intuition als ihren „Schutzengel“.

8. Ein junger Arzt hörte, während er zu einem Patienten unterwegs war, die innere Stimme: „Fahr nach Hause. Deine Mutter braucht dich.“ Er gehorchte und kam gerade noch rechtzeitig, um seiner Mutter eine Spritze gegen ihr Herzleiden zu geben, die ihr das Leben rettete. Er stand in engem innerem Kontakt zu seiner Mutter, fing zweifellos ihre Gedanken auf und hörte ihren Hilferuf. Er hat oft solche intuitive Impulse und stellt sie nicht mehr in Frage. *Und der Herr wird dich immerdar führen* ... (Jesaja 58, 11).

9. Eine Polizistin hatte ein ständiges Gebet: „Gott führt mich jetzt und offenbart mir immer und überall sofort alles, was ich wissen muß.“ Ihre ersten Eindrücke erwiesen sich meistens als richtig. Sie hat eindeutig die Fähigkeit des Hellsehens entwickelt. In einem Fall fand man den von ihr hellseherisch wahrgenommenen Beutel Kokain in der Wohnung einer Beschuldigten genau dort, wo sie ihn gesehen hatte. Ihr Unterbewußtsein offenbart ihr, was sie wissen muß — in göttlicher Fügung entsprechend ihrem Gebet.

10. Der erste Schritt zur Intuition ist die Überzeugtheit von der Allgegenwärtigkeit des unendlichen, allumfassenden Geistes, der Quelle der Weisheit und kosmischer Energie.

KAPITEL 10

Die geheimnisvolle Quelle innerer Führung

Jeder Mensch hat Zugang zur Quelle göttlicher Weisheit und kosmischer Energie. Setzen Sie Ihr Denken und Glauben in Einklang mit den universellen Gesetzen des Geistes, und Ihnen wird wunderbare innere Führung zuteil. Die Antworten kommen manchmal in nächtlichen Träumen oder Visionen, bisweilen noch in symbolischen Verkleidungen, manchmal in Form von sich aufdrängenden Ahnungen, manchmal als blitzartige Erkenntnisse. Im Vertrauen auf das Wunder innerer Führung lösen Sie jedes Problem.

Wie sie den verlorenen Ring wiederfand

Unlängst kam in Beverly Hills eine Frau zu mir und sagte, ihr fehle ein wertvoller Brillantring, der viele Tausende Dollar wert sei. Sie hatte überall gesucht, ihn jedoch nicht gefunden, und meinte, er könne gestohlen worden sein.

Ich empfahl ihr, sich geistig und gefühlsmäßig völlig zu beruhigen, sich zu entspannen und zu dem ihr innewohnenden unendlichen Geist, der Quelle der Weisheit und kosmischer Energie, folgendermaßen zu sprechen: „Du bist allwissend; du weißt alles; du weißt, wo der Brillantring ist; du wachst über ihn, und ich weiß, du wirst mir offenbaren, wo er ist."

Sie wandte dieses Verfahren jeden Abend vor dem Einschlafen an, und mit ihrer Vorstellung fühlte sie gleichzeitig in großer Freude den Ring am Finger, seine Greifbarkeit, seine Natürlichkeit und Festigkeit. Sie lullte sich mit den Worten in den Schlaf: „Ich danke dir, Vater, für meinen Ring."

In der fünften Nacht erwachte sie plötzlich, und ihr klangen die Worte im Ohr: „Sieh in deinem Wagen nach." Sie tat es und fand den Ring auf dem Boden des Autos unter dem Teppich.

Seither weiß sie, daß es immer eine Antwort gibt, wenn man dem höheren Wissen in seinem Inneren vertraut und sich seiner Führung überläßt.

Die Symbolsprache des Traums enthüllte die Krankheit

Vor mehreren Jahren erzählte mir eine junge Lehrerin von einem häufig wiederkehrenden Traum, dessen Hauptepisode immer dieselbe war. Mehrmals in der Woche, wenn sie schlief, hatte sie folgenden Traum: Ein Hund biß sie in die Brüste, und sie mußte einen schrecklichen Kampf ausfechten, um das Tier mit den Bettlaken abzuwehren. Einmal fiel sie dabei aus dem Bett und verletzte sich ziemlich schwer.

Ich erklärte ihr, zweifellos warne ihr Unterbewußtsein sie, und der Traum habe bestimmt eine besondere Bedeutung, da er immer wiederkehre. Ich riet ihr, einen Arzt aufzusuchen, was sie auch tat. Er fand zwei kleine Knoten in einer Brust, die nach Auskunft des Pathologen beide nicht bösartig waren. Der Arzt sagte jedoch, sie sei gerade noch rechtzeitig gekommen, denn die Knoten hätten durchaus bösartig werden können. Sie wurden operativ entfernt und bildeten sich nicht wieder. Die Lehrerin war glücklich, das Leiden im Anfangsstadium entdeckt zu haben.

Der Hund, der sie im Schlaf in die Brüste biß, zeigte eine akute emotionale Beunruhigung an; der Hund war in diesem Fall als Symbol eines treuen Freundes zu verstehen. Die Symbolsprache des Traumes enthüllte die Krankheit.

Mit anderen Worten: Das ihr aus der Quelle der Weisheit und kosmischer Energie innewohnende höhere Wissen vermochte sie zu schützen und zu führen.

Sie betete nicht vergeblich um göttliche Führung

Ganz ähnlich liegt der Fall einer Filmschauspielerin, die regelmäßig um göttliche Führung und richtiges Tun im Leben betete. Sie hatte etwa sechs Nächte hintereinander einen Warntraum. Sie ritt auf einem Pferd einen Berg hinauf. Das Pferd hielt mehrmals an und kämpfte darum, den Gipfel zu erreichen, vermochte es aber nicht.

Ich erklärte ihr, daß ein Pferd ein Symbol sei, das für Emotionen und Instinkt stehe, und daß die Unfähigkeit des Pferdes, den Gipfel zu erreichen, auf einen Gefühlskonflikt oder eine drohende Krankheit, die mit ihrer physischen Kraft zu tun habe, verweisen könne. Auf meine Empfehlung ging sie zum Arzt, der ein EKG machte und ein Leiden der Herzkranzgefäße diagnostizierte. Es wurde durch Ruhe und Verabreichung von Nitroglyzerin zur Gefäßerweiterung kuriert.

Ihr Traum hatte sie vor einer drohenden Angina pectoris gewarnt, die sie durch rechtzeitiges Handeln verhindern konnte. Seit diesem Erlebnis spricht sie jeden Morgen das große Schutzgebet des 91. und jeden Abend den Aufruf zum Lob Gottes des 100. Psalms. In den letzten sechs Monaten hatte sie keine Beschwerden, sie benötigt keine Medikamente mehr, und ihr EKG ist in Ordnung.

Wirst du dich bekehren zu dem Allmächtigen, so wirst du aufgebaut werden (Hiob 22, 23). Sie hält jetzt an diesem Gedanken fest: Jede Heilkraft kommt von Gott, aus dem Geist von seinem Geist, der uns führt.

Glieder in der Kette des Wachstums

Als ich vor ein paar Monaten mit einem selbständigen Geschäftsmann sprach, sagte er mir, er begreife nicht, wieso er nicht vorankomme. Seine Verkäufe nahmen ständig zu, dennoch wiesen die Jahresabschlüsse der letzten zwei Jahre Verluste aus. „Gerade jetzt sind wieder die Bilanzarbeiten im Gang", sagte er und fügte kleinlaut hinzu: „Ich habe Angst."

Ich empfahl ihm, folgendermaßen um Führung zu beten: „Unendliche Intelligenz offenbart mir, was ich über mein Geschäft wissen muß, und die Antwort dringt klar in meinen bewußten Verstand. Ich beachte den Hinweis, den ich erhalte."

Nach einigen Tagen verspürte er den Drang, einen Wirtschaftsprüfer zu bitten, den Jahresabschluß und seine Bücher zu kontrollieren. Dabei stellte sich heraus, daß der Buchhalter – ein naher Verwandter von ihm, dem er voll und ganz vertraute – seit etwa zwei Jahren bedeutende Gelder unterschlagen hatte.

Seit diesem unheilvollen Vorfall betet er nun jeden Tag darum, daß er und alle seine Verkäufer göttliche Führung bekämen und göttliche Weisheit alle ihre geschäftlichen Unternehmungen leite. Sein regelmäßiges Gebet enthält die Bitte, alle seine Mitarbeiter sollten Glieder in der Kette des Wachstums, Wohlstands und Erfolgs seines Unternehmens sein. Diese neue Einstellung erbrachte glänzende Ergebnisse, finanziell und in jeder anderen Hinsicht.

Innere Führung geleitete zu kostbaren Altertümern

„Faszinierende Funde kostbarer indianischer Altertümer, die jetzt in einem Museum untergebracht wurden, sind geistiger Führung zu verdanken“, schrieb ein Journalist aus Tennessee im *National Enquirer,* einer der auflagenstärksten Zeitungen Amerikas.

Über denselben Fall berichtete *Psychic News,* eine in London erscheinende Zeitschrift. Dort heißt es in der Ausgabe vom 2. Juni 1973:

> Kenneth Pennington, ein dreißigjähriger Künstler aus Rock City Gardens bei Chattanooga, gibt an, seine Vorfahren „und ihre führenden Hände“ würden ihn leiten. Seine Familie stammt von den Irokesen ab.
>
> Vor jeder Suche singt Pennington ein rituelles, selbst komponiertes Gebetslied.
>
> „Ich habe oft den überwältigenden Drang, in einem bestimmten Gebiet, an einem bestimmten Ort zu graben“, sagt er. „Einmal legte ich ein paar Minuten nach dem Singen meines Gebets die Ränder von acht schönen Tongefäßen frei.“
>
> Andere Funde umfassen Schmuck, Muscheln, steinerne Tabakpfeifen, Knochen, Werkzeug und Waffen, von denen manche aus grauer Vorzeit stammen.
>
> „Ich bin sicher, meine Vorfahren wissen, daß ich versuche, wissenschaftliche Kenntnisse über ihre Vergangenheit zu erlangen, und sie wollen mir dabei helfen“, meint Pennington.
> Im Museum sind die Tausende seltener Dinge ausgestellt, zu deren Fundstellen er und seine Freunde geführt wurden.
>
> Anfangs lachten seine Kollegen über seine Gebete und sein „Glück“. Doch als Pennington ständig gute Ergebnisse erzielte, baten sie ihn, in den Gebieten zu singen, wo sie gruben. Das Glück seiner Freunde nahm daraufhin ebenfalls zu.
>
> Eines Nachts, nachdem er zwei mehrere tausend Jahre alte Schädel gefunden hatte, träumte Pennington etwas Seltsames.

> Er „sah" einen der Schädel mit eigenartigen Markierungen auf der Stirn. Als er ihn am nächsten Morgen säuberte, kamen tatsächlich seltsame, diamantenförmige Markierungen auf der Braue zutage. Sie konnten nie erklärt werden.
>
> Seine Funde wurden von E. Raymond Evans gepriesen, dem Vizepräsidenten der Archäologischen Gesellschaft von Tennessee. „Viele Menschen dürften den Nutzen von Penningtons Ritual anzweifeln, aber seine hervorragenden Ergebnisse sprechen für sich", sagt Evans.

Dieser Mann glaubte, seine Vorfahren würden ihn zu verborgenen Schätzen geleiten. Ob dies nun zutrifft oder nicht, tut wenig zur Sache. Maßgebend ist, daß er von der Tatsache geistiger Führung überzeugt ist, und da er darum bittet, wird sie ihm zuteil. *Und alles, was ihr bittet im Gebet, so ihr glaubet, werdet ihr's empfangen.* Matthäus 21, 22. *Wenn du könntest glauben! Alle Dinge sind möglich dem, der da glaubt.* Markus 9, 23.

Es trieb ihn auf den Dachboden

Ein Rechtsanwalt, der eines meiner Bücher gelesen hatte, erzählte mir „zur Bestätigung meiner Ansichten" – so sagte er –, auf welche interessante Art er dank innerer Führung einen Schatz fand, den er suchte. In Kanada war plötzlich seine Mutter gestorben. Sie hatte allein gelebt, aber Nachbarn hatten die Polizei verständigt und auch ihn in San Francisco angerufen. Er flog hin und kümmerte sich um alles, da sie ihn in ihrem Testament zum Alleinerben eingesetzt hatte.

Er erinnerte sich, daß sie ihm – er selbst ein passionierter Numismatiker – einmal erzählt hatte, sie besitze eine große Sammlung ausländischer Goldmünzen, von denen die ältesten aus dem Jahr 1898 stammten, und er werde sie einmal erben. Im Testament waren die Münzen aber nicht erwähnt, und er fand weder im Haus noch im Banksafe eine Spur von ihnen. Am Abend vor dem Einschlafen wandte er sich jedoch mit folgenden Worten an sein Unterbewußtsein: „Ich richte nun diese Bitte an mein Unterbewußtsein. Es weiß, wo der Goldschatz ist, es enthüllt mir den Ort in göttlicher Fügung, und ich erkenne die Antwort." Er schlief mit dem Wort „Antwort" auf den Lippen ein.

Am nächsten Morgen trieb es ihn auf einmal, auf dem Dachboden nachzusehen, und dort fand er prompt die Münzen in einer alten Schachtel, auf der ein Stoß Zeitschriften lag. Als Numismatiker war ihm bald klar, daß die Goldmünzen ein Vermögen wert waren.

Das Geheimnis göttlicher Führung

Nehmen wir an, Sie suchen wie dieser Anwalt nach einem verlorenen Schatz, oder Sie fragen sich, ob Sie Ihr Geschäft verkaufen, ein bestimmtes Haus, Aktien oder Schuldverschreibungen erwerben sollen, ob Sie eine Partnerschaft auflösen, in eine andere Stadt übersiedeln oder an Ihrem derzeitigen Wohnort bleiben sollen. Was auch das Problem sein mag, das der Lösung harrt, tun Sie folgendes: Beruhigen Sie Ihren Geist, Ihr Gefühl und entspannen Sie Ihren Körper. Denken Sie daran, daß es in der Natur der Ihnen innewohnenden Weisheit und kosmischen Energie liegt, auf Ihre Gedanken und Gefühle zu reagieren. Der Aktion folgt die Reaktion. Die Aktion, das ist Ihr Denken und Fühlen, und die Reaktion, das ist die Antwort des Ihnen innewohnenden unendlichen Geistes. Die Antwort mag eine Erkenntnis sein, oder ein Zwang zum Handeln, eine Bewirkung. Ihr Unterbewußtsein ist reaktiv und reflexiv; es antwortet und reagiert in genauer Entsprechung zu Ihren Denkmustern, es vergilt in barer Münze. Wenn Sie richtig denken – dazu gehören natürlich auch Ihr Glauben und Ihr Wünschen – und auch die richtigen Ergebnisse in Ihren Gedanken und Gefühlen anvisieren, so prägt sich dies Ihrem Unterbewußtsein ein, und Sie werden von Ihrem tieferen Geist im Einklang mit dem unendlichen Geist Gottes, der die von Ihnen gesuchte Führung verkörpert, eine Reaktion erhalten.

Denken Sie daran, wenn Sie Führung suchen. Sie nutzen die unendliche Intelligenz Ihres Unterbewußtseins bis zu dem Punkt, wo es die Führung übernimmt und Sie zu beherrschen beginnt. Es agiert dann sozusagen autonom. Von da an werden Sie von einer höheren Weisheit gesteuert, die alles weiß und alles sieht. Und wenn Ihr Denken richtig ist und Ihre Motivation stimmt, werden Sie unter einem inneren Zwang stehen, das Richtige zu tun. Bedenken Sie aber auch: Was immer Sie Ihrem Unterbewußtsein einprägen – ob Gutes oder Schlechtes –, das Gesetz von Aktion und Reaktion ist zwingend; so wird, je nach Ihrem Denken, die Bewirkung ein Gutes oder Schlechtes sein – ein glückliches, erfülltes Leben oder ein Dasein in Kummer und Not.

Die Antwort kommt oft in nächtlichen Träumen oder Visionen, Ahnungen, bestimmten Symbolen oder Bibelversen. Wenn Sie das *I Ging,* das Buch der Wandlungen aus dem 7. oder 6. Jahrhundert v. Chr., studieren, erhalten Sie die Antwort möglicherweise in einem bestimmten Hexagramm. Die Wege Ihres Unterbewußten sind unerklärlich. Ordnen Sie sich geistig der richtigen Antwort unter, und die Reaktion wird erfolgen. Sie nutzen die Weisheit Ihres tieferen Geistes bis zu dem Punkt, wo er Sie zu benutzen beginnt. Wenden Sie die beschriebenen Techniken an, und Sie werden an sich erfahren, daß alle Ihre Wege voll Freude und Glück sein werden.

ZUSAMMENFASSUNG

1. Bringen Sie Ihr Denken in Einklang mit den universellen Gesetzen des Geistes, so wird Ihnen aus der Quelle göttlicher Weisheit und kosmischer Energie wunderbare innere Führung zuteil.

2. Eine Frau verlor einen wertvollen Brillantring und sprach folgendermaßen zu ihrem Unterbewußtsein: „Du weißt, wo der Ring ist ... Du wirst mir offenbaren, wo er ist." Daraufhin empfand sie den Drang, in ihrem Auto nachzusehen, wo sie den Ring unter dem Teppich fand.

3. Häufig offenbart sich die Führung in einem nächtlichen Traum oder einer Vision. Ein öfters wiederkehrender Traum ist höchst bedeutsam. Eine Lehrerin träumte immer wieder, ein Hund beiße sie in die Brüste und sie wehre ihn mit dem Bettlaken ab. Tatsächlich warnte ihr Unterbewußtsein sie vor einer drohenden Krankheit. Ihr Arzt fand in ihrer Brust zwei kleine Knoten und entfernte sie noch rechtzeitig.

4. Eine Filmschauspielerin betete regelmäßig um göttliche Führung und richtiges Tun in allen Phasen ihres Lebens. Sie hatte sechs Nächte hintereinander einen Warntraum, worin sie auf einem Pferd einen Berg hinaufritt und darum kämpfte, den Gipfel zu erreichen, es aber nicht vermochte. Ihr Unterbewußtsein warnte sie in symbolischer Form vor einem Leiden der Herzkranzgefäße, das ihr Arzt heilte. Sie erstickte eine drohende Angina pectoris im Keim und hält sich nun bei bester Gesundheit, indem sie ihrem Unterbewußtsein jeden Morgen das große Schutzgebet des 91. Psalms und jeden Abend den Aufruf zum Lob Gottes des 100. Psalms einprägt.

5. Ein Geschäftsmann wußte nicht, warum seine letzten Bilanzen Verluste auswiesen. Er bat sein Unterbewußtsein, ihm zu offenbaren, was er über sein Geschäft wissen müsse. Ihn erfaßte ein Drang, seine Bücher von einem Wirtschaftsprüfer durchsehen zu lassen. Dieser überführte seinen Buchhalter, einen nahen Verwandten, der seit zwei Jahren Gelder unterschlug. Seither bittet der Geschäftsmann regelmäßig um göttliche Führung für sich und alle seine Angestellten.

6. Ein Indianer verspürte immer wieder den starken Drang, an bestimmten Stellen zu graben, und entdeckte archäologische und ethnologische Kostbarkeiten ersten Ranges. Er schrieb den Fund dieser verlorenen Schätze der geistigen Führung seiner Vorfahren zu. Es gibt nur den einen Geist aus der Quelle kosmischer Weisheit und Energie, und dieser reagiert auf alle Menschen gemäß deren Glauben.

7. Ein Anwalt befand sich im Haus seiner Mutter in Kanada, weil sie plötzlich gestorben war. Sie hatte ihm von alten Goldmünzen erzählt und sie ihm als Erbe versprochen. Im Testament wurden die Münzen

nicht erwähnt, und sie fanden sich nirgends. Er wandte sich an sein Unterbewußtsein und fand die Münzen dank seiner Intuition auf dem Dachboden.

8. Das Geheimnis göttlicher Führung besteht darin, sich mit der Ihnen innewohnenden Weisheit in Einklang zu bringen, erfüllt von dem Wissen, daß es in Ihrem Unterbewußtsein eine unendliche Intelligenz gibt, die gemäß der Natur Ihrer Bitte antwortet und reagiert. Wenn Ihr Denken richtig ist und Ihre Motivation stimmt, werden Sie eine Antwort erhalten und unter einem inneren Zwang stehen, das Richtige zu tun.

KAPITEL 11

Die unvergleichliche Quelle der Überwindung aller Hindernisse

Von unendlicher Weisheit gesteuerte kosmische Energie erschuf uns alle und die ganze Welt, den gesamten Kosmos, und uns allen wohnt die unendliche Heilgegenwärtigkeit inne. Jeder Mensch kann die Heilgegenwärtigkeit wirken sehen, wenn er sich beispielsweise in den Finger geschnitten oder die Hand verbrannt hat. Diese Heilgegenwärtigkeit ist auch im Tier, im Wasser, im Boden; tatsächlich ist sie allgegenwärtig. Jeder Mann und jede Frau können die Verbindung mit der Quelle kosmischer Energie aufnehmen und dadurch Leiden heilen, Probleme lösen, das Wunder der Entfaltung kosmischer Energie an sich erfahren.

Zauber und Gegenzauber – Suggestion

Vor einigen Monaten suchte mich eine ziemlich verstörte Frau aus Nigeria auf. Sie zeigte mir den Brief eines Verwandten, in dem es hieß, sie habe den Medizinmann beleidigt, er habe sie verflucht und gebrauche das Todesgebet gegen sie. Die Frau war mit einem Sonderauftrag im Rahmen einer Forschungsarbeit in die Vereinigten Staaten gekommen.

Ich erklärte ihr, die schwarzmagische Hexerei, wie überhaupt der ganze Wudukult, beruhe auf bloßer Suggestion, und der Medizinmann habe keinerlei objektive Macht; ihre geistige Verwirrung und angeschlagene Gesundheit seien einzig auf ihren törichten Glauben zurückzuführen, sie sei verhext. Ich erklärte ihr, daß die Drohung des Medizinmannes in dem Augenblick wirkungslos sei, in dem sie diese nicht akzeptiere, denn die Drohung zeitige eine Wirkung nur aus dem Kreisen ihrer eigenen suggestiv auf Behextheit fixierten Gedanken. Und sie hatte die Macht, sich davon zu befreien. Sie war durchaus nicht in den Klauen eines böswilligen oder sogenannten bösen Dämons, den es nur als Schreckgespenst der Angst gibt; das Problem bestand tatsächlich nur in der Angst und dem Entsetzen, das sie selbst erzeugte und das ihr Gefühlsleben und alle Organe in ihrem Körper angriff.

Ich sagte ihr deshalb, dieser sogenannte Zauber schwarzer Magie werde völlig neutralisiert, wenn sie sich an die Anweisungen halte, die ich ihr gab. Ich versicherte ihr, sie würde völlig frei und in Frieden leben. Ich regte ihre Phantasie in positiver, lebensfördernder Richtung an und erreichte, daß sie aufnahmebereit war für aufbauende Ideen. Dann schrieb ich ihr ein Gebet auf, das sie jeden Tag dreimal sprechen sollte, morgens, nachmittags und abends: „Gott ist mächtig, und sein Kreis der Liebe umschließt mich. Gottes Schutz umgibt mich jederzeit. Gottes Zauber der Liebe, des Friedens und der Harmonie hüllt mich ein. Ich bin unverwundbar, immun. Ich bin erfüllt von Gott. Ich habe jetzt einen göttlichen Abwehrstoff erhalten und bin frei."

Wir sprachen das Gebet zusammen, und sie ging mit der tiefen Überzeugung weg, daß sie von ihrer Angst und ihrem Aberglauben geheilt werde. Sie hielt sich getreulich an meine Anweisungen. Nach und nach wich ihre Angst, und schließlich war sie frei davon.

Die Folge ist höchst interessant: Ihr Verwandter schrieb und erkundigte sich, was sie dem Medizinmann angetan habe, denn er sei nach einem schrecklichen Todeskampf gestorben. Die junge Frau hatte seine von Haßgefühlen getragenen Gedanken nicht länger aufgenommen, und diese waren mit doppelter Kraft auf ihn zurückgefallen. Da seine negativen, zerstörerischen Gedanken nirgends anders hatten hingehen können, hatte sich sein Todeswunsch für die Frau in seinem eigenen Untergang verwirklicht. Der einzige Dämon oder Teufel auf dieser Welt ist die Angst, aber der Glaube an Gott und seine Liebe vertreibt sie.

In Afrika, Mittelamerika, Neuseeland, Australien und anderen Gegenden, in denen nach alten, unseligen Bräuchen ein Fluch über ein Opfer verhängt wird, gibt ein rechtzeitig eintreffender anderer Medizinmann, der einen Gegenzauber anwendet, dem Opfer seine Gesundheit wieder. Dies zeigt, daß solcher Magie stets nur Suggestion zugrunde liegt. Eine negative, teuflische Suggestion, wenn sie akzeptiert wird (und Suggestion ist jeder gebilligte Gedanken), tötet den als Opfer ausersehenen Menschen; d. h. er tötet sich selbst durch sein Denken und die daraus resultierende abnorme Angst. Und eine gegenteilige, von positivem Denken getragene Suggestion, die besagt, der unselige Zauber sei gelöst, heilt ihn.

Mit Vierundachtzig zu neuer Vorstellungswelt und Vitalität

Es ist noch nicht lange her, da schrieb mir ein ehemaliger Rundfunkhörer, er habe mich behaupten hören, jeder Mensch auf Erden besitze die Gabe zu heilen; es seien nicht nur vereinzelte Menschen zum Heiler „auserwählt" und mit einer „besonderen Gabe" gesegnet, denn Gott wohne allen Männern und Frauen inne und es gebe nur eine einzige Heilkraft aus der Quelle kosmischer Energie im Unterbewußtsein aller Menschen. „Sie sagten", schrieb er, „jedermann kann die Heilgesetze in Kraft setzen, genau wie man lernen kann, Auto zu fahren. Um ein Flugzeug in der Atmosphäre navigieren zu können, müssen Sie die Gesetze der Aerodynamik studieren und anwenden. Beim seelisch-geistigen Heilen müssen Sie die Gesetze des Geistes und deren Wirkungsweise studieren und anwenden. Das hat mich tief beeindruckt, aber was kann ich für mich tun?"

Der Rundfunkhörer berichtete, er sei vierundachtzig Jahre alt, und da er vor vier Jahren einen Schlaganfall erlitt, sei er sozusagen aus dem Verkehr gezogen gewesen. Sein Arzt hatte erklärt, es sei fraglich, ob er wieder würde gehen können. Ich schenkte ihm eines meiner Bücher, *Die Gesetze des Denkens und Glaubens* (Ariston Verlag), und ermutigte ihn, die darin beschriebenen Techniken zu beherzigen und anzuwenden. Er erfuhr, daß es eine unendliche Heilgegenwärtigkeit gibt, die allmächtig ist. Er vergegenwärtigte sich nun viele Male am Tag in gläubiger Inbrunst, diese Kraft heile ihn, Gott spreche und gehe in ihm. Sein Sohn hörte ihn oft für seine wunderbare Heilung danken. Er stellte sich auch sich selbst auf dem Golfplatz vor, spürte den Griff des Schlägers, den Golfball und hörte im Geiste das Gespräch seiner Freunde und die Gratulationen seines Sohnes. Er stellte sich das alles mit großer bildhafter Lebhaftigkeit vor, bis sein geistiges Wunschbild alle Schattierungen der Wirklichkeit aufwies.

Nach zwei Monaten war er wieder auf dem Golfplatz, und er kann heute noch gehen. Der Glauben und die gesteuerte Vorstellungswelt dieses Mannes hatten die Kräfte des unendlichen, allumfassenden Geistes aus der Quelle kosmischer Energie geweckt. Ihm ist alles möglich.

Die Schritte zur Unversehrtheit und Vollkommenheit

1. Wenden Sie sich von dem häßlichen äußeren Bild Ihrer Probleme oder der Krankheitssymptome ab. Wenn Sie sich entscheiden, die unendliche Kraft des Geistes anzuerkennen, ist dies ein Glaubensakt, denn Sie erkennen dadurch die Allmacht des unendlichen einen Geistes an.
2. Betrachten Sie Gott vom höchsten Standpunkt und vergegenwärtigen Sie sich, daß göttliche Liebe und Harmonie Ihr ganzes Wesen durchdringen.
3. Verfügen Sie still, daß Gottes unendliche Heilgegenwärtigkeit ständig jedes Atom Ihres Wesens durchdringt und überall dort Unversehrtheit, Schönheit und Vollkommenheit erzeugt, wo Unvollkommenheit herrscht.
4. Wenn Sie dieses Verfahren anwenden, wird kosmische Energie Ihren Körper durchströmen, und es findet unterbewußt eine vollkommene Reaktion statt. Vollenden Sie Ihre Befreiung, indem Sie für die Bewirkung derselben danken; und wenn Sie so beten, werden Wunder geschehen.

Der Geist sei Ihre Realität

Kosmische Energie ist die Kraft, welche die Planeten und Sterne auf ihren Bahnen lenkt. Sie ist die Kraft, die auch die Milliarden Zellen in Ihrem Körper steuert. Diese unendliche Kraft sucht sich durch Sie zu entfalten. Glauben Sie an sie, vertrauen Sie ihrer Wirkung. Erkennen Sie, daß Ihr Körper nicht nur aus Fleisch und Blut besteht, sondern wesentlich Geist ist und ohne ihn nichts ist. Lassen Sie sich von diesem Geist durchströmen. Behindern Sie diese Ihre wunderbare Kraft nicht durch Angst und Zweifel.

Sie müssen es nur wollen, und Sie sind kosmischer Energie im Überfluß teilhaftig. Sie ist weit mächtiger als die ganze Kraft, die durch Atom- oder Kernenergie oder durch den Laserstrahl oder durch alle Motoren der Welt erzeugt wird. Denken Sie nach über Gott, den

Inbegriff des Geistes und Spender aller kosmischen Energie, der unseren Planeten durch den Raum schleudert und die Abermilliarden Sterne und Sonnen auf ihren Bahnen in den Galaxien des Kosmos lenkt. Überlassen Sie sich dieser Macht, lassen Sie diese Energie durch Ihren Körper strömen und – getragen von Ihrem Denken und Glauben – durch Ihre Finanzen, Ihr Geschäft, Ihr Privatleben, durch alle Zellen und alle Regungen Ihres Daseins. Lassen Sie in Ihrem Leben Wunder geschehen.

In der Bibel heißt es: *Gott ist Geist* ... (Johannes 4, 24). Geist ist eben das Unsichtbare, das Ewige; er kann nicht verfallen, kann nicht alt werden oder sich erschöpfen. Er ist zeitlos, alterslos, formlos. Der Geist wurde nie geboren und kann nicht sterben. Der Geist ist Ihre Realität. Sie sind Ihrer wirklichen Natur nach unveränderlicher Geist. Die Welt, die wir um uns sehen, ist Geist, der sichtbar wurde.

Materie ist gestalteter Geist

Der verstorbene Dr. Harry Gaze, eine international anerkannte Autorität für angewandte Psychologie im Alltagsleben, erzählte mir in London, er habe einmal große Schwierigkeiten beim Sprechen gehabt. Ein Internist eröffnete ihm, er habe ein Gewächs in der Lunge, das entfernt werden müsse. Dr. Gaze dankte dem Spezialisten und sagte, er werde sich in einigen Tagen zu einer weiteren Konsultation anmelden.

Abends in seinem Hotel sann er über Gott oder den Inbegriff des Geistes nach, der unveränderlich ist, ewig, unversehrbar, vollkommen, zeitlos und alterslos. Er kam zu der Erkenntnis, daß seine Lunge ein von Gott geschaffener Gedanke sei, daß sie wesentlich geistige Substanz sei. Er betete über eine Stunde lang; er sagte sich, seine Lunge sei eine geistige Vorstellung und funktioniere perfekt.

In der Nacht trat eine leichte Blutung ein, deshalb ging er am Morgen erneut zu dem Spezialisten. Dieser sagte: „Ihre Lunge ist völlig in Ordnung. Was ist passiert?“ Dr. Gaze erzählte ihm, wie er gebetet hatte, und der Facharzt war so beeindruckt, daß er Wort für Wort alles aufschrieb. Dieser Arzt hatte begriffen, daß Materie gestalteter Geist ist, aber auch, daß der Geist alle Materie beherrscht.

Lernen Sie, mit Ihrem Inneren Verbindung aufzunehmen

Der hl. Augustinus sagte: „Du hast uns für dich gemacht, und unsere Herzen sind ruhelos, bis wir in dir unsere Ruhe finden." Der Psalmist sagte: *Wie der Hirsch schreit nach frischem Wasser, so schreit meine Seele, Gott, zu dir.* Psalm 42, 2.

Jeder Mensch hungert nach Vereinigung mit dem Wesen seiner Persönlichkeit. Dieser Hunger kann durch die Erkenntnis gestillt werden, daß das eigene Wachstum in der Entfaltung aller Qualitäten und Kräfte des uns innewohnenden Geistes besteht, genau wie ein Baum aus einem Wachstumsmuster und aus Lebenskräften wächst, die schon im Samen beschlossen liegen. Die Eiche beispielsweise ist in der Eichel bereits vorhanden.

Gott oder der unendliche, allumfassende Geist ist im Menschen, und der Mensch ist hier, um die Kräfte des unendlichen Geistes in seinem Inneren zu entwickeln und sichtbar zu machen. Es gibt seelisch-geistige, und es gibt physikalische Gesetze. Jedermann kann lernen, die in ihm schlummernden seelisch-geistigen Kräfte zu wecken und zu nutzen. Die Gesetze Ihres Unterbewußtseins beispielsweise sind genauso zuverlässig wie die Gesetze der Elektronik oder Chemie, und sie erbringen genauso vorhersagbare Ergebnisse.

Sie können lernen Krankheit, Voreingenommenheit, Angst, Armut und Beschränkungen aller Art aus Ihrem Leben zu bannen, indem Sie die Verbindung mit den immensen Kräften von Geist und Seele aufnehmen und die Entfaltung derselben in Ihrem Leben verwirklichen. Niemals ist Gott, die Quelle unendlicher Weisheit und kosmischer Energie, die Ursache von Krankheit, Mangel und Beschränkung; diese sind auf unser falsches Denken zurückzuführen, das eine Folge von Unwissenheit, Gleichgültigkeit oder falscher Wahl unsererseits ist und das uns die sogenannte Hölle hier auf Erden, alles Unglück und Unheil erzeugt.

Ihr Heute ist ein völlig neuer, verheißungsvoller Tag

Eine im Mutterhaus einer großen Industrieunternehmung beschäftigte junge Frau behauptete, sie werde von einer Kollegin zugrunde gerichtet, weil diese den Vorgesetzten absichtlich Lügen über sie erzähle; als Folge davon sei sie auf einen weniger einflußreichen und weniger gut bezahlten Posten versetzt worden. Infolge ihrer von Schuldgefühlen ausgelösten schwärenden Gedanken litt sie an chronischen Geschwüren und häufiger Verstopfung.

Auf meine Empfehlung beschloß sie, sich selbst und ihrer Kollegin zu verzeihen. Verzeihen bedeutet – ich kann das nicht oft genug wiederholen –, gegenüber allen Menschen Liebe, Wohlwollen und Frieden auszustrahlen und ihnen alle Wohltaten des Lebens zu wünschen. Das ist von größter Wichtigkeit für das seelisch-geistige und körperliche Wohlbefinden. Ich erklärte der jungen Dame, solange sie an der feindseligen Einstellung und der Verdammung von anderen – oder sich selbst – festhalte, solange Sie sich an Schmerz, Kränkung oder Versagen erinnere, über die Vergangenheit nachgrüble und sich alter Mißgunst und alter Untaten erinnere, werde sie bei sich selbst immer nur Verkrampfung und Verstopfung, d. h. Fehlleistungen im Leben und Krankheiten auslösen. Durch ihre Einstellung unterband sie den Strom unendlichen Lebens und der Liebe. Sie mußte erkennen lernen, daß das Gestern in der vergangenen Nacht endete und daß ihr Heute ein völlig neuer, verheißungsvoller Tag ist.

Sie beschloß, sich selbst zu heilen. Da sie erkannt hatte, daß sie durch ihre negativen, destruktiven Gedanken ständig sich selbst verletzte, faßte sie folgenden Entschluß: „Ich gebe meine Arbeitskollegin frei an den unendlichen Geist und wünsche ihr Gesundheit, Glück und Frieden. Immer wenn ich an sie denke, werde ich sagen: ‚Ich habe dich freigegeben. Gott sei mit dir.'" Sie vergab auch sich selbst, indem sie ihr Denken nur noch auf die glückliche Zukunft ausrichtete, und faßte den Vorsatz, keine selbstquälerischen oder haßerfüllten Gedanken mehr zu hegen.

Nach drei oder vier Tagen stellte sie fest, daß sie der Frau ohne Ressentiments geistig begegnen konnte und daß sie selbst von Frieden erfüllt war. Ihre Verstopfung verschwand nach fünf Tagen. Nach zehn Tagen ließen die schmerzhaften Symptome ihrer Geschwüre nach; heute hat sie diese vergessen. *Und ich will meinen Geist in euch geben, daß ihr wieder leben sollt* . . . Hesekiel 37, 14.

Ihm passierte das Erstaunliche

Die Phantasie, die Imagination, wird das Auge der Seele genannt. Tatsächlich ist die Welt der Phantasie grenzenlos. Wie Shakespeare sagt: Sie „gibt dem luftigen Nichts Wohnung und Namen".

Ein aus Vietnam zurückgekehrter Offizier kam vor ein paar Monaten zu mir und sagte, er habe mangels eines Arbeitsplatzes auf dem Aktienmarkt investiert und dadurch sein ganzes Vermögen verloren. Außerdem hätten sich Schulden angesammelt, die ihn zu ersticken drohten; seine Frau liege im Kreiskrankenhaus, da er kein Geld habe, um sie in einer Privatklinik unterzubringen, und er laufe Gefahr, sein Haus zu verlieren. Alle diese Hindernisse sah er als unüberwindlich an.

Ich widmete ihm einige Zeit, verwies ihn auf die Gesetze des Geistes und gab ihm eins meiner Bücher, *Die Gesetze des Denkens und Glaubens* (Ariston Verlag). Besonders empfahl ich ihm, Kapitel 13 zu lesen, das von Vorstellungsmustern des Wohlergehens und geistigen Bildern des Reichtums handelt. Nach einer Woche kam er wieder, überschäumend vor Begeisterung und Vitalität.

Er erzählte mir: „Ich las das Kapitel 13 immer wieder und sagte mir, wenn geistige Bilder anderen Reichtum bringen können, dann auch mir. Da nun lud mich ein alter Freund und ehemaliger Kriegskamerad, der sich meinetwegen Sorgen machte, auf den Rennplatz ein, um mich von meinen Problemen abzulenken. Am Abend vorher studierte ich die Rennen und begann mir vorzustellen, ich ginge siebenmal zur Wettstelle und bekäme jedesmal eine hohe Geldsumme ausbezahlt. Mein Freund hatte mir hundert Dollar geliehen und gesagt: ‚Du verstehst etwas von Pferden. Du wirst morgen ein Vermögen gewinnen.' Ich stellte mir immer wieder vor, daß ich zu der Wettstelle ginge, bis ich mein Erlebnis als ganz wirklich empfand. Jedesmal stellte ich mir in meiner lebhaften Phantasie bildhaft vor, daß der Kassier mir einen hohen Geldbetrag auszahle.

Das tat ich etwa drei Stunden lang, schließlich schlief ich ein. Dann passierte das Erstaunliche. Ich träumte die sieben Sieger in den sieben Rennen und nannte meinem Freund tags darauf die Siegernamen. Er wettete auf jedes Pferd hohe Summen und sagte mir, wenn sie gewännen, bekäme ich fünfzig Prozent.

Ich selbst gewann rund zweitausend Doller, er fünfunddreißigtausend. Er gab mir die Hälfte, womit meine akuten Schwierigkeiten beseitigt waren. Und jetzt habe ich auch, was ich mir sehnlichst wünschte: eine prächtige Stellung mit einem Anfangsgehalt von fünfundzwanzigtausend Dollar jährlich."

Dieser Mann hatte sich ein imaginäres Erlebnisfeld geschaffen und durch häufiges Durchleben im Geiste sein Vorstellungsmuster dem Unterbewußtsein eingeprägt. Kraft höherer Weisheit und kosmischer Energie fand dieser stellenlose Kriegsveteran die Befreiung von seinen Schulden und den erwünschten Arbeitsplatz.

Rufe mich an, so will ich dir antworten, und will dir anzeigen große und gewaltige Dinge, die du nicht weißt. Jeremia 33, 3.

Das Rezept eines Außenseiters

Joseph Cassidy schilderte in einem Tatsachenbericht, der am 16. September 1975 im *National Enquirer* erschien, den Aufstieg eines Mannes, der beispielhaft ist.

> Die Menschen lachten ganz offen über Charles B. Darrow, einen völlig erledigten Handelsvertreter, der den größten Teil seiner Zeit damit verbrachte, davon zu träumen, was er täte, wenn er nur die Kontrolle über einige Eisenbahnlinien hätte, über eine Hotelkette, über ein oder zwei oder mehrere Banken.
>
> Sie lachten noch mehr, als der vierzigjährige Darrow sich einen Stoß Spielgeld anfertigte und zu behaupten begann, er sei ein Millionär, der große Finanzgeschäfte tätige.
>
> Doch der Spott seiner Umgebung schien Darrow nicht zu stören. Er sagte zu allen Leuten: „Träumen Sie nie einen kleinen Traum."
>
> Darrow verlor 1929 während der großen Wirtschaftskrise seine Stellung und hielt sich mit allerlei Jobs über Wasser. 1930 verschlechterte sich seine Lage derart, daß er zeitweise nicht einmal mehr die Miete bezahlen konnte. Doch er dachte weiter an die Hochfinanz und große Immobiliengeschäfte.
>
> „Mit meinem Spielgeld und einem imaginären Finanzimperium auf einem Stück Linoleum schlug ich, wenn ich keine Arbeit hatte, die Zeit tot, indem ich erdachte Investitionen vornahm", so erinnerte sich Darrow selbst Jahre später. Freunde und Nachbarn, die Darrow in Germantown, Pennsylvanien, mit allen Vorurteilen gegenüber seinem Treiben besuchten, entdeckten in seiner Gegenwart unvermittelt bei sich

selbst ein seltsames Interesse an seiner in der Hochfinanz angesiedelten Phantasiewelt.

„Bevor man sich's versah, setzten wir uns hin und versuchten aufgeregt, einander mit hohen Einsätzen auszustechen – in Spielgeld natürlich", erzählte Darrow.

Plötzlich kam ihm ein Gedanke. Wenn dieses finanzielle Scheinimperium seine Freunde so brennend interessierte, konnte es auch andere interessieren. Da er nicht in kleinem Rahmen zu denken vermochte, fertigte er ein paar Spiele an und ging damit in das bestrenommierte Warenhaus von Philadelphia. Sie wurden verkauft.

„Ohne daß ein Penny für Werbung ausgegeben worden wäre, bekam ich Anrufe, daß ich weitere Spiele liefern solle – und immer noch mehr, bis ich sie in meinem Keller nicht mehr herstellen konnte."

Damit war für Charles B. Darrow die Wirtschaftskrise zu Ende. Er wurde reich und zog sich auf ein fünfzehn Hektar großes Grundstück in Bucks County zurück, wo er sorglos lebte, bis er 1967 mit achtundsiebzig Jahren starb.

Darrow hatte, als die ganze Weltwirtschaft ächzte und er völlig pleite war, aber große Träume träumte, das größte Hochfinanzspiel aller Zeiten erfunden – Monopoly.

Haben Sie hochfliegende Träume, machen Sie anspruchsvolle Pläne, stecken Sie sich Ihre Ziele hoch. Sorgen Sie aber dafür, daß Sie ein sicheres Fundament aus Glauben und Vertrauen an die Macht Gottes besitzen, damit Ihre Träume und Wünsche Wirklichkeit werden.

ZUSAMMENFASSUNG

1. Von unendlicher Weisheit gesteuerte kosmische Energie erschuf den Menschen, die Welt, den Kosmos. Die unendliche Heilgegenwärtigkeit wohnt uns allen inne, auch der Tierwelt, dem Wasser, das wir trinken, dem Boden, auf dem wir gehen. Sie ist allgegenwärtig. Jeder Mensch kann die Verbindung mit der Quelle kosmischer Energie aufnehmen und dadurch Leiden heilen, Probleme lösen und das Wunder der Entfaltung kosmischer Energie an sich erfahren.

2. Eine Frau aus Nigeria glaubte, daß ein Wudu-Medizinmann in ihrer Heimat einen Fluch über sie verhängt habe. Das griff sie zutiefst an, sie wurde emotionell gestört und körperlich krank. Ihr wurde erklärt, die Suggestionen anderer hätten nur Macht, wenn wir ihnen diese Macht zugestehen; die schädigende Wirkung erfließe einzig dem Kreisen ihrer eigenen Gedanken um den Fluch. Sie war zu Forschungszwecken nach Los Angeles gekommen und war sehr gebildet, doch ein Opfer ihres Aberglaubens an die Macht der Wudu-Hexerei. Sie lernte die Gesetze des Geistes kennen und anwenden. Sie betete, daß Gottes Liebe sie umgebe und daß man mit Gott immun sei. Sie begriff, daß sich der Allmacht nichts entgegenzustellen vermag. Bald war sie frei von Angst und erfuhr zu ihrer Überraschung, daß der Medizinmann plötzlich unter großen Qualen gestorben sei. Tatsächlich hatte er sich selbst getötet — mit dem sprichwörtlichen Bumerang. Der Haß, den er ausgeschleudert hatte, war mit doppelter Wucht auf ihn zurückgefallen.

3. Jedermann kann die Gesetze der Heilung in Kraft setzen, indem er die Gesetze des Geistes lernt, genauso, wie man beispielsweise Autofahren lernt. Die unendliche Heilgegenwärtigkeit reagiert auf Ihre Gedanken und Überzeugungen.

4. Ein vierundachtzigjähriger Mann, der einen Schlaganfall erlitten hatte, begann sich viele Male am Tag zu vergegenwärtigen, die wunderbare Heilgegenwärtigkeit Gottes heile ihn; gleichzeitig dankte er stets für die stattgefundene Heilung. Obwohl er krank war, sah er sich in seiner neuen Vorstellungswelt immer wieder auf dem Golfplatz, so lebhaft, wie er nur konnte. Zwei Monate später war er tatsächlich wieder auf dem Golfplatz.

5. Die Schritte zu Unversehrtheit sind folgende: Wenden Sie sich von dem Problem oder Leiden ab. Betrachten Sie die unendliche Heilgegenwärtigkeit, die Ihr ganzes Wesen durchdringt, Sie heilt, wiederherstellt, belebt, und danken Sie für Ihre Befreiung, die an jedem Augenblick des Tages stattfindet. Wunder geschehen, wenn Sie so beten.

6. Kosmische Energie bewegt die Welt und steuert die Galaxien im Kosmos. Diese Kraft ist größer als die ganze durch Atombomben, Kern-

spaltung und Laserstrahlen erzeugte Kraft. Überlassen Sie sich dieser Macht, lassen Sie kosmische Energie durch Ihren Körper strömen, durch alle Zellen und Regungen Ihres Daseins, sie wird sich in Ihrem Beruf, im Geschäft und in Ihrem Privatleben wunderbar entfalten.

7. Gott ist Geist, und Geist ist unsichtbar, zeitlos, unveränderlich, alterslos. Er wurde nie geboren und wird nie sterben. Wasser benetzt ihn nicht; Feuer brennt ihn nicht; der Wind verweht ihn nicht; Schwerter durchdringen ihn nicht. Der Geist sei Ihre Realität — insofern sind Sie unsterblich.

8. Dr. Harry Gaze hatte ein Gewächs in der Lunge. Er kam zu der Erkenntnis, der Geist oder Gott sei seine Realität und seine Lunge sei wesentlich geistige Substanz und funktioniere perfekt. In der Nacht erlitt er eine leichte Lungenblutung, doch am Morgen stellte der Arzt fest, daß die Lunge völlig in Ordnung war. Dr. Gaze hatte durch Kontemplation des göttlichen Ideals eine Veränderung entsprechend des im Geiste Gottes enthaltenen Vollkommenheitsplans herbeigeführt.

9. Der hl. Augustinus sagte: „Du hast uns für dich gemacht, und unsre Herzen sind ruhelos, bis wir in dir unsere Ruhe finden." Gott oder der unendliche Geist ist im Menschen, und der Mensch ist hier, um alle Qualitäten, Attribute und Kräfte des unendlichen Geistes zu entwickeln und sichtbar zu machen. Die Gesetze Ihres Unterbewußtseins sind genauso zuverlässig wie die Gesetze der Chemie oder Elektronik. Eine als wahr empfundene Idee wird Ihrem Unterbewußtsein eingeprägt und erscheint auf dem Bildschirm des Raumes als Form, Funktion, Erlebnis oder Ereignis. Deshalb schafft der Mensch sich seinen eigenen Himmel — Harmonie und Frieden — oder seine eigene Hölle — Elend und Leiden.

10. Verzeihen bedeutet, gegenüber allen Menschen und sich selbst Liebe und Wohlwollen auszustrahlen und ihnen alle Wohltaten des Lebens zu wünschen. Sie werden es genau wissen, wenn Sie jemandem verziehen haben, denn dann können Sie diesem Menschen im Geist gegenübertreten, ohne daß Ihnen das noch einen Stich versetzt. Selbstquälerisches Festhalten an Feindseligkeit, alten Kränkungen und Verfehlungen verursacht Verstopfung und Verkrampfung, d. h. Krankheit und Fehlleistungen im Leben.

11. Mit Hilfe kosmischer Energie können Sie die größten Hindernisse in Ihrem Leben überwinden, seien es Krankheit oder Geldschwierigkeiten, seien es irgendwelche andere Barrieren. Ein stellenloser Kriegsheimkehrer hatte sein Vermögen verloren und fast erdrückende Schulden. In einem meiner Bücher faszinierten ihn die Anleitungen, wie man reich werden kann. Ein Freund lud ihn zum Pferderennen ein, und am Abend vorher stellte er sich immer wieder vor, er gehe siebenmal zur Wett-

stelle und bekomme hohe Geldsummen ausbezahlt. Er tat dies etwa drei Stunden lang, dann schlief er ein. In einem Traum sah er die Sieger von sieben aufeinanderfolgenden Rennen, und er und sein Freund setzten auf die Pferde. Infolge Wettgewinns waren seine finanziellen Schwierigkeiten beseitigt. Darüber hinaus fand er eine Stellung mit ausgezeichnetem Anfangsgehalt.

12. Charles Darrow war 1929 finanziell am Ende. Er begann sich jedoch vorzustellen, daß er ungeheuer viel Geld und Grund besitze. Er fing an, mit Spielgeld zu spielen, schuf sich ein imaginäres Finanzimperium und nahm erdachte Investitionen vor — auf einem Stück Linoleum. Freunde entdeckten sein Spiel und spielten mit, versuchten einander mit hohen Einsätzen auszustechen. Ein paar Jahre später verdiente er Millionen, denn er hatte *das* Hochfinanzspiel schlechthin erfunden — Monopoly. Seinem Traum hatte er ein Fundament gegeben: Was man sich vorstellt und als wahr empfindet, wird Wirklichkeit. Das hatte er gewußt.

KAPITEL 12

Die wundervolle Quelle der Entfaltung kosmischer Energie

Dieses Buch handelt von kosmischer Energie. Der Spender kosmischer Energie ist Gott in Aktion. Gott ist der lebendige allmächtige Geist. Gott wohnt allen Menschen inne. Viele Wissenschaftler gebrauchen den Ausdruck Energie statt Geist (Gott). Das Wort Energie stammt vom griechischen *energia: en* heißt „in" und *ergon* „Arbeit". Es gibt nur eine höchste Energie oder Kraft, und alle Energien der Welt sind lediglich Modifikationen dieser einen kosmischen Energie.

Wie kosmische Energie zu erklären ist

Alle Energiearten werden letztlich in Form von Arbeit gemessen. Tatsächlich läßt sich Energie auch als ihre Fähigkeit der Arbeitsleistung definieren. Energie kann auf viele Arten sichtbar werden; oder anders ausgedrückt: Es gibt viele Formen von Energie. In diesem Buch befassen wir uns nicht mit physikalisch meßbarer Energie (oder nur am Rande), sondern mit der Fähigkeit des Menschen, seinen Denk- und Vorstellungsbildern, seinen Gefühlen, Wünschen und Träumen – den Bestrebungen seines Geistes und Herzens – Energie und Leben zu verleihen und sie auf dem Bildschirm des Raumes sichtbar zu machen, also im Leben zu verwirklichen.

Einstein und andere Wissenschaftler wiesen auf die Interkonvertierbarkeit und Austauschbarkeit von Energie und Materie hin, was die Wahrheit des alten Weda* veranschaulicht, demzufolge Materie die unterste Stufe von Geist und Geist die höchste Stufe von Materie ist. Mit anderen Worten: Materie ist Energie bzw. Geist in einer Form.

---

* Weda bedeutet auf Sanskrit „Wissen", insbesondere das in den *Weden,* den heiligen Büchern altindischer Religion, gesammelte Wissen.

Unser Universum ist das Haus des ewigen Lichts und unendlichen Lebens, der kosmischen Energie, die wir Gott nennen. Diese Energie ist in Ihrem Geist, in Ihrer Seele, in Ihrem Körper und auch im Universum aktiv. Zum Zwecke der Sichtbarwerdung oder Sichtbarmachung müssen Sie sich diese einzige Energie zweigeteilt vorstellen (worin manche ein männliches und ein weibliches Prinzip sehen wollen): als das Bewußtsein und das Unterbewußtsein. Ihr Bewußtsein vermittelt Ihrem Unterbewußtsein Gedanken, Bilder, Gefühlseindrücke, und Ihr Unterbewußtsein bestimmt, wie Ihre Gedanken, Bilder, Gefühle als Form, Funktion, als Erfahrung in Ihrem Leben sichtbar werden.

Was kosmische Energie für Sie zu vollbringen vermag

Im Verlaufe dieses Buches habe ich bereits zu erklären versucht, daß diese Kraft, die sehr reell ist und klare Wirkungen zeitigt, Wunder zu vollbringen vermag. Sie befreit Sie von Krankheit, Versagen, Mangel und Einschränkung. Sie gibt Ihnen Antwort auf Ihre Fragen, sie versteht Ihre Probleme zu lösen, Ihre Schwierigkeiten zu beseitigen und Sie auf das Glücksgeleise des Reichtums, der Freiheit, Freude und neuer Möglichkeiten der Selbstverwirklichung zu bringen. Sie vermag Sie zu führen, Ihren Weg zu erleuchten und gestattet Ihnen, Ihr Schicksal selbst zu gestalten. Sie schenkt dem angstvollen und dem beunruhigten Menschen Frieden und dem verzweifelten Herzen den Balsam heilender Liebe. Kosmische Energie vermag Sie zu inspirieren und Ihnen alles zu offenbaren, was Sie wissen müssen; Sie brauchen lediglich Ihren Geist und Ihr Herz empfangsbereit zu machen. Lassen Sie sich von dieser göttlichen Energie Ihren wirklichen Platz im Leben anweisen und den Weg zu Ihrer Selbsterfüllung erschließen. Diese Energie kann für Sie den richtigen Partner im Leben, in der Liebe und Ehe anziehen, der mit Ihnen seelisch-geistig verwandt ist und mit Ihnen in jeder Weise harmonisiert. Und Sie können es zu größerem Wohlstand und Erfolg bringen, als Sie in Ihren kühnsten Träumen erhoffen.

Von der psychosomatischen Medizin bestätigt

Vor einiger Zeit sprach ich mit einer Frau, die seit mehr als einem Jahr an Kolitis (Entzündung des Dickdarms) litt. Beruhigungsmittel und Diät linderten das Leiden und die Schmerzen etwas, aber sie hatte stark abgenommen und sich neue Kleider kaufen müssen. Ich sagte ihr, daß den Forschungsergebnissen von Fachärzten der psychosomatischen Medizin zufolge Kolitis gewöhnlich eine Folge von tiefsitzendem Groll, von Feindseligkeit und unterdrückter Wut sei. Sie gab daraufhin zu, daß, so sagte sie, ihre Schwiegermutter die Kette sei, die sie an ein Rad des Ärgers feßle.

Die Frau faßte nun einen klaren Entschluß in Richtung wirksamer Abhilfe. Sie betete voll Glauben und Vertrauen: „Ich vergebe mir selbst, daß ich Haßgefühle und destruktive Gedanken gegenüber meiner Schwiegermutter hegte, und beschließe, davon frei zu sein. Immer wenn ich an sie denke, werde ich meine Gedanken sofort auf das Gebet festlegen: ‚Ich überlasse dich Gott und wünsche dir alle Wohltaten des Lebens.'"

Nach einigen Wochen mußte sie zu der üblichen Untersuchung, und ihr Zustand erwies sich als völlig normal. Mit ihrer feindseligen Fehlhaltung war auch ihr Leiden verschwunden, und sie dankte es Gott.

Er erquicket meine Seele ... Psalm 23, 3.

Die Entfaltung kosmischer Energie spielt sich in Ihrem Inneren ab

Wenn Ihre Wünsche unerfüllt bleiben und Sie im Leben Ihre Ziele nicht erreichen, kann es sein, daß Sie in Ihrem Geist Gedanken der Angst und Sorge hegen oder die Erfüllung durch Hindernisse verbaut sehen. Identifizieren Sie sich darum mit Ihrem Ziel, indem Sie sich geistig und gefühlsmäßig mit ihm vereinen. Beleben Sie Ihr Ideal mit kosmischer Energie, indem Sie sich seine Erfüllung bildhaft und lebensecht vorstellen. Während Sie bei der geistigen Erbauung Ihres Hauses beharrlich einen Ziegel auf den anderen legen, wird Ihre Energie allmählich wachsen und zunehmen, bis Ihr Unterbewußtsein angefüllt ist mit der Qualität Ihres Denkens und Fühlens. Wenn Sie an Ihrem Vorstellungserlebnis festhalten und ihm treu bleiben, wird kosmische Energie Ihr geistiges Modell durchströmen und bewirken, daß Ihr Wunsch sich auf nur Ihrem Unterbewußtsein bekannten Wegen verwirklicht.

Wie er seine seelisch-geistigen Batterien auflädt

Ein Bankier, mit dem ich befreundet bin, sagte zu mir: „Ich ziehe die Bezeichnung ‚kosmischer Energiespender' der Bezeichnung ‚Gott' vor. Ich weiß natürlich, beide bedeuten dasselbe. Ich weiß, daß Gott, der universelle Energie ist, den Kosmos geschaffen, den ganzen Entwicklungsvorgang eingeleitet und das Universum auf seinen gesetzmäßigen Weg gebracht hat, der kein Ende nimmt."

Jeden Morgen zieht sich dieser Bankier fünf oder zehn Minuten in sein Arbeitszimmer zurück, entspannt sich körperlich und geistig und vergegenwärtigt sich folgendes: „Der Spender kräftigender, verjüngender kosmischer Energie wirkt jetzt in mir. Der Strom füllt mein ganzes Wesen mit Energie, Vitalität, Jugend, Kraft und Stärke. Jeden Augenblick des Tages werde ich gesünder, vitaler und glücklicher. Meine seelisch-geistigen Batterien sind nun mit der belebenden Kraft kosmischer Energie geladen."

Dieser Mann ist voller Enthusiasmus und bewegt sich vorwärts, aufwärts, gottwärts.

Die Technik ist immer die gleiche

Ein junger Wissenschaftler, der in der Raumfahrtindustrie arbeitet, schilderte mir, wie er aus den Tiefen seines Unterbewußtseins viele großartige Ideen schöpft. Er denkt in einem Zustand völliger Ruhe über die gewünschte Antwort nach und horcht auf jede Regung innerer Führung, die kommt, und fügt alle Fäden zusammen. Oft erhält er die Antwort vollständig – wie eine graphische Darstellung – in seinem Bewußtsein. Ihm ist klar, wie man kosmischer Energie zur Entfaltung verhilft.

Denken Sie daran: Wenn Ihr Bewußtsein ruhig ist, empfängt es von Ihrem tieferen Geist Weisheit, Führung und Antworten auf Ihre Probleme. Wenn Sie ein Problem mit Ihrem Bewußtsein nicht zu lösen vermögen, sollten Sie es als kluger Anwalt Ihrer selbst mit der Bitte um Lösung voll Vertrauen Ihrem Unterbewußtsein übergeben; damit kurbeln Sie immense Kräfte an und bringen kosmische Energie zur Entfaltung.

Machen Sie sich eine möglichst klare Vorstellung von dem, was Sie wissen oder beantwortet haben möchten. Denken Sie aus vielen Gesichtspunkten über die Antwort nach. Versuchen Sie die Lösung mit Ihrem Bewußtsein, also mit Hilfe Ihres Verstandes, zu finden, wenden Sie ihr größte Aufmerksamkeit zu, denn damit beleben Sie die

Weisheit Ihres Unterbewußtseins. Wenn Sie abends schlafen gehen, können Sie zu Ihrem Unterbewußtsein beispielsweise sagen: „Wende dem deine Aufmerksamkeit zu und enthülle mir die Antwort. Ich weiß, daß die Antwort kommen wird." Das können Sie stumm oder laut sagen, was Ihnen lieber ist. Wenn Sie am Morgen erwachen, kann Ihnen die Antwort auf der Zunge liegen. Ist dies nicht der Fall, dann sagen Sie sich, daß Sie Ihre Bitte voll Glauben und Vertrauen gestellt haben und die Lösung in göttlicher Fügung erhalten werden. Sie kann als „Geistesblitz" in Ihr Bewußtsein dringen, genau in dem Augenblick, in dem Sie die Antwort benötigen.

Die Konservendose war symbolisch verkleidete Antwort

Ein Geschäftsmann erzählte mir vor mehreren Wochen, wie er das Geld erhielt, um mit einem interessanten Mann seiner Wahl eine lang gewünschte Partnerschaft einzugehen. Er hatte *Die Macht Ihres Unterbewußtseins* (Ariston Verlag) gelesen und sagte eines Abends vor dem Einschlafen zu seinem Unterbewußtsein: „Du bist allwissend. Du kennst die Antwort. Ich bin an zwei Goldaktien interessiert, Campbell Red Lake und Homestake. Offenbare mir, welche ich kaufen soll, um rasch Gewinne zu erzielen." Er entspannte sich völlig und sank in tiefen Schlaf. Im Traum erschien ihm ein Mann, der eine Dose Campbell-Suppe öffnete und ihm davon anbot. Er erwachte und wußte sofort: Das Symbol bedeutet Campbell Red Lake!

Er kaufte mehrere Tausend Aktien, sie stiegen innerhalb kurzer Zeit um vierzig Punkte, was ihm einen Gewinn von mehr als achtzigtausend Dollar einbrachte. Das versetzte ihn in die Lage, für sechzigtausend Dollar die halben Anteile an einem gutgehenden Unternehmen zu kaufen. Der Mann hatte intuitiv gewußt, daß Goldaktien steigen, ja sogar „durchs Dach gehen" würden, wie er sich ausdrückte.

Er hatte sich an sein Unterbewußtsein gewandt und um die Antwort gebeten, in der festen Überzeugung, er werde sie erhalten. Die wunderbare Quelle kosmischer Energie hat jede Antwort bereit.

Wie der Mensch denkt, so ist er

Wenn Sie sich schneiden, aktiviert die planmäßige Weisheit kosmischer Energie die Phagozyten, d. h. die Freßzellen, die alle septischen

Keime vertilgen, von denen die Wunde infiziert werden könnte. Sie läßt auch das Blut gerinnen, heilt den Schnitt und webt neue Haut. Sie kontrolliert überhaupt alle lebenswichtigen Organe und Prozesse wie Ihre Atmung, Ihre Verdauung, Ihren Kreislauf und alle biologischen Vorgänge Ihres Lebens.

Herbert Spencer sagte: „In all den Mysterien, die uns umgeben, ist nichts sicherer, als daß um uns ständig eine unendliche, ewige Energie gegenwärtig ist, aus der alle Dinge hervorgehen."

Der Mensch erwacht nur langsam zu dem Wissen, daß Gott ihm innewohnt und ihn nicht von außen steuert oder beeinflußt. Denken ist Energie und besitzt einen Schwingungswert. Wenn Sie an den Spender kosmischer Energie – oder Gott – denken, hat Ihr Denken den höchsten Schwingungswert; solches Denken verunmöglicht Gedanken an Mangel und Schädliches und hebt Gefühle der Angst und des Zweifels auf dieselbe Weise weg, wie die Sonne den Dunst auflöst oder das Licht die Dunkelheit vertreibt.

Ralph Waldo Emerson sagte, es gebe in seinem Geist keinen Gedanken, der sich nicht schnell in eine Kraft verwandeln wolle und eine gewaltige Mithilfe der Mittel organisiere.

Wie der Mensch denkt, so ist er.

ZUSAMMENFASSUNG

1. Der Spender kosmischer Energie ist Gott in Aktion. Wissenschaftler gebrauchen die Bezeichnung Energie statt Gott, welcher der lebendige allmächtige Geist ist, der alle Menschen und Dinge beseelt. Alle Energien auf der Welt — mechanische, elektrische oder atomare — sind lediglich Modifikationen der einen universellen kosmischen Energie.

2. Der Mensch kann seinen Wünschen und hohen Idealen — den Bestrebungen seines Herzens und seines Geistes — Leben verleihen und sie auf dem Bildschirm des Raumes sichtbar werden lassen.

3. Zum Zwecke der Sichtbarmachung müssen Sie sich diese eine kosmische Energie zweigeteilt vorstellen, nämlich als — wie man sich in der gebräuchlichen Sprache der Psychologie ausdrückt — Ihr Bewußtsein und Ihr Unterbewußtsein.

4. Kosmische Energie vermag Wunder zu vollbringen. Sie müssen diese Wahrheit wörtlich nehmen. Sie befreit Sie von Versagen, Krankheit, Mangel und Einschränkung und löst Ihre Probleme und Schwierigkeiten. Sie führt Sie und erleuchtet Ihren Weg und gestattet es Ihnen, Ihr Schicksal selbst zu gestalten. Sie bringt dem beunruhigten Geist Frieden und offenbart Ihnen alles, was Sie irgendwann irgendwo wissen müssen.

5. Eine Frau, die Kolitis hatte und voller feindseliger Gefühle war, faßte den Entschluß, sich selbst zu verzeihen, daß sie destruktive Gefühle und Gedanken hegte. Sie begann gegenüber ihrer Schwiegermutter Wohlwollen auszustrahlen, bis ihr Geist Frieden fand. So setzte sie die Heilkraft kosmischer Energie frei und wurde völlig gesund.

6. Identifizieren Sie sich mit Ihrem Ziel oder Wunsch, indem Sie sich geistig und gefühlsmäßig damit vereinen. Wenn Sie dies tun, wird kosmische Energie die immensen Kräfte Ihres Unterbewußtseins aktivieren und alles Wirklichkeit werden lassen.

7. Ein Bankier lädt seine seelisch-geistigen Batterien so auf: Jeden Morgen zieht er sich fünf Minuten oder länger zurück und sagt sich, kräftigende, verjüngende kosmische Energie wirke nun in ihm und fülle sein ganzes Wesen mit Energie und jugendlicher Vitalität. Er ist ein Mensch voll Schwung, Begeisterung und Lebenselan.

8. Ein junger Raumfahrtwissenschaftler erhält wunderbare Antworten, indem er im Zustand völliger Ruhe über die Antworten nachdenkt und auf die Regungen innerer Führung lauscht, die kommt.

9. Sagen Sie abends, wenn Sie schlafen gehen, zu Ihrem Unterbewußtsein: „Wende dem deine Aufmerksamkeit zu und enthülle mir die Antwort. Ich weiß: Die Antwort wird kommen." Tun Sie es stumm oder laut. Wenn Sie am Morgen aufwachen, ist Ihr erster Gedanke vielleicht schon die Antwort. Sie kann auch nachts in einem Traum oder einer Vision kommen; oder die Lösung erscheint, wenn Sie mit etwas völlig anderem beschäftigt sind, als „Geistesblitz" in Ihrem Bewußtsein.

10. Ein Geschäftsmann erhielt verheißungsvolle Informationen über zwei Goldaktien, Homestake und Campbell Red Lake. Er sprach folgendermaßen zu seinem Unterbewußtsein: „Du bist allwissend. Du kennst die Antwort ... Offenbare mir, welche Aktien ich kaufen soll, um rasch Gewinne zu erzielen." Im Traum erschien ihm ein Mann, der eine Dose Campbell-Suppe öffnete und ihm davon anbot. Er wußte sofort, daß dies die symbolisch verkleidete Antwort war. Seine Aktien brachten ihm in kurzer Zeit einen Gewinn von achtzigtausend Dollar ein.

11. Die planmäßige Weisheit kosmischer Energie, die unendliche Heilgegenwärtigkeit in Ihnen, steuert alle Ihre lebenswichtigen Organe und Prozesse; sie verwandelt die Nahrung, die Sie zu sich nehmen, in Gewebe, Muskeln, Blut und Knochen; sie setzt bei einer Infektion den Abwehrmechanismus in Gang; sie versucht ständig, Sie zu beschützen, und wirkt zu Ihrem Besten.

12. Denken ist Energie. Wenn Sie an Gott denken, dann werden Ihre Gedanken Gottes Gedanken, dann ist Gottes Kraft mit Ihren guten Gedanken. Wie der Mensch denkt, so ist er.

KAPITEL 13

Die beglückende Quelle der Freuden in Liebe und Ehe

Viele Menschen heiraten, ohne um Führung oder gottgegebenes richtiges Handeln gebetet zu haben. Eine Ehe muß, um wirkliche Erfüllung zu sein, in erster Linie auf dem geistigen Fundament eines tiefen inneren Einklangs beruhen. Sie muß eine Vereinigung zweier Herzen sein.

Manche Frauen (oder auch Männer) wollen heiraten um der Sicherheit und Versorgung willen oder weil sie sich ein Heim wünschen. Diese Einstellung ist falsch. Sicherheit erlangt man durch Einstimmung auf die Quelle kosmischer Energie, die zunehmend mehr schöpferische Ideen, Harmonie, Frieden, Glück sowie Schutz und Führung in allen Bereichen bringt.

Wenn ein Mann heiratet, nur weil das Mädchen sehr hübsch ist, viel Geld oder großen gesellschaftlichen oder politischen Einfluß hat, geht er eine Partnerschaft ein, die auf einer falschen Grundlage beruht. Körperliche oder materielle Anziehung allein ist kein gültiger, glückverheißender Maßstab. Diese ergibt keine echte Partnerschaft; denn sie basiert nicht auf Liebe, die eine Bewegung des Herzens ist. Die bloße Tatsache, daß man in einer Kirche heiratet, heiligt eine Ehe nicht unbedingt – nicht ohne daß andere wichtigere Bedingungen erfüllt sind – und macht sie nicht zum Inbegriff der Erfüllung, wie dies eine richtige Ehe ist.

Das Gesetz der Anziehung und des Einklangs

Wir ziehen andere Menschen entsprechend unserer seelisch-geistigen Wellenlänge an; mit anderen Worten: Gleich und gleich zieht an.

Unsere Geisteshaltung bestimmt unser Erleben. Wir müssen uns das geistige Äquivalent dessen schaffen, was wir im Leben wollen.

Das tun wir, indem wir ruhig und voll Interesse über die ideale Situation nachdenken, welche wir verwirklicht sehen möchten; so gelingt es uns nach und nach, dieses wunderwirkende geistige Äquivalent in uns zu erzeugen. Und das gilt auch für unseren Wunsch nach Liebe und Erfüllung, für die Anziehung des idealen Partners in der Liebe, in der Ehe, für das Glück zu zweit als eine Vereinigung der Herzen.

Die Ehe ist ein Einklang göttlicher Ideale, sie ist Harmonie und Reinheit der Absicht. Harmonie, Ehrlichkeit, Liebe und Integrität müssen im Geist und in den Herzen von Mann und Frau vorherrschen. Ehe ist eine Vereinigung zweier Seelen in Liebe und Achtung füreinander. Wenn zwischen zwei Menschen eine echte geistige Vereinigung erfolgt ist, gibt es keine Scheidung, denn keiner von beiden will sie. Die beiden gehen geistig, seelisch und körperlich ineinander auf. Dies ist die wirkliche Bedeutung des Bibelwortes: *Was nun Gott zusammengefügt hat, das soll der Mensch nicht scheiden.* Matthäus 19, 6.

Der sichere Weg, den richtigen Mann anzuziehen

Wenn eine Frau abends und morgens das folgende Gebet spricht, erfüllt von dem Wissen, daß ein in den Boden gelegter Same nach seiner Art wächst, werden alle Qualitäten und Charaktereigenschaften des Mannes, über die sie meditiert, in der Gestalt eines idealen Gatten in ihr Dasein kommen.

„Unendliche Intelligenz zieht für mich einen Mann an, der heiratsfähig ist und das Göttliche ehrt, das uns formt. Er ist geistig orientiert, ehrlich, treu, befähigt, wohlhabend und erfolgreich. Er harmoniert geistig-seelisch und körperlich vollkommen mit mir. Er liebt meine Ideale, und ich liebe seine Ideale. Er will mich nicht ändern, und ich will ihn nicht ändern. Zwischen uns herrschen gegenseitige Liebe, Freiheit und Achtung. Er kommt ohne irgendwelche Behinderungen. Es ist ein Akt der Vorsehung, der alles neu macht. Die Weisheit kosmischer Energie in mir bringt uns beide nach göttlicher Fügung zusammen."

Stellen Sie sicher, daß Sie nicht anschließend bezweifeln, was Sie behauptet haben. Die Wunschverwirklichung erfließt nur Ihrem tiefen Glauben und verträgt keinen Zweifel. Das wäre sonst, als drückten Sie in einem Lift gleichzeitig den Knopf nach oben und den nach unten.

Verweilen Sie bei Ihren guten Eigenschaften, sagen Sie sich, daß Sie ehrlich, aufrichtig, liebevoll und freundlich sind. Sie schätzen ein schönes Zuhause, ein harmonisches Zusammenleben. Sie besitzen natürliche Vorzüge. Sie sind unterhaltsam. Sie können den Mann verwöhnen, lieben, bewundern und ihm ungeheuer nützlich sein. Denken Sie an alle die wunderbaren Eigenschaften, die Sie haben, und lassen Sie diese Ihren geistigen Sender sein.

Sie sind keine Nörglerin, nicht abnorm eifersüchtig, keine Spielerin oder Alkoholikerin.

Im Gegenteil: Sie haben soviel Liebe und Glück, Zärtlichkeit und Bewunderung, Freundlichkeit und Freundschaft zu geben, daß Sie nach dem Gesetz der Gegenseitigkeit den Mann anziehen werden, der auch Sie liebt, verwöhnt und bewundert.

Die richtige Einstellung, um die ideale Frau anzuziehen

Wenn Sie ein Mann sind und eine liebende Frau suchen und finden möchten, fragen Sie sich zuerst, was Sie ihr geben können. Verweilen Sie bei Ihren guten Eigenschaften: Sie sind ehrlich, aufrichtig, treu; Sie haben ein gutes Einkommen und vermögen ein harmonisches Zusammenleben zu bieten. Ihnen ist auch klar, daß Sie der Frau, die Sie lieben, nichts Liebloses sagen, nichts Liebloses antun werden, denn Sie wollen, daß Ihre Frau glücklich und heiter ist und sich ganz selbst verwirklicht.

Beten Sie ruhig und voll inbrünstiger Überzeugung: „Unendliche Intelligenz zieht für mich die richtige Frau an, die heiratsfähig ist. Sie ist anmutig, charmant, ehrlich, aufrichtig, treu und hat tiefe Achtung vor den großen ewigen Wahrheiten Gottes. Zwischen uns herrschen gegenseitige Liebe, Freiheit und Achtung. Ich bin geistig und seelisch mit diesen Qualitäten der Frau vereint, die ich suche, und ich weiß, daß diese Qualitäten, wenn ich über sie meditiere, in mein Unterbewußtsein sinken und ich in göttlicher Fügung die Frau meiner Liebe anziehen werde, die mein Ideal verkörpert."

Bekräftigen Sie diese Wahrheiten abends und morgens ruhig und voll Anteilnahme. Wenn sie vergegenwärtigt sind, werden sie auch verwirklicht: Sie werden automatisch die richtige Frau anziehen, und es wird zwischen Ihnen gegenseitige Liebe und Verständnis herrschen.

Wird ein Same in den Boden gelegt, stirbt er zuerst und gibt dann seine Energie an eine andere Form seiner selbst weiter. Genauso werden die Qualitäten der idealen Frau, über die Sie nachsinnen, vergegenständlicht, und dann führen die Weisheit und Kraft kosmischer Energie Sie beide in glücklicher Fügung zusammen.

Noch in den „goldenen Jahren“ sind Liebe und echte Partnerschaft möglich

Der Autor dieses Buches schloß als christlicher Priester viele Ehen zwischen Männern und Frauen, die siebzig, achtzig und – in zwei Fällen – sogar neunzig Jahre alt waren. Viele Männer gaben an, sie seien sexuell impotent; dennoch verband gottgegebene Liebe sie mit den Frauen ihrer Wahl, einfach weil sie ehrlich, aufrichtig und gerecht zueinander waren. Mit anderen Worten: Zwischen dem Mann und der Frau herrschte vollkommenes Verständnis.

Ehrlichkeit, Aufrichtigkeit, Gerechtigkeit und Achtung sind Kinder der Liebe; deshalb wurden diese Ehen ehrfürchtig, überlegt und in tiefem Verstehen ihrer geistigen Bedeutung eingegangen. Diese Menschen suchten eine liebevolle Gemeinschaft, in der sie ihre Freuden und Erlebnisse, ihr Glück teilen wollten. Solche Ehen sind echte Vereinigungen zweier Seelen, die ihren Weg zur Erfüllung in der Realität suchten.

Sie fragte: „Soll ich mich scheiden lassen?“

Hier kommt es auf den jeweiligen Fall an, man darf nicht verallgemeinern. Die Scheidung kann in einigen Fällen richtig sein, in anderen falsch. Jedermann kann Ihnen sagen, sie sollen sich scheiden lassen; häufig aber ist dies genausowenig eine Lösung wie etwa eine halb erzwungene Heirat für einen einsamen Menschen, der lieber allein bleiben möchte.

Eine geschiedene Frau ist jedoch oft ehrlicher, nobler und aufrichtiger als viele ihrer verheirateten Freundinnen, die ein Leben der Lüge führen, anstatt der Wahrheit ins Gesicht zu sehen und die Konsequenzen auf sich zu nehmen.

Viele gebrauchen Ausreden und Entschuldigungen. Eine Trennung wäre aus religiösen, politischen oder geschäftlichen Gründen unmöglich oder sehr schlecht. Andere sagen, sie ließen sich wegen der Kinder oder aus ähnlichen Vernunftgründen nicht scheiden. Allen Erfahrungen zufolge ist es aber weit besser, wenn ein Kind bei nur einem Elternteil lebt, der es wirklich liebt, anstatt daß es unter dem Einfluß eines Vaters und einer Mutter aufwächst, die streiten, zanken und einander ohne Ende anfeinden. Kinder wachsen nach dem Bild und Gleichnis des zu Hause herrschenden geistigen und emotionellen Klimas heran.

Vor einiger Zeit konsultierte mich eine Frau, die in San Francisco verheiratet war. Sie hatte ihren Mann etwa sechs Monate vor der Hochzeit kennengelernt. Er hatte sie in die feudalsten Restaurants, Theater und Luxusnachtlokale der Stadt geführt und ihr teure Geschenke gemacht. Nach seiner Aussage war er selbständiger Forscher; aber sie hatte später, als sie schon verheiratet waren, in seinen Reisetaschen Kokain, Marihuana und andere Drogen entdeckt. Als sie ihn mit den Beweisen konfrontierte, gab er zu, daß er Rauschgift-Dealer sei und oft nach Mexiko fahre, um Stoff zu holen.

Dies war keine Ehe, denn er hatte seine Frau in einem grundsätzlichen Punkt angelogen. Sie war getäuscht und hereingelegt worden. Auf meine Empfehlung wandte sie sich an einen Anwalt und ließ sich scheiden. Sie war reich und hatte durch ihre Beziehungen einigen politischen Einfluß, und das war, wie ihr Mann zugab, der wirkliche Grund gewesen, warum er sie geheiratet hatte. Eine solche Ehe ist nichts anderes als Schwindel, der schon im Interesse der zutiefst getäuschten Frau entlarvt und möglichst bald beendet werden mußte.

Wie er die Freude in der Ehe steigerte

Ein geschiedener Mann, der eine Frau mit anderer religiöser Überzeugung geheiratet hatte, fühlte sich schuldig und fürchtete, bestraft zu werden, denn in seinen Augen hatte er gesündigt. Er war verwirrt durch falsche Auslegung des Bibelverses: *Wer sich von seinem Weibe scheidet (es sei denn um der Hurerei willen) und freit eine andere, der bricht die Ehe; und wer die Abgeschiedene freit, der bricht auch die Ehe.* Matthäus 19, 9. In der Bibel heißt es ferner: *Wer ein Weib ansieht, ihrer zu begehren, der hat schon mit ihr die Ehe gebrochen in seinem Herzen.* Matthäus 5, 28.

Für diesen Mann bedeutete die Tatsache der Erklärung schon die Befreiung und Heilung von einem Schuldkomplex. Uns wird gesagt, der Ehebruch sei eine Sache des Herzens, und „Herz" ist eine alte Bezeichnung für das Unterbewußte. Das Herz ist Sitz der Emotionen, also des Gefühls- und unbewußten Geisteslebens des Menschen. Handlungen des Körpers werden von Regungen des Geistes bestimmt. Ich erklärte dem Mann, daß die in der Bibel erwähnten Männer und Frauen symbolisch die Wechselwirkung zwischen Bewußtsein und Unterbewußtsein darstellen. Das Bewußtsein wird in der Bibel als der Mann und das Unterbewußtsein als die Frau bezeichnet.

Die Bibel ist ein seelisch-geistiges Textbuch und ist als solches zu verstehen. Sie weist darauf hin, daß der Mensch, wenn er an falsche Götter glaubt oder die schmutzigen Viertel in seinem eigenen Geist besucht, im Bett seines Geistes dem Übel beiwohnt und Hurerei und Ehebruch begeht – biblisch gesprochen. Ein Mann, der sich selbst verurteilt und Haß und Feindseligkeit hegt, wohnt ganz entschieden dem Übel bei und macht sich somit – wiederum biblisch gesprochen – der Hurerei und des Ehebruchs schuldig, nämlich an den ewigen Gesetzen des Geistes. Er ist bereits geschieden, denn er ist nicht länger dem Strom des Friedens, der Harmonie und Liebe verbunden.

Ich machte dem verwirrten Mann aber vor allem klar, daß Gott als der Inbegriff des Lebensprinzips und Spender kosmischer Energie nie verurteilt oder bestraft. Das tun wir selbst durch die Art unseres Denkens und Fühlens. Die Eheregeln, Ehesitten und -bestimmungen unterscheiden sich in den einzelnen Staaten und Kulturbereichen. Doch alle wurden von religiösen Grundvorstellungen unterschiedlicher Konfessionen geprägt und fanden ihren Niederschlag in Sitten und Gesetzen. Die Liebe kennt keine Konfessionen, keine Dogmen, keine Gesetze, weder Rasse noch Nationalität. Die Liebe geht nach ihren eigenen Gesetzen, über alle diese Dinge hinaus. Gott ist unpersönlich und sieht die Person nicht an.

Der Mann beschloß, sich zu verzeihen, daß er die andere „im Geiste begehrte" und nach seiner Scheidung auch heiratete. Er begann sich ausschließlich der Lebensfreude zuzuwenden. Er betete: „Gottes Liebe vereinte uns. Ich sehe Gottes Gegenwärtigkeit in meiner Frau, und sie sieht seine Gegenwärtigkeit in mir. Immer wenn ich an sie denke, werde ich sagen: ‚Gott liebt dich und sorgt für dich.'"

Seither sind Jahre vergangen. Die Ehe der beiden wurde zunehmend glücklicher. Er ist von falschem Glauben, von Aberglauben und seinem daraus resultierenden Schuldkomplex geheilt. Seine Frau versicherte mir: „Nach Jahren der Zerknirschung wurde uns beiden das Wunder der Erfüllung zuteil."

Wie eine Dirne zum Eheglück fand

Vergegenwärtigen Sie sich nochmals die folgenden Wahrheiten, die für Sie lebenswichtig sind: Selbstvergebung bedeutet geistige Harmonie und seelischen Frieden. Selbstverurteilung und Selbstbestrafung bedeuten Elend und Leiden. Gott oder der Spender kosmischer Energie ist das Lebensprinzip, das alle Dinge beseelt, das Ihnen und jedem Menschen innewohnt. Wenn Sie sich brennen, reduziert das Lebensprinzip das Ödem und bildet neue Haut und Knochen. Wenn Sie sich schneiden, baut dieses wunderbare Lebensprinzip aus neuen Zellen eine Brücke und heilt Ihre Wunde. Dieses Lebensprinzip steht jeglicher Strafe fern und versucht im Gegenteil immer, Sie zu heilen und Ihre Unversehrtheit wiederherzustellen.

Wenn Sie die Prinzipien beispielsweise mathematischer Grundregeln falsch angewandt haben, geht Ihre Rechnung nicht auf. Sobald Sie diese richtig anwenden, erhalten Sie sofort auch richtige Ergebnisse. Genauso wird, wenn Sie Ihren Geist durch Ihr Denken richtig zu nutzen beginnen – also durch Denken vom Standpunkt ewiger Wahrheiten aus, die gestern, heute und immerdar dieselben sind –, Ihr Unterbewußtsein sofort auf das neue Denkmuster reagieren, die Vergangenheit wird vergessen sein, und Sie beginnen ein neues, glücklicheres Leben.

Vor mehreren Jahren fragte mich eine Frau, die den „Pfad der Freude" ging: „Ich möchte ein neues Leben anfangen, heiraten, geliebt, geachtet sein, einen Mann, ein Zuhause und Kinder haben. Was soll ich tun? Bin ich verdammt?"

Ich antwortete ihr, in dem Augenblick, in dem sie zu einem klaren Entschluß komme und aufrichtig zu sein wünsche, was sie sein wolle, werde die allmächtige Kraft für sie wirken und ihre Herzenswünsche verwirklichen. Ich betonte die einfache Wahrheit, daß Gott – der Inbegriff des Lebensprinzips und Spender kosmischer Energie – niemanden verdammt. *Deine Augen sind rein, daß du Übles nicht sehen magst, und dem Jammer kannst du nicht zusehen* . . . (Habakuk 1, 13).

Die Gesellschaft und alle Welt mögen kritisieren, oder Sie mögen sich der Selbstbeschuldigung und Selbstbestrafung hingeben, aber: . . . *der Vater richtet niemand; sondern alles Gericht hat er dem Sohn gegeben* (Johannes 5, 22). Der Sohn, das ist Ihr Geist. Dort sprechen Sie das Urteil über sich selbst: durch die Gedanken, die Sie haben. Sie verzeihen sich selbst, indem Sie in sich eine Stimmung des Friedens, der Liebe und Harmonie schaffen.

Ich sagte der Frau, sie brauche sich lediglich von der Vergangenheit abzuwenden und geistig sowie gefühlsmäßig mit ihren Lebenszielen – Frieden, Freiheit, Würde, Liebe, Heirat, Glück – eins zu werden. Wenn sie dies tue, würde Gott in seiner Liebe reagieren. Ein Hauch des Friedens werde, so fügte ich hinzu, ihren Geist, ihre Seele benetzen wie Himmelstau, und ein Strom kosmischer Energie werde alle Schatten von Angst und Schuld wegspülen. Indem sie aufhörte, sich selbst zu verurteilen, werde die Welt aufhören, sie zu verurteilen.

Sie sprach häufig folgendes Gebet: „Ich verzeihe mir vollständig, und immer wenn ich die Neigung zu Zerknirschung und Haß verspüre, werde ich nachdrücklich sagen: ‚Ich preise Gott, der mir innewohnt.‘ Gott liebt mich und sorgt für mich. Sein Frieden erfüllt meine Seele, und seine Liebe durchdringt mein ganzes Wesen. Ich bin im Geiste nun mit einem geistig noblen Mann verheiratet, und zwischen uns herrschen Harmonie, Frieden und Verständnis. Ich danke für meine glückliche Ehe, mein wunderbares Heim und meine beiden Kinder.“

Ihre innere Rede war, als sei sie tatsächlich bereits verheiratet, als habe sie ihr Heim und ihre Kinder.

Alle ihre Wünsche erfüllten sich. Sie führt jetzt ein glückliches Leben. Sie heiratete einen Universitätsprofessor, und kürzlich gebar sie gesunde Zwillinge.

Weib, wo sind sie, deine Verkläger? Hat dich niemand verdammt? Sie aber sprach: Herr, niemand . . . So verdamme ich dich auch nicht; gehe hin und sündige hinfort nicht mehr. Johannes 8, 10–11.

Ein Gebet für Eheleute

Glück in der Ehe hängt von Liebe, Aufrichtigkeit, Treue, Verständnis und dem Wunsch ab, einander geistig, seelisch und in jeder Weise zu heben.

Liebe führt eine Frau nicht in ein schäbiges, drittklassiges Motel; und wirkliche Liebe wird auch nicht ausgedrückt durch ein heimliches, verbotenes „Zwischenspiel“ in einem abgelegenen Nobelhotel. Um sich ein glückliches Liebes- und Eheleben zu sichern, sollten Sie zusammen beten, dann werden Sie zusammenbleiben.

Beten Sie häufig: „Göttliche Liebe, Harmonie, Frieden und vollkommenes Verstehen wirken jetzt in unserer glücklichen Ehe. Morgens, mittags und abends grüßt jeder von uns das Göttliche im anderen, und alle unsere Wege sind Wege der Freude, der Liebe und des Friedens.“

ZUSAMMENFASSUNG

1. Eine Ehe muß, um wirkliche Erfüllung zu sein, in erster Linie auf einem geistigen Fundament beruhen. Jeder Partner muß Achtung vor dem Göttlichen empfinden, das uns erschuf. Liebe muß zwei Herzen vereinen. Ein Pfarrer, Pastor oder Rabbi allein macht eine Ehe nicht gültig; die Ehe wird in den Herzen zweier Menschen geschlossen.

2. Gleich und gleich zieht an. Um in Ihrem Leben den richtigen Mann anzuziehen, müssen Sie über die Eigenschaften und Qualitäten nachdenken, die Sie an einem Mann bewundern. Wenn Sie sich intensiv diese Qualitäten vergegenwärtigen und immer wieder an diese denken, sinken sie, gleich Samen, in Ihr Unterbewußtsein, und Sie werden dem Mann, der Ihr Ideal verkörpert, begegnen und ihn anziehen. Jeder Same wächst nach seiner Art.

3. Fragen Sie sich ehrlich: „Was habe ich einem Mann zu geben?" Denken Sie an alle Ihre guten Eigenschaften, an Ihre Talente und Fähigkeiten, und lassen Sie diese als Ihren Sender wirken; irgendwo ist ein Mann, der Ihre Signale empfängt. Wir alle empfangen und senden auf geistiger Ebene, und was Sie suchen, das sucht immer auch Sie.

4. Wenn ein Mann eine Frau sucht, sollte er über die Eigenschaften nachdenken, die er an einer Frau bewundert. Indem er diese Eigenschaften und Qualitäten geistig betrachtet, diese im Geist vergegenständlicht, wird die unendliche Weisheit seines Unterbewußtseins die beiden nach göttlicher Fügung zusammenbringen.

5. Die Ehe ist die heiligste aller irdischen Institutionen. Man sollte sie ehrfurchtsvoll, überlegt und mit tiefem Verständnis ihrer geistigen Bedeutung eingehen. Ehe ist ein Einklang der Herzen und göttlicher Ideale, sie ist Harmonie und Reinheit der Absicht.

6. Zahlreiche ältere Männer und Frauen — und mögen sie Großväter oder Großmütter, Witwer oder Witwen sein — finden Freude und Glück in einer späten Lebensgemeinschaft. Bei vielen ist das Feuer der körperlichen Liebe erloschen; sind sie aber ehrlich, aufrichtig und gerecht zueinander, so sind solche Ehen auch Liebesehen, denn Gerechtigkeit, Ehrlichkeit, Achtung und Verständnis sind Kinder der Liebe. Liebe, Wahrheit, Schönheit, Harmonie und Frieden kennen kein Alter: sie sind zeitlos, alterslos, ewig.

7. Bei der Scheidung kommt es auf den jeweiligen Fall an, man darf nicht verallgemeinern. In manchen Fällen kann Scheidung die einzige Lösung sein, in anderen wäre sie völlig falsch. Einer Scheidung haftet kein Stigma an. Geschiedene Frauen sind oft edler und ehrlicher als viele andere, die lieber in einer Ehe fortgesetzter Lüge und traurigen Be-

truges leben, als der Wahrheit ins Gesicht zu sehen und die Konsequenzen zu ziehen.

8. Wird eine Frau im Grundsätzlichen getäuscht und entdeckt sie in der Ehe, daß ihr Mann Frauen schlägt oder sein Dasein unehrlich fristet — wie der Rauschgifthändler aus San Francisco —, so sollte sie die Lüge sofort beenden; denn in Wirklichkeit hat eine Ehe als die „Vereinigung zweier Herzen“ nie bestanden.

9. Wenn ein Ehepartner (ein Mann oder eine Frau) gegenüber dem kosmischen Energiespender — der Gegenwärtigkeit Gottes in ihm — treu und voll Hingabe ist, wird er zwangsläufig auch seinem Partner, seinem Arbeitgeber, seinen Kindern und seinem Land gegenüber treu sein. Die Bibel weist darauf hin, daß der Mensch, wenn er an falsche Götter glaubt, Ehebruch begeht und im Bett seines Geistes dem Übel beiwohnt. Auch wer sich der Selbstverurteilung und Selbstbestrafung überläßt und Haß oder Feindseligkeit gegen sich hegt, begeht einen Ehebruch, nämlich an den Gesetzen des Geistes. Er ist geschieden; denn er ist in seinem Geist getrennt von Liebe, Frieden, Harmonie und Freude. Ehebruch und Hurerei begeht man daher im Geist und am Geist.

10. Gott — der kosmische Energiespender oder das Lebensprinzip — verurteilt oder bestraft nie. Dies tun wir selbst durch Mißbrauch der Gesetze des Denkens und Glaubens, durch negatives Denken und Fehldeutung des Lebenssinnes. Liebe kennt keine Konfessionen, keine Dogmen, keine Rassen oder Nationalitäten. Die Liebe geht über alle diese Dinge hinaus. Gott ist Liebe und sieht die Person nicht an.

11. Selbstvergebung bedeutet geistige Harmonie und seelischen Frieden. Selbstverurteilung bedeutet Elend und Leiden. Das Lebensprinzip kennt keine Strafe und hilft Ihnen immer, ob Sie sich brennen oder schneiden oder etwas Verdorbenes essen. Ihr Geist ist ein Prinzip. Wenn Sie ein mathematisches Prinzip fünfzig Jahre lang falsch angewandt haben und dann beginnen, es richtig anzuwenden, bekommen Sie sofort richtige Ergebnisse. Genauso verhält es sich auf seelisch-geistigem Gebiet. Beginnen Sie richtig zu denken, richtig zu fühlen, so werden Sie richtig handeln. Beginnen Sie richtig zu beten, dann werden Sie von Ihrem Unterbewußtsein eine Ihrem Wunsch entsprechende Reaktion erhalten, und die Vergangenheit wird vergessen sein. Sie brauchen lediglich sich selbst zu vergeben und dann zu beschließen, die früher begangenen Fehler nicht mehr zu machen.

12. Wenn eine Dirne aufhört, sich zu verurteilen, wenn sie ernstlich beschließt, ein neues, glückliches und erfülltes Leben zu führen, und wenn sie sich regelmäßig und systematisch die Wahrheiten Gottes vergegenwärtigt, wird sie es erleben, daß ihr Unterbewußtsein entsprechend

reagiert. Eine solche Frau erkannte, daß es keinen Gott irgendwo dort oben im Himmel gibt, der sie bestraft, sondern daß sie selbst die Ursache alles dessen war, was ihr widerfuhr. Sie faßte den Entschluß, sich zu ändern und ein neues Leben in Gott zu führen, zu heiraten, ein Heim und Kinder zu haben. Ihr geschah gemäß ihrem Entschluß. Als sie aufhörte, sich selbst zu verurteilen, hörte auch die Welt auf, sie zu verurteilen, und sie blieb nicht länger von den Wohltaten des Lebens und vom Glück der Liebe und Ehe ausgeschlossen.

13. Glück in der Ehe hängt von Liebe, Loyalität, Aufrichtigkeit, Verständnis und dem Wunsch ab, einander geistig, seelisch und in jeder Weise zu heben. Um sich ein glückliches Eheleben zu sichern, sollten Sie zusammen beten, dann werden Sie zusammenbleiben und glücklich sein.

KAPITEL 14

Die dynamische Quelle schöpferischer Gestaltung

Am 5. September 1973 erschien im *Wall Street Journal* ein Artikel von Richard James, der Reporter dieser Zeitung ist. Ich werde hier das Wesentliche verkürzt wiedergeben, um zu veranschaulichen, worum es mir geht.

Das Drugstore-Wirtschaftswunder von Süddakota

Der Ort Wall in Süddakota hat nur achthundert Einwohner. Dort kaufte Mr. Hustead 1931 einen Drugstore für zweieinhalbtausend Dollar. Das Geschäft ging nicht gut. Im ersten Monat betrugen die Bruttoeinnahmen dreihundertfünfzig Dollar. Da er fürchtete, sich keine Wohnung leisten zu können, wenn er in dieser Zeit der Depression vorankommen wolle, teilte er an der Rückseite des Ladens mit Vorhängen sieben Meter ab und zog mit seiner Frau Dorothy und seinem vierjährigen Sohn Bill dort hinein. Dieser Winkel war sechs Jahre lang ihre Wohnung.

Seine Frau wünschte sehnlichst, daß ihr Mann vorankomme, und wenn man nach einer schöpferischen Idee sucht, wird das Unterbewußtsein immer reagieren. Ihr kam der Gedanke, den schwitzenden Autofahrern, die auf der nahe vorbeiführenden Autostraße täglich in Massen vorbeifuhren, durch Straßenschilder zu geringem Preis Eiswasser anzubieten. Diese Idee setzten sie in die Tat um.

Dorothys Gedankenbild führte dazu, daß der Drugstore von Wall einen Aufschwung nahm, den das Paar in seinen kühnsten Träumen nicht erhofft hatte. Das Geschäft lockt jetzt während der Touristensaison täglich rund zehntausend Kunden an und hat einen Umsatz von mehr als einer Million Dollar im Jahr. Es umfaßt eine Fläche von viertausend Quadratmetern, und im Sommer arbeiten dort hundertfünfzig Menschen wochentags und sonntags in zwei Schichten von fünf Uhr morgens bis zehn Uhr abends.

Dorothys bildliche Wunschvorstellung hatte eine sofortige Versorgung bewirkt. Auch Sie können eine Idee haben, die ein Vermögen wert ist.

Sie verdankten ihre Erfolge der Vorstellungstechnik

Edward Harriman machte sich ein Gedankenbild von einer Eisenbahnlinie durch Amerika. Mit einer Feder zeichnete er auf der Landkarte die imaginäre Linie quer durch den Kontinent ein. Das Vorstellungsbild, das er im Geist trug, wurzelte in seinem tiefen Glauben an die Verwirklichung seines kühnen Plans.

Die Eisenbahnlinie wurde gebaut. Sie bedeutete eine Revolution für Industrie und Handel, gab Millionen Menschen Arbeit und brachte Harriman und einigen anderen riesige Vermögen ein.

Phantasie haben heißt, sich im Geiste Bilder oder Vorstellungen von dem zu machen, was für die Sinne nicht präsent ist.

Vor mehreren Jahren verriet Henry M. Flagler, der Standard-Oil-Multimillionär, in einem Artikel der Zeitschrift *Everybody's Magazine,* das Hauptgeheimnis seines Erfolgs und seines ungeheuren Reichtums sei seine Fähigkeit, sich eine Sache als fertige Form vorzustellen. Mit anderen Worten: er sah von einem Plan immer schon das Endergebnis vor sich, er vergegenwärtigte sich das ganze Projekt immer schon als beendet, als verwirklicht. Er sah im Geiste Geleise, sah fahrende, dampfende Züge, Männer, die redend und lachend zur Arbeit gingen. Er hörte die Züge pfeifen und keuchend davondampfen. Er sah die ganze Szene in bildhafter Eindringlichkeit, durchlebte im Geiste die Situationen der Realität des vollendeten Projekts, bis diese für ihn alle Züge, alle Kriterien der Wirklichkeit hatten.

Es ist ganz klar, daß sein so geprägtes Unterbewußtsein einen gewaltigen Strom kosmischer Energie und die Kraft zur Verwirklichung seiner Pläne freisetzte. Auch wirkte er wie ein unwiderstehlicher Magnet auf alle jene, die er zur Verwirklichung seiner Pläne brauchte.

Auch Ihre Phantasie läßt sich systematisch nutzen

Dr. Fenwicke Holmes, Autor, Dozent und Bruder von Dr. Ernest Holmes, die beide verstorben sind, erzählte mir von seinem Freund

Arthur E. Stillwell, der seine Phantasie in hohem Maße entwickelt und geschult hatte. Er sagte, Stillwell habe mehr Kilometer Eisenbahnlinie gebaut als irgendein anderer Mensch seiner Zeit, und seine sämtlichen Leistungen seien das Ergebnis von Gedankenbildern gewesen, die er seiner Phantasie abgewann.

Der ungewöhnlichste Vorfall ereignete sich beim Bau der Kansas City and Southern Railroad. Diese Eisenbahnlinie endet im Süden in Port Arthur; die Ingenieure hatten jedoch Galveston als Endpunkt vorgeschlagen, weil sie diese Stadt für geeigneter hielten. Dr. Holmes berichtete, daß Arthur Stillwell „in einem intuitiven Geistesblitz“ die Katastrophe sah, die später über Galveston hereinbrach. Eine Flutwelle überschwemmte die Stadt und hätte den Bahnhof zerstört, wäre er dort errichtet worden.

Die systematische Nutzung seiner Phantasie und das seinem Unterbewußtsein vorgegebene Wissen bewahrten Stillwell und seine Kollegen vor einem tragischen Fehler. Sein Unterbewußtes führte ihn nach seinem Glauben und seinem Vertrauen in ein Führungsprinzip, das alles weiß und alles sieht.

Die Technik, um Bewußtsein und Unterbewußtsein in Einklang zu bringen

Ein in einem Großkonzern arbeitender Verkaufsleiter erzählte mir, er sage sich immer wieder vor, er müsse ein schönes Haus besitzen, reich sein und beruflichen Erfolg haben, doch er komme kein Stück weiter. Ihn verlangte nach den Reichtümern des Lebens, doch leider hatte er die Angewohnheit, sich stets finanziellen Mangel und eine gefährdete Zukunft vorzustellen. Seine gedanklichen Angstvorstellungen von Armut und Mangel waren stärker als sein Glaube an Reichtum und seine Hoffnung auf Wunscherfüllung.

Ich wiederholte ihm, was der französische Pionier der nach ihm selbst benannten Methode autogenen Trainings Emile Coué vor Jahrzehnten schon gelehrt hatte: „Wenn der Wille (Ihr Wunsch) und die Phantasie miteinander in Konflikt liegen, gewinnt immer die Phantasie.“ Mit anderen Worten: Sie können Ihr Unterbewußtsein und sein gleichsam autonomes Handeln nicht zwingen oder unterwerfen; am besten wirken Sie durch geistige Bilder auf es ein. Der Chinese sagt, ein einziges Bild sei tausend Worte wert. Coué gab eine sehr anschauliche Erklärung. Ein Mensch – so erklärte er – gehe ohne Zweifel mühelos über ein auf dem Boden liegendes Brett, weil sein Wunsch, es zu tun, und seine Phantasie in Einklang stehen; wird jedoch dasselbe Brett zwischen zwei Fenster hoher Gebäude gelegt und derselbe Mensch aufgefordert darüberzugehen, so steht seinem Wunsch, es zu tun, ein geistiges Angstbild des Fallens gegenüber – und gewöhnlich trägt das Bild den Sieg davon.

Ihr Unterbewußtsein akzeptiert stets nur das dominierende zweier Gedankenbilder.

Ich stellte dem Mann eine einfache Frage: „Glauben Sie, daß es so etwas wie Reichtum gibt?" Er antwortete: „O ja. Überall, wohin ich schaue, sehe ich Reichtum; und ich bin mir auch klar, daß ich eine Idee haben könnte, die ein Vermögen wert ist." Ich erläuterte ihm, daß sein Wunsch, reich zu sein, nur dann wirke, wenn kein Konflikt bestehe. Sein Unterbewußtsein akzeptiere, was er sich wirklich vorstelle und als wahr empfinde, nicht einfach leere Behauptungen oder Worte.

Außerdem mußte ich ihn davon überzeugen, daß sein Unterbewußtsein wie Erde ist: es nimmt jeden Samen – sei es ein Gedanke, sei es ein Bild oder ein Gefühl – auf, den man hineinlegt, und bringt Entsprechendes hervor. Er sollte also in freudiger Erwartung des Besten leben. Nachdem er beispielsweise Mais, Weizen oder Hafer gesät habe, solle er einer entsprechenden Ernte freudig entgegensehen.

Mit großem Ernst stellte der Mann nun eine Übereinstimmung zwischen seinem Wunsch und seiner Phantasie her. Zu diesem Zweck ließ er sich so oft wie möglich in einen Zustand der Entspanntheit und Schläfrigkeit sinken, der alle Anstrengungen auf ein Minimum herabsetzt. Das Bewußtsein wird in diesem Zustand weitgehend ausgeschaltet. Die beste Zeit, das Unterbewußtsein zu prägen, ist vor dem Einschlafen, es ist dann – und auch gleich nach dem Erwachen – am ehesten einer gesteuerten Beeinflussung zugänglich. Negative Gedanken und Bilder, die einen Wunsch aufzuheben vermögen und so dessen Akzeptierung, also die Aufnahme und Annahme durch Ihr Unterbewußtsein, verhindern, treten in diesem Zustand nicht mehr auf.

Er stellte sich Reichtum und Erfolg vor und sagte häufig, besonders vor dem Einschlafen, mit Nachdruck: „Tag und Nacht komme ich voran. Ich habe in allen Bereichen Erfolg. Mein Verkauf steigt jeden Tag, und jeden Tag geht mehr Geld ein. In diesem entspannten Zustand sehe ich nun ganz deutlich das schöne Haus vor mir, das ich mir wünsche; es ist groß und bequem, es hat einen herrlichen Garten. Ich gehe in meiner Vorstellung durch das Haus, ich gieße den Garten. Im Geiste betrete ich alle Räume und spiele in dem behaglichen Wohnzimmer mit meinen Jungen. Ich sehe vor meinem geistigen Auge einen schönen Teppich auf dem Boden, behagliche Polstersessel und ein Klavier für meine Frau. Ich fühle die Festigkeit der Möbel, der Wände. Ich führe stolz meine Freunde durch das schöne Haus. Ich lebe jetzt in meiner Phantasie in dem Haus und genieße seine Schönheit und Bequemlichkeit. In meiner Vorstellung zähle ich große Summen Geld, und ich hinterlege hohe Beträge bei meiner Bank. Der Bankdirektor gratuliert mir. Ich lebe die Rolle in meinem Geiste und genieße die Bildhaftigkeit meines Erlebnisses. Ich freue mich über die Wirklichkeit von allem."

Er führte diese „szenische Darstellung" regelmäßig und systematisch zwei- bis dreimal am Tag durch und stellte sicher, daß er nicht anschließend das Filmgeschehen seines Geisteskinos bezweifelte oder negierte.

Nach zwei Monaten wurde sein Traum Wirklichkeit. Er erbte ein Haus, das seinen Bedürfnissen und auch seiner geistigen Vorstellung genau entsprach. Eine Tante, die einen knappen Kilometer von ihm entfernt lebte, starb unvermutet und plötzlich im Schlaf; sie hatte ihm ihren ganzen Besitz vermacht, auch ihr schönes Haus. Der Besitz war mehr als vierhunderttausend Dollar wert.

Außerdem wurde er bald darauf Geschäftsführer einer Tochterfirma des Unternehmens, in dem er angestellt war.

Sein Unterbewußtes hatte auf seine inneren Reden und seine stummen Vorstellungsbilder reagiert und Ergebnisse auf eine Art herbeigeführt, die er sich in seinem bewußten Verstand nie ausdenken konnte.

Und alles, was ihr bittet im Gebet, so ihr glaubet, werdet ihr's empfangen. Matthäus 21, 22.

Mit gesteuerter Phantasie setzte er kosmische Energie frei

Ein vierzigjähriger Mann, der Angestellter in einer Druckerei war, beklagte sich bei mir, er sei immer müde und habe dieses scheußliche Gefühl, daß „alles futsch" sei, mit dem Depressionen einhergehen.

Doch nicht sein Körper war müde; die Müdigkeit entsprang seiner Geisteshaltung. Ich erklärte ihm, nicht die Arbeit, sondern seine Gedanken über die Arbeit seien der Grund seiner Erschöpfung; der Geist ermüde durch Gedanken des Zweifels, der Angst, unterdrückter Wut und überhaupt durch jede Regung negativer Art.

Der Mann änderte sein Denken und sagte sich künftig mit Nachdruck: „Kosmische Energie durchströmt mich, belebt mich, gibt mir Kraft und erneuert mein ganzes Wesen. Ich werde vom Himmel inspiriert. Ich bin vital, begeistert und voll Wohlwollen gegenüber allen. Ich segne meinen Chef und alle meine Kollegen. Ich gieße alle Segnungen über sie aus und preise Gott in mir."

Als er dies beharrlich tat, bemerkte er buchstäblich, wie ein konstanter Energiestrom einsetzte. Er stellte sich vor, daß der Generaldirektor seiner Firma ihn beglückwünsche, ihm die Hand drücke und sage, er sei seine rechte Hand und bekomme eine beachtliche Gehaltserhöhung. Er sah den Generaldirektor genau vor sich – obschon der kleine Druckereibetrieb, in dem er arbeitete, gar keinen Generaldirektor hatte!

Er wußte nun, daß Dinge, die er sich vorstellte und als wahr empfand, sich verwirklichen würden. Also begann er zu denken, zu sprechen und zu handeln, als sei er bereits befördert und als habe er schon ein wesentlich höheres Einkommen.

Dieser Mann machte die Erfahrung, daß durch innere Rede, Selbstgespräch und geistige Vorstellung des glücklichen Endes sich die Dinge auf dem Bildschirm des Raumes verwirklichen. Ein paar Monate verstrichen, dann wurde er auf den Posten eines stellvertretenden Generaldirektors einer Großdruckerei berufen, und er trat seine neue Funktion mit dem doppelten Gehalt und einigen weiteren Vergünstigungen an.

Depressive Vorstellungsbilder vereiteln alles

Ein aus Kanada stammender Student verbrachte im Sommer einige Zeit bei seinem Onkel in Los Angeles. Eines Tages, so berichtete der Onkel, klagte der junge Mann, er sei so erschöpft, müde und deprimiert, daß er nicht einmal Lust habe, den Garten zu spritzen; es erscheine ihm tatsächlich zu anstrengend, auch nur den Schlauch zu heben. Das Gehen empfand er als eine Art Kampf.

Nach ein paar Wochen jedoch erschien ein junges Mädchen mit Tennisschläger und bat ihn, zu einem Spiel mitzukommen. Plötzlich wallte Energie in ihm auf, seine Augen erhielten einen neuen Glanz, und er begann vor Begeisterung geradewegs zu sprühen. Nach dem Tennisspiel führte er das Mädchen zum Tanzen. Er kam etwa um Mitternacht heim, voller Leben und Liebe.

Er war in Gedanken müde gewesen, weil seine Freundin in Kanada ihm geschrieben hatte, sie treffe sich laufend mit einem anderen Jungen. Sobald ein neues Bild von Schönheit und Charme in sein Leben trat, änderte er sein Denken und setzte sofort ungeheure Energie und Vitalität frei.

Die Vorstellung des jungen Mannes, in Begleitung einer attraktiven jungen Dame Dinge zu tun, die er gern tat, verlieh ihm sofort Energie, auch neue Kraft für alle seine Aufgaben und Lebensfreude bei allem, was er tat.

Ungesunde, depressive Gedanken leiten die Energie ab. Denken Sie an Schönheit, Liebe und Wohlwollen gegenüber allen Menschen, und Ihr gesamter Organismus wird aufblühen.

Der große Unterschied

Sir Thomas Buxton sagte: „Je länger ich lebe, desto tiefer bin ich überzeugt, daß der Unterschied zwischen zwei Menschen – zwischen dem Schwachen und dem Starken, dem Großen und dem Unbedeutenden – in der Energie besteht: ungeteilte Entschlossenheit, ein einmal gesetztes Ziel, dann der unbedingte Einsatz zur Erreichung dieses Ziels sind alles. Diese Eigenschaft bewirkt alles, was auf der Welt erreichbar ist, und ohne sie macht kein Talent, kein Umstand, kein Zufall einen Mann zum Menschen."

Johann Wolfgang von Goethe drückte sich ganz ähnlich aus. Auch er sagte, Energie vermöge alles, was auf der Welt möglich sei, und kein Talent, kein Umstand, keine Gelegenheit machten ohne Energie aus einem zweibeinigen Wesen einen Menschen.

Wie sie den richtigen Interessenten fand

Die universelle Sprache des allumfassenden, unendlichen Geistes und kosmischer Energie ist die Sprache geistiger Bilder, und sie ist auch die Sprache Gottes. Alles, was werden soll, muß zuerst im Bild einer Idee vorhanden sein. Gott hatte die Idee einer Welt und der Galaxien im Raum. Er ersann sich Sonnen, Monde und Sterne und alle Dinge, die in diesem grenzenlosen Kosmos enthalten sind.

Dieselbe vitale, kreative, göttliche Phantasie besitzt jeder Mensch. In diesem Sinne sprach ich mit einer Witwe, die nach dem Tod ihres Mannes ein Mietshaus zu verkaufen versuchte. Sie war in finanziellen Schwierigkeiten; viele Wohnungen standen leer, einige Mieter hatten die Miete nicht bezahlt, und das ganze Viertel veränderte sein Aussehen. Sie fürchtete für sich das Schlimmste. Sie hatte den Verkauf des Gebäudes Maklern übergeben, doch keine Angebote erhalten.

Ich erklärte ihr, was sie suche, das suche umgekehrt auch sie, und göttliche Weisheit werde kraft kosmischer Energie den richtigen Käufer anziehen. Sie betete wie folgt: „Die Intelligenz des allumfassenden, unendlichen Geistes weiß, wo der richtige Käufer ist, und er wird von Gott zu diesem Mietshaus gelenkt. Er will es und hat damit Erfolg. Zwischen uns findet ein gottgegebener Tausch statt, und wir sind beide zufrieden."

Auf meine Empfehlung setzte sie auch ihre Phantasie ein und begann sich konkret vorzustellen, wie ein Käufer zu ihr ins Büro kommt und Interesse an ihrem Haus bekundet. Sie stellte sich vor, daß er zu ihr sagte: „Ich werde es kaufen." Sie überließ sich diesem szenischen Vorstellungsablauf mehrmals am Tage und sorgte dafür, daß ihre Vorstellungen durch keinerlei Zweifel an der Erfüllung ihres Wunsches beeinträchtigt wurden.

Einige Tage, nachdem sie mit dieser Technik begonnen hatte, kam ein Mann, besichtigte das Gebäude und schien echt interessiert; doch am nächsten Tag sagte er, der Preis sei zu hoch.

Die richtige und die falsche Art des Betens

Die Frau bat mich, mit ihr darum zu beten, daß der Mann das Mietshaus kaufe. Ich erklärte ihr, dies sei falsches Beten. Sie dürfe keinen geistigen Zwang anwenden, um den Verkauf zu erreichen, denn das laufe auf eine Beeinträchtigung der Rechte oder der Interessen des Käufers hinaus. Ich erklärte ihr weiter, die unendliche Intelligenz wisse schon, wo der richtige Käufer sei, und dieser werde ihr Haus haben und kaufen wollen; es habe deshalb gar keinen Sinn, jemanden zu beeinflussen, *daß* er es wolle. Einzig ihr Glaube an die

Weisheit des Unendlichen und an das Wirken kosmischer Energie werde die richtigen Ergebnisse herbeiführen. Wir wirken durch Glauben, nicht indem wir andere zu zwingen versuchen, das zu tun, was wir wollen.

Der Mann, der das Haus als zu teuer abgelehnt hatte, erzählte seinem Arzt davon, da dieser ein Investitionsobjekt suchte. Der Arzt wohnte neben der Witwe. Er kaufte das Mietshaus sehr schnell und war glücklich über den Kauf. Das ganze Problem der Frau war gelöst.

Wenn du könntest glauben! Alle Dinge sind möglich dem, der da glaubt. Markus 9, 23.

ZUSAMMENFASSUNG

1. Ein Drogist kaufte in Wall, Süddakota, für zweieinhalbtausend Dollar ein Geschäft. Seine Einkünfte betrugen dreihundertfünfzig Dollar im Monat, und er kam finanziell nicht zurecht. Seine Frau jedoch hatte eine Idee, die ein Vermögen wert war. Sie drängte ihren Mann, entlang der Autostraße Schilder aufzustellen, durch die den Autofahrern Eiswasser angeboten wurde. Ihre Idee führte zu einem Millionengeschäft und — in einem Ort mit achthundert Einwohnern — zu zehntausend Kunden am Tag. Auch Sie können eine Idee, ein Gedankenbild, eine bildhafte Vorstellung haben, die ein Vermögen wert sind.

2. Vor einigen Jahren erschien ein Zeitungsartikel, der die ungeheure Kraft einer von unbeirrbarem Glauben untermauerten Phantasie veranschaulichte. Henry M. Flagler wurde auf Grund seiner Vorstellungstechnik — indem er jeden Plan bereits als verwirklicht ansah — zum Multimillionär. Er stellte sich Bohrtürme vor, Eisenbahngeleise, zur Arbeit gehende Männer, hörte die Züge pfeifen und davondampfen. Er durchlebte jedes Projekt der Ölgewinnung als vollendete Wirklichkeit. Sein so geprägtes Unterbewußtsein setzte einen gewaltigen Strom kosmischer Energie frei und sorgte für alles, was zur Verwirklichung seiner Pläne nötig war.

3. Arthur Stillwell entwickelte und schulte seine Phantasie in hohem Maße. Er stellte sich die Erbauung der Kansas City and Southern Railroad vor, und als seine besten Ingenieure als Endpunkt dieser Eisenbahnlinie Galveston statt Port Arthur vorschlugen, bestand er auf Port Arthur. Sein Unterbewußtsein war durch die konkrete geistige Vergegenwärtigung des Projekts geradezu hellwach und wachsam, und ihm war klar, daß seinem Unterbewußtsein eine unendliche Intelligenz innewohnt, die ihn auf allen seinen Wegen führte und leitete. Ein intuitiver Geistesblitz zeigte ihm, daß eine Flutwelle Galveston verwüsten werde, und diese innere Eingebung erwies sich als richtig.

4. Viele Menschen beten um Reichtum, Erfolg und Prosperität und haben gleichzeitig die Vorstellung von Mangel und Beschränkung. Wunsch und Phantasievorstellung müssen jedoch übereinstimmen. Wenn Ihr Wunsch und Ihre Phantasie im Konflikt liegen, trägt immer die Phantasie den Sieg davon.

5. Ein einfacher Weg, diese Schwierigkeit zu überwinden und Ihr Bewußtsein mit Ihrem Unterbewußtsein in Einklang zu bringen, besteht darin, wie der geschilderte Verkaufsleiter mit Nachdruck zu sagen: „Tag und Nacht komme ich voran, ich habe in allen Bereichen Erfolg. Mein Verkauf steigt jeden Tag, und jeden Tag geht mehr Geld ein." Diese Aus-

sage wird weder bewußt noch unbewußt bezweifelt werden können; denn jedermann wird zugeben, daß er jeden Tag dazulernen, mehr verkaufen, ein paar Kunden gewinnen und mehr Geld verdienen kann.

6. In dem Augenblick, in dem Sie zugeben, daß es so etwas wie Reichtum gibt und Sie ihn überall sehen, werden Sie keine Mühe haben, in freudiger Erwartung des Besten von Gottes Reichtümern — den geistigen, seelischen und den materiellen — zu leben.

7. Mit Hilfe der Vorstellungstechnik erreichen Sie alles, was Sie sich wünschen: ein schönes Haus, ein Auto oder berufliche Beförderung. Entspannen Sie sich körperlich und geistig und lassen Sie sich in einen Zustand der Schläfrigkeit sinken. Dann ist Ihr Unterbewußtsein am empfänglichsten für Ihre Vorstellungsbilder, und negative Gedanken Ihres kritischen Bewußtseins sind auf ein Mindestmaß reduziert. In diesem Zustand müssen Sie so denken, sprechen und handeln, als besäßen Sie ein schönes Haus, als seien Sie bereits befördert.

8. Stellen Sie sich also im Geiste Ihr Wunschhaus bildlich vor. Gehen Sie durch das Haus, gießen Sie den Garten, spielen Sie mit Ihren Kindern. Vergegenwärtigen Sie sich alles lebhaft und möglichst wirklichkeitstreu. Sie müssen die Natürlichkeit von allem fühlen, die Festigkeit der Wände und Möbel. Wohnen Sie im Geiste dort, und das, was Sie sich vorstellen und als wahr durchleben, wird eintreffen. Sie können dasselbe im Hinblick auf Ihre berufliche Beförderung oder irgend etwas anderes tun. Alle Transaktionen finden zuerst im Geist statt.

9. Negative Gedanken der Angst oder Wut, des Zweifels oder Hasses leiten vitale Energie ab, und dies führt zu einem Gefühl der Hoffnungslosigkeit, der Müdigkeit und allgemeiner Unlust. Ändern Sie, wenn Sie Depressionen unterliegen, sofort Ihre Geisteshaltung, und denken Sie an Harmonie, Liebe, Freude und Wohlwollen, dann wendet sich alles zum Guten. Sagen Sie sich, spüren Sie, daß der Strom kosmischer Energie Sie durchströmt, und Sie werden erneuert und regeneriert werden.

10. Ein junger Mann klagte bei Gartenarbeit über Erschöpfung und Müdigkeit. Als ihn dann ein Anblick jugendlicher Schönheit und weiblichen Charmes in Gestalt eines Mädchens mit Tennisschläger überraschte, erwachte er plötzlich zu neuer Vitalität, als hätte er eine Bluttransfusion bekommen. Seine Müdigkeit war von der Nachricht verursacht worden, daß seine Freundin in Kanada sich mit einem anderen Jungen angefreundet hatte.

11. Alles, was werden soll, muß zuerst im Bild einer Idee vorhanden sein. Gott ersann die Welt, die Sonnen, Monde, Sterne, den Kosmos, alle darin enthaltenen Dinge; und er erschuf sie. Aus der dynamischen Quelle schöpferischer Phantasie können auch Sie unbegrenzt schöpfen.

12. Eine von Geldsorgen geplagte Witwe, die Mühe hatte, ihr Miethaus zu verkaufen, stellte sich vor, sie zeige das Haus dem richtigen Käufer, der es haben wollte. Sie ließ dieses Filmgeschehen im Geiste mehrmals am Tage ablaufen; sie zeigte dem Interessenten mehrere Wohnungen und diverse Unterlagen und hörte ihn in ihrer Phantasie klar und deutlich sagen: „Ich werde es kaufen." Nach kurzer Zeit meldete sich ein in ihrer Nähe wohnender Arzt, der das Haus erwarb, und ihr Problem war gelöst.

13. Sie dürfen nicht versuchen, einen Menschen durch Zwang zu einem von Ihnen gewünschten Handeln zu veranlassen. Falsch wäre, den ersten Interessenten in unserem geschilderten Fall zu beeinflussen oder darum zu beten, daß er das Haus kauft. Das wäre eine Beeinträchtigung seiner Rechte, seiner Interessen. Sie müssen vielmehr auf die Ihnen innewohnende unendliche Intelligenz vertrauen, darauf, daß sie den richtigen Interessenten für Sie zur richtigen Zeit und in der richtigen Art anzieht. Sie macht keine Fehler.

14. Falsch wäre es deshalb auch, darum zu beten, daß ein bestimmter Mann oder eine bestimmte Frau Sie heiraten solle. Vertrauen Sie darauf, daß der unendliche, allumfassende Geist in seiner Weisheit kraft kosmischer Energie alle Ihre Wünsche verwirklicht; dann besteht kein Anlaß zu geistigem Zwang oder zum Versuch, andere zu beeinflussen, entsprechend Ihren Geboten zu handeln. Die Erfüllung kommt oft auf völlig andere Art, als wir denken.

KAPITEL 15

Die unerschöpfliche Quelle unbegrenzter Möglichkeiten

Das Lebensprinzip – Gott – sucht sich immer durch Sie auszudrücken. Die gesamte Lebensbewegung erfolgt vom Unsichtbaren zum Sichtbaren, von Ihrem Gedanken zu seiner Sichtbarwerdung, von Ihrem Traum oder Ideal zu seiner Verwirklichung, vom Subjektiven zum Objektiven. Die unerschöpfliche Quelle unbegrenzter Möglichkeiten liegt in Ihnen und wartet darauf, daß Sie alle Ihre Träume verwirklichen. Sie sind auf dieser Erde, um den Reichtümern des Lebens in allen möglichen Richtungen und Dimensionen Ausdruck zu verleihen. Sie sind hier, um der Freude Ausdruck zu geben, ein reicheres Leben zu führen. Die göttliche Gegenwärtigkeit sucht sich in Form und Funktion durch Ihr Gehirn, die Worte Ihres Mundes und Ihre Taten auszudrücken. Es ist Ihnen nicht möglich, die unendlichen Reichtümer, die Ihr Unterbewußtsein für Sie bereithält, zu erschöpfen.

Die richtige Nutzung der Phantasie

Viele Menschen geben sich Tagträumen hin, in denen sie sich etwas Angenehmes zurechtphantasieren, glauben dabei jedoch, es könne ihnen nie wirklich widerfahren, weil es zu schön sei, um wahr zu sein. Diese Einstellung ist reine Zeitverschwendung und führt zu einer Schwächung des ganzen Denkens. Wir müssen erkennen, daß nichts zu schön ist, um wahr und von Dauer zu sein, und nichts zu wunderbar, um verwirklicht zu werden; denn die Liebe, das Licht, die Erleuchtung und die Reichtümer des allumfassenden, unendlichen Geistes und Spenders kosmischer Energie sind gestern, heute und immerdar dieselben.

Die Erfüllung eines Wunsches hängt von der Intensität der Phantasie, von der Vorstellungskraft, und nicht von äußeren Faktoren ab.

Wo der „Fünfsinnemensch“ eine Eichel sieht, erblickt ein Mensch mit geschulter Phantasie eine Eiche. Erwacht jemand einmal zum Vollgebrauch der Imagination in seinem Leben, so entdeckt er, daß ein Wunsch, den er als Wirklichkeit vor sich sieht und empfindet, tatsächlich Wirklichkeit wird. Die Umwelt des Menschen, alle Erfahrungen, Erlebnisse und Ereignisse sind Projektionen seiner inneren Geistesbilder. Wenn der Mensch sich der dynamisch-schöpferischen Kraft seines inneren kausalen Vorstellungslebens und damit seiner Macht zur Gestaltung der Außenwelt bewußt wird, beginnt er seine Wünsche zu verwirklichen.

Wie sich sein Traum von vollkommener Heilung verwirklichte

Den folgenden Brief schrieb mir William H. Thrall, ein angesehener Lehrer aus San Gabriel in Südkalifornien. Der Verfasser erteilte mir die Erlaubnis, über seine erstaunliche Heilung zu berichten und den Brief zu veröffentlichen.

> Ich hatte selbst ein Erlebnis, über das ich kaum spreche. Als Kind – ich war etwa neun Jahre – fiel ich durch die Kaminöffnung eines im Bau befindlichen Hauses mehrere Stockwerke tief hinunter. Ich brach mir den Arm und erlitt einen Schädelbruch. Ich blutete stark. Eine Woche lang war ich bewußtlos. Die Ärzte hielten mich für verloren. Sie richteten nicht einmal meinen Arm ein: Warum noch lange damit anfangen?
> Meine Mutter war Tag und Nacht neben mir und betete. Eines Nachts, so erzählte sie mir später, sagte ich: „Ich sehe Engel überall um mich.“ Es muß ihr das Herz zerrissen haben. Aber ich sah mich inmitten der Engel völlig geheilt, vollkommen gesund. Das träumte ich immer wieder.
> Eine Woche nach dem Unfall erwachte ich und wurde rasch wieder gesund. Ich bin jetzt fast sechzig Jahre alt. Gott muß mit mir etwas im Sinn gehabt haben, und tatsächlich konnte ich während meiner langjährigen Tätigkeit im Erziehungswesen viele Menschen zum Besseren hin orientieren.

Dieser Fall zeigt, was der Traum eines Kindes, verbunden mit dem tiefen Glauben, daß er sich verwirklichen werde, Wunderbares vermag.

Wie sich ihr Traum von einer Balkanreise verwirklichte

Im Oktober 1975 machte ich mit einer Gruppe von sechzig Touristen eine Reise durch Jugoslawien. Wir durchquerten mit zwei Reiseführern in zwei Bussen das Land, besuchten die großen Städte und lernten viele historische Sehenswürdigkeiten kennen.

In einem der Restaurants saß eine junge Dame aus San Francisco neben mir. Sie arbeitete dort in einer Anwaltskanzlei und hatte in einer Zeitschrift eine Anzeige über die Sonderfahrt nach Jugoslawien gesehen. Sie hatte gelesen, für Jugoslawien seien vor allem zahlreiche Kontraste charakteristisch, die in einer Vielzahl von Religionen, Sprachen, Traditionen, Bräuchen und Folklore zum Ausdruck kommen. Die Tatsache, daß man in diesem relativ kleinen Land so verschiedene Kulturen antreffen kann, faszinierte sie. Sie erzählte mir: „Ich wollte mitfahren, hatte aber nicht das Geld dazu."

Ein Bekannter, dem die junge Anwaltssekretärin von ihrer „Traumreise" erzählte, gab ihr eines meiner Bücher. Sie las es aufmerksam und war von den darin dargestellten einfachen Techniken sehr begeistert. Sie stellte sich dann jeden Abend vor dem Einschlafen vor, sie sitze in einem Flugzeug. Sie spürte den Rhythmus der Motoren. Sie spürte, wie die Maschine abhob, und führte im Geist ein Gespräch mit der Stewardeß. Sie konzentrierte ihre Phantasie darauf, im Flugzeug zu sein und San Francisco aus ihrer imaginären Vogelperspektive zu sehen. Sie dachte an den Flug, stellte ihn sich vor, empfand ihn als wirklich und verspürte tiefe Freude über das Erlebnis.

Etwa eine Woche lang machte sie jeden Abend im Geiste diese Reise. Ihre Erwartung und ihr tiefer Wunsch waren in ihrem Gefühl eins; sie drangen in ihr Unterbewußtsein und sollten sich schon bald in der Wirklichkeit niederschlagen.

Eine reiche Klientin, die sich vom Chef der jungen Dame juristisch beraten lassen wollte, begann während des Wartens mit ihr zu plaudern. Die Sekretärin erwähnte nebenbei, daß sie von einer Jugoslawienreise gelesen habe und fürs Leben gern mitführe, aber warten müsse, bis sie genügend Geld beisammen habe. Die Klientin erwiderte: „Wie seltsam. Ich mache diese Reise mit. Ich fände es herrlich, wenn Sie als mein Gast und meine Reisebegleiterin mitkämen." Die Sekretärin nahm sofort an, denn sie wußte, dies war die Antwort auf ihr Gebet. ... *glaubet nur, daß ihr's empfangen werdet, so wird's euch werden.* Markus 11, 24.

Vom erreichten Ziel her denken!

Während unserer Jugoslawienreise besuchten wir die berühmten Plitvicer Seen, die von unbeschreiblicher Schönheit sind wegen der Wasserfälle, der Travertinbarrieren und Höhlen, der Vegetation, den weiten, schönen Wäldern, den undurchdringlichen Urwäldern im Gebirge und den ausgezeichneten Forellengewässern.

Ein Einheimischer, den ich im Jezero-Hotel kennenlernte, erzählte mir, er habe als Soldat der USA am Zweiten Weltkrieg teilgenommen. Er war Jahre später in seine jugoslawische Heimat zurückgekehrt und erhielt von der Regierung der Vereinigten Staaten eine Rente. Zu Hause hatte er aber zunächst keine Arbeit gefunden und feststellen müssen, daß sein Einkommen keineswegs ausreichte, denn nach dem Ausscheiden aus der amerikanischen Armee hatte er geheiratet, und bald waren auch zwei Kinder da.

Er war aber in den Vereinigten Staaten – so sagte er mir – „von einem großen Menschenfreund in den seelisch-geistigen Gesetzen unterwiesen" worden, und das Gelernte hatte er dann angewendet. Er sagte mir, sein sehnlichster Wunsch sei ein gutes Einkommen gewesen, damit er sein Haus behaglich einrichten und seinen Kindern eine gute Schulbildung ermöglichen könne.

Er wandte jeden Abend vor dem Einschlafen folgendes Verfahren an: In seiner Vorstellung unterrichtete er eine Gruppe von leitenden Angestellten und Geschäftsleuten in Englisch. Er spürte die Natürlichkeit seiner Vorstellung und freute sich über seine Aufgabe und die erzielten Erfolge. Er wandte sein Verfahren getreulich an, denn er war bis zur Gewißheit überzeugt, daß eine Antwort nicht ausbleiben werde. Es überraschte ihn deshalb nicht, als nach einigen Monaten der Direktor eines großen Unternehmenskonzerns ihn fragte, ob er nicht im Rahmen der unternehmensinternen Förderungskurse einigen leitenden Herren Unterricht in englischer Konversation geben wolle; diese hätten häufig in den Vereinigten Staaten, in England, Kanada und Australien zu tun.

Heute hat er ein wesentlich höheres Einkommen, und er weiß, daß es ständig noch steigen wird. Mehrmals im Jahr reist er mit Herren der großen Unternehmensgruppe in englischsprachige Länder. Er ist beliebt und geachtet.

Dieser gebürtige Jugoslawe, der einige Jahre in den Vereinigten Staaten gelebt hatte, kannte das Wort des verstorbenen Dr. Emmett Fox: „Wenn Sie beten, sollten Sie anstatt an das angestrebte Ziel vom erreichten Ziel her denken."

Mit anderen Worten: Stellen Sie sich Ihren Wunsch jetzt als verwirklicht vor und durchleben Sie die Rolle in allen Einzelheiten in Ihrer Phantasie. Ihr inneres Agieren muß genau den Aktionen entsprechen, die Sie im Zuge der Verwirklichung Ihres Wunsches durchführen würden.

Der Kanal für die göttliche kosmische Energie

Sarajewo – der Name erinnert uns an das fatale Ereignis vom Juni 1914, das Europa in die Katastrophe des Ersten Weltkriegs riß – ist heute die kulturelle, wirtschaftliche und politische Metropole der Sozialistischen Republik Bosnien und Herzegowina, ihre Hauptstadt; es ist die drittgrößte Stadt Jugoslawiens und ein Universitätszentrum für dreißigtausend Studenten. Im dortigen Hotel Bristol lernte ich zwei amerikanische Touristen kennen, die von anderen Reisebüros betreut wurden als unsere Gruppe. Es zeigte sich hier, wie klein die Welt ist, aber auch, daß die Probleme überall dieselben sind.

Ein etwa fünfzigjähriger Mann aus New York, der sich schon seit mehreren Wochen auf einer Privatreise durch Jugoslawien befand, bat mich um eine Unterredung, als er hörte, daß ich Geistlicher sei. Im Verlauf des Gesprächs sagte er, er sei sehr unzufrieden und zutiefst unglücklich; seine Frau habe ihn wegen eines anderen Mannes verlassen und seine beiden Söhne seien in New York wegen Rauschgiftkonsums und -handels im Gefängnis. Er fragte, warum Gott ihn so bestrafe, wo er doch in die Kirche gehe und für wohltätige Zwecke Spenden mache, immer gut zu seiner Frau gewesen sei und hart gearbeitet habe.

Ich erklärte ihm, es sei töricht und sinnlos, der Vorsehung die Schuld an seinen Schwierigkeiten zu geben; er dürfe nicht versuchen, die Verantwortung von sich selbst abzuschieben und anderen aufzubürden. Der ganze Kosmos läuft – sagte ich ihm – nach klaren unabdingbaren Gesetzen ab, und auch Gott ist nichts anderes als schlechthin das Prinzip oder Gesetz, und wo Gesetz herrscht, ist es nicht möglich, die Ursache des Widerspruchs zum Gesetz anderswo als bei sich selbst zu suchen.

Wenn Sie das Gesetz geistiger Grundprinzipien oder irgendein anderes Gesetz brechen, haben Sie die Konsequenzen zu tragen, und nichts sonst: nicht mehr, nicht weniger! Es ist nur eine Frage von Ursache und Wirkung. Wenn Sie die Kraft des Ihnen innewohnenden allumfassenden Geistes richtig und harmonisch einsetzen, ist das Ihre gesetzmäßige Garantie für Freiheit, Frieden und Freude.

Ich erklärte dem Mann des weiteren, daß die Weisheit und Kraft kosmischer Energie in ihm seien; der Kraftstrom suche sich durch ihn auszudrücken und er selbst müsse lediglich der freie, offene Kanal dafür werden. Dies erreiche er durch das Gebet. Wenn er dagegen sich selbst bestrafe, indem er von Zweifeln angekränkelt oder ärgerlich und enttäuscht sei, blockiere er den Strom kosmischer Energie, den Inbegriff aller Lebenskraft, und daraus resultiere sein Gefühl der Verkürzung; daher kämen auch seine Sorgen und alle nachteiligen Erfahrungen.

Dieser Mann erkannte auf einmal seine Lebenschance und die Aufgabe: ein Kanal für die göttliche kosmische Energie zu sein, die – gottgewollt – in jedem Menschen schlummert. Er begriff die entscheidende Wahrheit, auf die ich schon so viele Menschen hingewiesen habe:

1. Es gibt nur einen einzigen allumfassenden, unendlichen Geist, nur eine einzige kosmische Energie.
2. Wir können diese Energie konstruktiv oder destruktiv nutzen, denn der Mensch hat die einzigartige Fähigkeit zu wählen.
3. Wenn wir uns der Kraft kosmischer Energie aufbauend und harmonisch bedienen, erleben wir Harmonie, Gesundheit, Freude und verbessern unser Leben in jeder nur denkbaren Weise. Wenn wir sie zerstörerisch benutzen, schädigen wir uns selbst, unterbinden wir unser Weiterkommen, lösen wir Krankheit und Versagen aus und vergeben unsere Chancen, segensvoll für die Menschheit zu wirken.

Der Mann sprach nun morgens, nachmittags und abends folgendes Gebet, in der Gewißheit, daß die darin vergegenwärtigten Wahrheiten sein ganzes Wesen durchdringen, in sein Unterbewußtsein gelangen und dort alle zuvor noch vorhandenen negativen Denk- und Erfahrungsmuster auslöschen würden:

„Ich bin ein Kanal für die göttliche kosmische Energie. Gott durchströmt mich als Harmonie, Frieden, Freude, als Unversehrtheit, Schönheit und Überfluß. Ich werde auf allen meinen Wegen von Gott geführt, und gottgefällig und richtig ist mein Tun. Göttliche Liebe erfüllt meine Seele. Göttlicher Friede erfüllt meinen Geist und mein Herz. Ich gebe meine Frau Gott anheim und wünsche ihr alle Wohltaten des Lebens. Gott führt meine Söhne, Gott gibt ihnen Freiheit und Frieden. Immer wenn ich an meine Frau oder meine Söhne denke, werde ich sofort sagen: ‚Gott liebt euch und sorgt für euch.' Wenn mir ein Gedanke des Vorwurfs, der Angst oder des Zweifels in den Sinn kommt, werde ich ihn sofort ausmerzen und sagen: ‚Gott liebt mich und sorgt für mich.'"

Drei Monate, nachdem ich ihn kennengelernt hatte, kam ein Brief von ihm, in dem er mir schrieb, daß bei seiner Heimkehr seine Frau ihn erwartet und um Verzeihung gebeten habe; es sei eine glückliche Wiedervereinigung gewesen. Aber mehr noch: Seine beiden inzwischen dem Rauschgift entwöhnten Söhne waren aus dem Gefängnis entlassen worden und hatten in New York ihre unterbrochenen Studien wieder aufgenommen. „Ich habe", so schrieb er, „entdeckt, daß wirklich Wunder geschehen, wenn man betet."

Sie änderte ihre Einstellung und erkannte ihren Wunsch

Eine ältere Frau meinte sarkastisch, verlorenes Geld könne, obwohl man es gar nicht unbedingt brauche, einem das Leben vergällen. In einem vertraulichen Gespräch erfuhr ich die Ursache ihrer Verbitterung. Ihr Problem bestand darin, daß sie ihrem Bruder zehntausend Dollar als Darlehen gegeben hatte, damit er ein selbständiges Geschäft beginnen konnte. Er hatte ihr einen Schuldschein zu sechs Prozent Zinsen gegeben, der in zwei Jahren einzulösen war. Nach Ablauf des ersten Jahres hatte er es versäumt, die fälligen Zinsen zu bezahlen, aber versprochen, es sechzig Tage später zu tun. Auch diesen Termin hielt er nicht ein. Selbst nach zwei Jahren hatte er keinen Heller Zinsen, geschweige denn etwas vom Kapital zurückbezahlt. Seine Frau aber hatte zu ihr gesagt: „Du bist reich genug. Du wirst dein Geld nie zurückbekommen."

Das verzieh sie ihrer Schwägerin nicht. Auch grollte sie ihrem Bruder sehr, weil er weder auf ihre Anrufe noch auf ihre Briefe reagierte. Sie sagte mir, sie verabscheue den Gedanken, ihren eigenen Bruder zu verklagen und gegen ihn einen Rechtsstreit zu führen; außerdem hielt sie ihre Schwägerin für das eigentliche Hindernis. Sie wußte, daß das Geschäft ihres Bruders gut ging und er durchaus in der Lage gewesen wäre, seine Schuld ihr gegenüber zu bezahlen. So sei es denn besser, sagte sie, Geld und Bruder abzuschreiben.

Ich machte ihr klar, daß sie nie etwas verlieren könne, außer sie nehme den Verlust im Geiste hin, denn alle Transaktionen fänden zuerst im Geiste statt. Man gewinnt durch geistige Billigung des eigenen Guten und verliert durch geistige Akzeptierung eines Verlustes. Außerdem erläuterte ich ihr, daß sie die Fähigkeit zu zahlen anderen geistig nie absprechen dürfe. Genau das aber tue sie, indem sie sage: „Er hat das Geld und bezahlt mich trotzdem nicht. Er bezahlt andere, aber nicht seine Schwester. Seine Frau hindert ihn daran, mich zu bezahlen. Ich werde das Geld nie wiedersehen." Ich zitierte wörtlich, was sie mir gesagt hatte.

Tatsächlich hatte sie durch ihr Denken ihren Bruder seiner Fähigkeit und Bereitschaft beraubt, ihr seine Schulden zu bezahlen. Ich empfahl der Frau, ihre Einstellung grundlegend zu ändern und ihrer Schwägerin im Geiste keine Macht mehr einzuräumen, die diese ohnehin nicht habe. Sie müsse vielmehr ihr ganzes Vertrauen auf einen guten Ausgang dieser Angelegenheit setzen. Zu diesem Zweck schrieb ich ihr eine einfache Formel auf, ein Gebet, das sie jeden Abend sprechen sollte und auch tagsüber, wenn sie es wünschte. Das Gebet lautete folgendermaßen:

„Mein Bruder ist Gottes Geschöpf, und Gott läßt ihn in jeder Weise erfolgreich sein. Er erfüllt alle seine Verpflichtungen nach göttlicher Fügung. Zwischen uns beiden herrschen Harmonie, Frieden, Liebe und Verständnis. Ich sehe ihn jetzt zur Tür hereinkommen und höre die Stimme meines Bruders sagen: ‚Schwester, ich zahle dir alles zurück.'"

An sechs aufeinanderfolgenden Abenden vergegenwärtigte sie sich diese imaginäre Szene. Am siebten Tag schrieb sie mir aus New York City, sie habe heute morgen einen Anruf von ihrem Bruder erhalten, die Zahlungsverzögerung tue ihm leid und sie werde noch am gleichen Tag die zehntausend Dollar samt Zinsen erhalten – was auch geschehen sei.

Die Alten bezeichneten die Phantasie als Werkstatt Gottes. Nutzen Sie Ihre Vorstellungskraft, um einen bestimmten Wunsch zu verwirklichen. Definieren Sie das Ziel klar und vergegenwärtigen Sie es sich deutlich. Sie müssen sich am Ziel der Wunscherfüllung sehen und sich darüber freuen, dann wird sich das Ergebnis im Leben einstellen. Nur wenn Sie ein bestimmtes Ziel vor sich sehen, können Sie es erreichen. Ohne das geistig vorgegebene Bild könnten Sie nicht einmal ein Pferd von einem Apfelbaum auseinanderhalten, geschweige denn auf den Apfelbaum oder das Pferd steigen!

Dem Juwelier geschah nach seinem Glauben

Ich erinnere mich gern an meinen Besuch in Dubrovnik, eine der schönsten Städte an der Adria, die den Reisenden mit großartigen Kunstwerken erfreut und als ein Schmuckstück der ganzen Küste bezeichnet wird. Die Stadt ist berühmt für ihre schönen Bauten und Skulpturen und gilt als Touristenparadies.

Ich kaufte dort bei einem Juwelier mehrere schöne, handgearbeitete Silberarmbänder. Der Juwelier und ich führten ein langes Gespräch über die Zustände in Jugoslawien. Er versicherte mir, in seinem Land herrsche völlige Religionsfreiheit. Der Durchschnittslohn liege zwischen hundertfünfzig und zweihundert Dollar monatlich, aber eine gute Wohnung koste nur etwa vierzig Dollar im Monat. Auch Essen und Kleidung seien relativ preiswert. Der Juwelier erzählte mir auch, er sei anfangs, in den ersten Monaten nach Eröffnung des Geschäfts, finanziell auf keinen grünen Zweig gekommen; als Katholik gehe er aber seit Jahr und Tag jeden Morgen in die Kirche und bete zur Muttergottes, damit sie ihm den Weg zum Erfolg weise.

Eines Tages betrat ein kanadischer Juwelier sein Geschäft, bewunderte – wie nun auch ich – die schönen Silberarmbänder und eröffnete ihm: „Die ließen sich in Montreal großartig verkaufen." Der Kanadier erwarb Armbänder im Wert von tausend Dollar und sagte, er werde, obwohl er in Kanada Zoll dafür zahlen müsse, ein glänzendes Geschäft machen. So kam es auch. Im Laufe der Jahre empfahl der kanadische Kunde ihn häufig weiter, und sein Geschäft nahm einen gewaltigen Aufschwung. Bald konnte er sich einen deutschen Wagen und ein Haus kaufen; im Geschäft mußte er zusätzliche Hilfskräfte einstellen.

Dieser Mann glaubte inbrünstig, daß die Madonna sein Gebet erhören werde, und ihm geschah, wie es in der Bibel heißt, gemäß seinem Glauben. Völlig unbewußt bediente er sich der ihm innewohnenden Kraft. *Und alles, was ihr bittet im Gebet, so ihr glaubet, werdet ihr's empfangen.* Matthäus 21, 22.

Ein erstaunliches Erlebnis

In Belgrad wollte ich die Gelegenheit benutzen, das eine oder andere Medium zu besuchen, um deren Fähigkeiten und Leistungen zu prüfen. Der offizielle jugoslawische Führer reagierte ausweichend und sehr zurückhaltend auf den ihm geäußerten Wunsch. Aber: es gibt immer einen Weg. Ich war überzeugt, die unendliche Intelligenz werde mir in göttlicher Fügung die Tür öffnen. Mit diesem Gedanken schlief ich ein.

Ein paar Tage später wurde ich in ein bestimmtes „Touristengeschäft" geführt, wo ich einige Geschenke einkaufte. Dem Ladenbesitzer sagte ich, daß ich mich für Phänomene der außersinnlichen Wahrnehmung und überhaupt für paranormale Vorgänge interessiere und Schriftsteller sei. Er freute sich sehr darüber und arrangierte auf der Stelle ein Treffen mit einer Freundin. Mit ihm zusammen besuchte ich das Medium. Er selbst sprach ausgezeichnetes Englisch, sie sprach nur ihre serbische Muttersprache.

Die Frau trug mir den Inhalt eines Briefes vor, den ich am Morgen aus Beverly Hills erhalten und in der Eile einfach in die Tasche gesteckt hatte. Sie las den noch ungeöffneten Brief! Das ist Hellsehen. Der Ladenbesitzer übersetzte alles.

Sie schilderte auch Vorfälle aus meiner Vergangenheit, gab meinen Beruf an und nannte meine engsten Verwandten, auch solche, die bereits – wie sie sich ausdrückte – „im Reich der Geister" waren. Ihre erstaunlichen Angaben stimmten genau. Sie führte außerdem die Titel von mehreren Büchern an, die ich geschrieben habe, und nannte, obwohl sie nicht Englisch konnte, die Rundfunkstation, die regelmäßig meine Sendungen bringt.

In tiefer Trance erklärte sie plötzlich: „Ihr Bruder Thaddäus ist hier." Dann änderte sich ihr Tonfall, und ich vernahm die natürlich und völlig lebensecht klingende Stimme meines Bruders. Die Stimme nannte den Tag seines Hinscheidens und sprach von unserer frühen Kindheit, gab intimste Einzelheiten an. Ich stellte Fragen über unsere Familie und sein Leben in der nächsten Dimension, die meines Bruders Stimme aus dem Mund des Mediums alle mit bemerkenswerter Klarheit beantwortete. Im Geiste seien unsere verstorbenen Lieben um uns, getrennt nur durch Schwingungsfrequenzen.

Ein erstaunliches Erlebnis. Ich war tief beeindruckt. Einem Parapsychologen sind allerdings solche Leistungen Sensitiver nicht ganz neu. Manches konnte meinem Unterbewußtsein abgezapft sein. Die Parapsychologen sprechen in solchen Fällen von Telepathie. Anderes – wie das Lesen des verschlossenen, mir im Inhalt selbst noch unbekannten Briefes – stellt sich als Akt des Hellsehens dar. Wieder anderes ermangelt einer Erklärung – außer dieser: Der Geist ist unendlich und allumfassend.

Im Geist gibt es keine Benachteiligte

Mein alter Freund Charles E. Lloyd, einer der berühmtesten Strafverteidiger an der amerikanischen Westküste, erzählte mir die Geschichte seines Aufstiegs aus Lumpen zu Reichtum. Auf meine Bitte gab er seine Schilderung auch schriftlich. Hier sein spannender, faszinierender Bericht:

> Ich, Charles E. Lloyd, wohnhaft 625 Rimpau Boulevard, Los Angeles, Kalifornien, erteile Ihnen die Erlaubnis, diese Geschichte zu veröffentlichen.
>
> Route 1, Box 151, so lautet die Anschrift einer siebenundsiebzig Hektar großen Farm sechseinhalb Kilometer nördlich von Indianola, mitten im Baumwollgürtel des Mississippideltas.
>
> Dort hackte ich ab meinem achten Lebensjahr Baumwolle, gab meinen Lieblingshähnen die Namen berühmter Amerikaner, kletterte auf Maulbeer- und Pecanobäume, um mich unmöglichen Träumen hinzugeben, und wurde in meiner Jungenpersönlichkeit von einer erstaunlichen Großmutter, der Witwe eines freigelassenen Sklaven, die mich zum Prediger

machen wollte, entscheidend beeinflußt, stark geprägt und motiviert.

Leider erlebte Großmutter Miller nicht, daß ihr junges Mündel „einer der besten Prozeßanwälte Amerikas“ wurde, wie man mich unlängst betitelte.

Es ist ein weiter Weg von Route 1, Box 151, Indianola, Mississippi, nach Hancock Park in Kalifornien. Ich möchte sagen, mein Weg führte vorwärts und aufwärts. „Gott stellte mich eines Tages vor eine offene Tür, die niemand verschließen kann.“

Ich schloß 1952 die High School für Farbige in Indianola ab und ging im selben Jahr mit meiner Familie nach Los Angeles, mit zwölf Cents in der Tasche meiner einzigen Hose und dem glühenden Ehrgeiz, Rechtsanwalt zu werden – ein Traum, den ich träumte, seit ich als Neunjähriger mit meinem Vater eine Anwaltskanzlei besucht hatte.

Mit zwanzig Jahren machte ich das Polizeiexamen in Los Angeles, mit einundzwanzig wurde ich zur Polizeiakademie zugelassen, ich beendete sie als bester meines Semesters und errang die höchsten akademischen Ehren. Während ich dann in Los Angeles ganztägig als Polizeibeamter arbeitete, absolvierte ich meine letzten Vorsemester und schrieb mich an der juridischen Fakultät ein. Ich erwarb meinen Bakkalaureus am Los Angeles State College und machte 1961 an der Universität von Südkalifornien meinen Doktor juris.

Im nächsten Jahr wurde der unmögliche Traum Wirklichkeit. Man ernannte mich zum stellvertretenden städtischen Anwalt der Anwaltskammer von Los Angeles. Ich war Oberstaatsanwalt, und meiner Strafrechtsabteilung unterstand ein Mitarbeiterstab von fünfundzwanzig Anwälten.

Ich hielt Vorlesungen an der Van Norman Universität. Im April 1964 trat ich in eine Privatpraxis ein und bin jetzt Seniorpartner der Anwaltsfirma Lloyd, Bradley, Burrell & Associates. Meine Laufbahn als Verteidiger in Strafsachen ist genauso spektakulär wie meine frühere Staatsanwaltsrolle auf der anderen Seite der Gerichtsschranke. Man übertrug mir einige der berühmtesten Fälle. Ich vertrat mehrere der größten Stars aus der Unterhaltungsbranche.

> Mein Ehrgeiz ist es jetzt, ein Künder der „Wissenschaft vom Geist" zu werden, um zu verkünden, daß auch die sogenannten Benachteiligten durch die Macht des Unterbewußtseins zu Erfolg und Leistung inspiriert und motiviert werden können.
> Ich möchte diese meine Erfahrung und positive Botschaft weitergeben.
> Ich bin, was ich ersehnt habe.
> Dies glaube ich ...

Ein richtig motivierter Mensch kann das Unmögliche erreichen, weil er weiß, daß nichts unerreichbar ist.

Rufe mich an, so will ich dir antworten, und will dir anzeigen große und gewaltige Dinge, die du nicht weißt. Jeremia 33, 3.

ZUSAMMENFASSUNG

1. Das Lebensprinzip sucht sich immer durch Sie auszudrücken. Die gesamte Lebensbewegung erfolgt vom Unsichtbaren zum Sichtbaren. Sie sind auf dieser Erde, um Lebensfreude auszudrücken. Es ist Ihnen nicht möglich, die unendlichen Reichtümer Gottes — des kosmischen Energiespenders in Ihrem Inneren — zu erschöpfen.

2. Tagträume und die Fehlansicht, Ihre Träume könnten sich nicht verwirklichen oder seien „zu schön, um wahr zu sein", sind reine Zeitverschwendung. Denken Sie daran: Nichts ist zu schön, um wahr zu sein, und nichts zu wunderbar, um nicht möglich zu sein. Die Reichtümer des Unendlichen sind gestern, heute und immerdar dieselben. Sie müssen Ihrem Traum Fundamente geben, Sie müssen erkennen und wissen, daß alles, was Sie sich vorstellen und als wahr empfinden, Ihrem Unterbewußtsein eingelagert wird und sich nach göttlicher Fügung verwirklicht.

3. Eine junge Anwaltssekretärin hatte den sehnlichen Wunsch, an einer Jugoslawienreise teilzunehmen, besaß aber nicht das nötige Geld. Sie wandte die in einem meiner Bücher beschriebene Vorstellungstechnik an. Jeden Abend vor dem Einschlafen stellte sie sich vor, sie sitze in einem Flugzeug. Sie spürte den Rhythmus der Motoren und führte ein imaginäres Gespräch mit der Stewardeß. Sie konzentrierte ihre Phantasie darauf, im Flugzeug zu sein und San Francisco aus der Vogelperspektive zu sehen. Eine Woche lang machte sie diese Reise im Geist. Am achten Tag dann kam eine Klientin ihres Chefs in die Kanzlei. Die beiden Frauen plauderten, dabei stellte sich heraus, daß die Klientin nach Jugoslawien fuhr; sie bot der Sekretärin an, sie als ihren Gast und ihre Begleiterin mitzunehmen.

4. Die Erfüllung Ihres Wunsches oder Herzenstraumes hängt von der Intensität Ihrer Vorstellungskraft ab, Ihrer Phantasie, die von der Erkenntnis untermauert sein muß, daß der kosmische Energiespender für Sie wirken und den Wunsch nach göttlicher Fügung verwirklichen wird.

5. Ein Kriegsveteran, der nach Jugoslawien heimgekehrt und arbeitslos war, begann, um ein ausreichendes Einkommen zu finden, die seelisch-geistigen Gesetze anzuwenden, die er während seines Aufenthalts in den Vereinigten Staaten gelernt hatte. Jeden Abend vor dem Einschlafen sah er sich im Geiste eine Gruppe von leitenden Angestellten und Geschäftsleuten in Englisch unterrichten. Er spürte die Natürlichkeit des Ganzen und freute sich über die erzielten guten Leistungen. Nach ein paar Monaten fragte ihn der Direktor eines großen Unternehmenskonzerns, ob er nicht im Rahmen der unternehmensinternen Förderungskurse leitenden Herren Unterricht in englischer Konversation geben

wolle, da sie häufig in englischsprachige Länder reisten. So fand er zu einem mehr als ausreichenden Einkommen.

6. Ein Mann meinte, Gott bestrafe ihn. Er glaubte, dies sei der Grund dafür, daß seine Frau ihn verlassen habe und seine Söhne rauschgiftsüchtig geworden seien. Ich erklärte ihm, das ganze Universum werde von klaren Gesetzen regiert und Gott — das Gesetz schlechthin und der Spender kosmischer Energie — sehe die Person nicht an. Wenn er die Energie harmonisch und konstruktiv nutze, würden Harmonie, Gesundheit, Frieden und Überfluß die Folge sein. Er müsse dazu lediglich ein freier, offener Kanal für die göttliche Energie werden. Der Mann sprach nun dreimal am Tag folgendes Gebet: „Ich bin ein Kanal für die göttliche kosmische Energie, die mich als Harmonie, Frieden, Freude, als Unversehrtheit, Schönheit und Überfluß durchströmt. Ich gebe meine Frau und meine Söhne völlig Gott anheim und wünsche ihnen alle Wohltaten des Lebens. Immer wenn ich an meine Frau oder meine Söhne denke, werde ich sofort sagen: ‚Gott liebt euch und sorgt für euch.'" Nach drei Monaten schrieb er mir, daß bei seiner Heimkehr seine Frau ihn erwartet habe und seine Söhne inzwischen das Rauschgift aufgegeben hätten.

7. Eine Frau hatte ihrem Bruder zehntausend Dollar geliehen, und dieser schien nicht willens, sie zurückzuzahlen. Die Frau war voller Groll und sehr erbittert gegenüber ihrem Bruder sowie dessen Frau, die sie im besonderen verdächtigte, die Begleichung der Schuld zu verhindern. Sie hielt das Geld für verloren. Ich erklärte ihr, daß sie nie etwas verlieren könne, außer sie nehme den Verlust im Geiste hin; sie müsse sofort aufhören, ihrem Bruder die Fähigkeit und Bereitschaft zur Bezahlung abzusprechen. Sie änderte ihre Einstellung und betete häufig: „Mein Bruder ist Gottes Geschöpf, und Gott läßt ihn in jeder Weise erfolgreich sein. Er erfüllt alle seine Verpflichtungen nach göttlicher Fügung. Zwischen uns herrschen Harmonie, Frieden, Liebe und Verständnis." Sie schrieb mir, daß Ihr Bruder nach etwa einer Woche angerufen und die zehntausend Dollar samt der Zinsen überwiesen habe.

8. Ein jugoslawischer Juwelier, der finanziell auf keinen grünen Zweig kam, ging jeden Morgen zum Madonnenaltar und betete darum, daß die Muttergottes ihm den Weg zum Erfolg weise. Die Antwort brachte ein kanadischer Geschäftsmann, der in dem Laden Silberarmbänder für mehr als tausend Dollar kaufte. Er empfahl den Juwelier weiter, so daß dessen Geschäft einen gewaltigen Aufschwung nahm. Der Juwelier hatte voll Glauben gebetet, und sein Unterbewußtsein hatte seinen Wunsch auf eigene Weise erfüllt. Uns geschieht nach unserem Glauben.

9. In Belgrad wollte ich Medien besuchen. Der Führer zögerte, meinen Wunsch zu erfüllen. Doch die unendliche Intelligenz meines Unterbewußtseins führte mich in ein Geschäft, wo ich einige Dinge kaufte. Der

Besitzer brachte mich mit einem Medium zusammen, mit dem er befreundet war. Die Frau sprach in ihrer Muttersprache, und der Ladenbesitzer übersetzte für mich. In Trance las sie einen Brief in meiner Tasche, den ich noch nicht geöffnet hatte. Dies ist Hellsehen. Sie beschrieb auch meine ganze Vergangenheit, mein Leben war für sie ein offenes Buch. Durch ihren Mund sprach auch mein verstorbener Bruder zu mir und erwähnte die intimsten Details unserer frühen Kindheit. Ich erkannte seine Stimme, ihre Tonfärbung und den Akzent aus Cork in Irland, wo er sein Leben verbracht hatte. Er sprach auch über das Jenseits. Unsere Lieben sind im Geiste um uns, nur durch Schwingungsfrequenzen von uns getrennt.

10. Charles E. Lloyd, heute ein berühmter Strafverteidiger, träumte schon als kleiner Junge davon, ein gebildeter, hervorragender Anwalt zu werden — das war sein glühender Ehrgeiz. Er hielt beharrlich an dieser Idee fest, und da er sie seinem Unterbewußtsein eingeprägt hatte, bewirkte dieses, daß er alle Schritte unternahm, die zur Verwirklichung des sogenannten „unmöglichen“ Traumes notwendig waren.

KAPITEL 16

Der göttliche Plan der Entfaltung kosmischer Energie

Ich bin gekommen, daß sie das Leben und volle Genüge haben sollen. Johannes 10, 11.

Mein Gott aber fülle aus alle eure Notdurft nach seinem Reichtum in der Herrlichkeit ... Philipper 4, 19.

... *Gott, der uns dargibt reichlich, allerlei zu genießen.* 1. Timotheus 6, 17.

O Sohn des Geistes, ich erschuf dich reich.
Wie kommt es, daß du arm bist?
Und machte dich mächtig.
Wie kommt es, daß du schwach bist?
Und ließ dich erstehen aus der eigentlichen
Substanz von Liebe und Weisheit.
Wie kommt es, daß du dich mit jemand anderem beschäftigst?
Wende deinen Blick auf dich, damit du finden mögest
mich in dir stehen. Mächtig – stark – erhaben.

Aus Hindu-Schriften

Und der Herr wird dir seinen guten Schatz auftun, den Himmel, daß er deinem Land Regen gebe zu seiner Zeit und daß er segne alle Werke deiner Hände ... 5. Mose 28, 12.

Überfluß wird definiert als eine sehr große oder überreichliche Menge: überfließende Fülle, Zustrom, Reichtum, Reichlichkeit. Geistig gesprochen, bedeutet Überfluß Welle um Welle von Erfolg, Gesundheit, Glück, Frieden und allen Wohltaten des Lebens. Gott oder der Spender kosmischer Energie ist unser Vorrat an Vitalität, Inspiration, schöpferischen Ideen und Reichtum; und die Aufrechterhaltung der Eingestimmtheit auf das Unendliche ist der Schlüssel zu lebenslangem Überfluß, der zu einem erfüllten, glücklichen Leben führt.

Die ewig gültigen Gesetze des Denkens und Glaubens

Bei meinen zahlreichen Gesprächen fand ich heraus, daß viele Menschen nicht vorankommen, weil sie es für ein Unrecht, ja für ein Sakrileg halten, um Reichtum und Erfolg zu beten. Eine solche Einstellung beruht auf arger Unwissenheit und nachteiligem Aberglauben. Nichts kann weiter von der Wahrheit entfernt sein. Diese Menschen verkennen Gottes Allmacht und Überfülle und die ewig gültigen Gesetze des Denkens und Glaubens.

Es gibt nur eine einzige Macht, Ursache und Wesen aller Dinge, und dies ist Gott, der allumfassende, unendliche Geist und der Spender kosmischer Energie. Gäbe es zwei beherrschende Mächte, würde eine die andere auslöschen, und wir hätten ein Chaos, wo wir den grandiosen Kosmos bewundern. Wissenschaftlich – nach mathematischer Logik – und geistig gesehen, kann es nur eine einzige Macht geben. Es kann keine zwei Unendlichen geben. Das Unendliche läßt sich nicht teilen oder multiplizieren.

Wer zögert, Lebenserfolg und alle guten Dinge des Lebens zu beanspruchen, beraubt sich dieser jedermann erreichbaren sichtbaren Wohltaten. Wir sind hier, um ein erfülltes Leben zu führen. Und wenn Sie nicht Erfolg und Überfluß zum Ausdruck bringen wollen und die Wohltat der Reichtümer Gottes bewußt erstreben, dann kann es wohl sein, daß Sie von Gläubigern belagert werden und Ihre Familie Not leidet.

Das Universum ist seelisch-geistiger Natur, und die ganze Welt ist einfach Geist, kosmische Energie in einer Form. Der Schöpfer und das Geschöpf sind eins. Geist und Materie sind eins. Die moderne Wissenschaft sagt, daß Energie (Geist) und Materie interkonvertierbar und untereinander austauschbar sind. Die *Upanischaden* behaupteten vor Jahrtausenden, Materie sei die unterste Stufe von Geist und Geist die höchste Stufe von Materie. Lebensglück und Wohlhabenheit, auch das Geld, kann man als sichtbare Manifestation von unsichtbarem Überfluß betrachten.

Warum sie nicht vorankam

Vor einiger Zeit sprach ich mit einer sehr attraktiven, gebildeten jungen Frau, die in einem großen Haus der Modebranche eine gute Stellung hatte. Doch sie war, im Gegensatz zu den meisten ihrer Kolleginnen, am Jahresende „auf ihrem Gehalt sitzengeblieben“ und hatte keine Aufbesserung bekommen. Sie klagte darüber, daß „die anderen im Büro sie nicht mochten“, ihr Chef sie nicht schätze und Frauen wie Männer eifersüchtig auf sie seien. Ich fand bei der Unterredung jedoch bald heraus, was ihr eigentliches Problem war: sie rümpfte die Nase über die Kollegen. Sie sagte: „Die Männer und die Weiber im Büro öden mich furchtbar an.“ Dies bedeutete, daß sie auf sie herabsah.

Ich erklärte ihr, Kritik, also die Verdammung anderer Menschen, laufe immer auf Selbstkritik und Selbstbestrafung hinaus. Es gebe, sagte ich ihr, nur einen Geist, und dieser sei allen Menschen gemein, und ich fügte hinzu, sie sei „ihr einziger Denker in ihrem Universum“ und sei für ihre Gedanken verantwortlich. Ihre Verachtung gegenüber Chef, Kolleginnen und Kollegen sei tatsächlich Selbstverachtung. Diese nahmen unterbewußt die von ihr kommenden Schwingungen auf, mit dem Ergebnis, daß sie keine Freunde hatte und ihr Gehalt in sechs Jahren nur geringfügig aufgebessert worden war.

Die junge Dame begriff, daß es im Universum nur den einen allumfassenden Geist, nur eine einzige kosmische Energie gibt und daß sie dazu da ist, diese Energie aufbauend und harmonisch zu nutzen. Sie wurde sich auch zum erstenmal in ihrem Leben der Tatsache bewußt, daß sie diese Energie destruktiv nutzte, solange sie gegenüber ihren Mitmenschen Gedanken der Kritik und Verdammung hegte. Bitterkeit, Groll und angemaßter Hochmut sind ein besonders destruktiver Mißbrauch der kosmischen Energie.

Wenn wir negativ und destruktiv denken, wird die gottgegebene kosmische Energie in unserem Unterbewußtsein abgeblockt, als trete man mit dem Fuß auf den Gartenschlauch, und es entstehen zwangsläufig Mangel, Verlust und Schwierigkeiten verschiedenster Art.

Als sie erkannt hatte, warum sie nicht anerkannt und befördert wurde, änderte sie ihre Einstellung sofort. Ich empfahl ihr eine Gebetstechnik und erklärte ihr, sie müsse eine Grundeinstellung der Friedfertigkeit und des Wohlwollens gegenüber ihren Mitmenschen einnehmen; sie müsse mit der Harmonie des Universums in Gleichklang kommen, und Harmonie müsse in ihren Denkgewohnheiten vorherrschen. Dann, und nur dann werde sie den ungehinderten Strom der kosmischen Energie in sich freisetzen.

Die junge Frau wandte folgende Gebetstherapie an: „Ich bin eine Tochter des Unendlichen. Gott liebt mich und sorgt für mich. Ich strahle Liebe, Frieden und Wohlwollen gegenüber allen in meinem Geschäft und allen Menschen überhaupt aus. Ich werde von Gott geführt und inspiriert. Ich weiß, daß Gott oder der Spender kosmischer Energie die Quelle meiner Versorgung ist und daß alle meine Bedürfnisse immer und überall erfüllt werden. Ich weiß, daß ich, indem ich andere segne, mich selbst segne, denn wir sind alle eins. Wir haben nur einen Vater. Er ist das alles gestaltende Lebensprinzip. Ich komme in allen Bereichen voran. Gott beschert mir mehr Erfolg, als ich in meinen kühnsten Träumen erhoffe."

Sie sprach diese Wahrheiten fünf- oder sechsmal am Tag laut, was ihr, wie sie sagte, die Konzentration erleichterte und ihren Geist am Abschweifen hinderte. Durch ständige Wiederholung sanken diese Wahrheiten in ihr Unterbewußtsein.

Einen Monat später hatte ich eine neue, strahlende junge Frau vor mir. Sie war stellvertretende Leiterin der Exportabteilung geworden, hatte eine bedeutende Gehaltserhöhung erhalten und sich mit dem ärztlichen Berater ihrer Firma verlobt.

Jeder Mensch auf der Welt erhält die Reichtümer des Unendlichen und die Wohltaten eines Lebens im Überfluß – vorausgesetzt, er ist bereit, sie zu empfangen, indem er Gott als die Quelle alles Guten betrachtet und alle anderen Menschen liebt.

Er legte den Neid ab und avancierte

Ein Spanischlehrer, der an einem College unterrichtete, suchte mich wegen eines emotionellen Problems auf, das sich leicht lösen ließ. Beim Gespräch mit ihm stellte sich heraus, daß er sehr kritisch gegenüber jenen war, die Geld besaßen, die schöne Häuser, große Autos hatten; doch auch er hätte sich nur allzu gern im Besitz dieser Annehmlichkeiten gesehen. Er gab zu, daß er mehr Geld benötige, um für seine Frau und seine beiden Kinder ordentlich sorgen zu können. Trotzdem sprach er häufig vom „schmutzigen Geld". Er beneidete ganz offensichtlich jene, die auf der Erfolgsleiter emporstiegen, wogegen er, intelligent und gebildet, nicht weiterkam.

Ich erklärte ihm, es gebe nichts an sich Gutes oder Schlechtes, nur das Denken mache es dazu. Geld – oder Papier – ist etwas durchaus

Harmloses, und unsere Münzen sind eine Mischung bestimmter Metalle, die aus einer Reihe sich um einen Kern bewegender Elektronen bestehen – weiter nichts. Ich machte ihm klar, daß er das Geld in seiner wirklichen Bedeutung, als ein Mittel des Tausches, betrachten müsse, als Symbol, das für menschliche Freiheit, Schönheit, Wohlstand und Überfluß stehe. Das Geld hatte im Lauf der Zeit viele Formen, und es stellt einfach ein gottgegebenes Mittel der Aufrechterhaltung wirtschaftlichen Gedeihens eines Landes dar.

Als erstes lernte der junge Lehrer, daß Neid auf andere den Strom des Guten in ihm verunmöglichte und Geld, wenn man es verurteilt, Flügel bekommt und davonfliegt. Neid auf andere erhebt diese, „degradiert" jedoch uns selbst. Gott ist unsere unversiegbare Quelle des Überflusses, und jedes Bedürfnis kann sofort vollkommen befriedigt werden. Andere zu beneiden, bedeutet eine Ableugnung des eigenen Guten und eigene Verarmung. Neid ist sinnwidrig; er ist reine Zeitverschwendung und wirkt sich auf unsere eigene Prosperität hindernd und zerstörerisch aus.

Liebe muß zum Ausdruck gebracht werden. Liebe ist universelles Wohlwollen. Das heißt: Sie wünschen allen Menschen Gesundheit, Frieden, Glück, Überfluß und alle Wohltaten des Lebens. Den Menschen weise und freundlich dienen, dies ist praktizierte göttliche Liebe. Das Lebensprinzip, kosmische Energie, muß sich frei ausdrükken können, und Liebe ist vollendeter Ausdruck des Lebens. Liebe ist die freie, unbegrenzte Äußerung göttlichen Lebens. Liebe bedeutet Frieden, Unversehrtheit, Schönheit und vollkommene Freude. Eifersucht, Neid und die Verurteilung anderer Menschen deuten auf den falschen Glauben hin, es gebe nicht genügend Reichtümer des Unendlichen, damit es für alle reiche, auf den törichten Glauben, wir müßten, wenn ein anderer Multimillionär sei, selbst knapp bei Kasse sein. Eine solche Fehlhaltung im Denken und Glauben engt die Lebensäußerung ein. Ohne Liebe stolpern und fallen wir.

Der junge Lehrer begann auf meinen Rat folgendermaßen zu beten: „Ich weiß, daß Gott mein sofortiger und immerwährender Versorger und meine Stütze ist. Von diesem Augenblick an strahle ich voll Aufrichtigkeit Liebe, Frieden, Freude und Wohlwollen gegenüber jedem Menschen aus, dem ich begegne, ja gegenüber allen Menschen auf Erden. Im College erbitte ich Gottes Reichtümer und Lebensfülle für jedermann, denn ich weiß, daß Liebe die Erfüllung des

Gesetzes von Wohlhabenheit, Gesundheit, Glück und Lebensfreude ist. Ich danke für Gottes Reichtümer, die allschaffend, allgegenwärtig, unveränderlich und ewig sind."

Durch Bekräftigung dieser Wahrheiten und ihr häufiges Durchdenken ereignete sich für diesen Lehrer ein Wunder. Seine persönlichen Schwierigkeiten schienen sich einfach aufzulösen, waren allesamt beseitigt. Heute strahlt sein Gesicht. Er meinte zu mir: „Ich habe das Gefühl, mir seien zehn Jahre von den Schultern genommen." Er wurde stellvertretender Direktor der Schule und von den Studenten zum beliebtesten Lehrer gewählt. Sein Gehalt ist jetzt doppelt so hoch wie früher, und zu Hause herrschen Liebe, Glück und Harmonie.

Wenn wir in unserem Denken nicht ein echtes Liebesbewußtsein aufbauen, werden unsere sämtlichen Leistungen, Aktivitäten und Beziehungen zu anderen beschränkt, entwertet und unbefriedigend sein. Werden wir dagegen Kanäle für Gottes Liebe, die ein Ausgreifen unseres Herzens ist, ein Ausstrahlen von Wohlwollen gegenüber allen Menschen, dann sind Erfolg und Gottes Überfluß auf allen Gebieten unser.

Ich bin gekommen, daß sie das Leben und volle Genüge haben sollen. Johannes 10, 11.

Überfluß ist eine Idee, ein Denkbild in Ihrem Geist

In der bezaubernden kroatischen Stadt Zagreb, wo ich vor wenigen Jahren weilte, lernte ich einen einheimischen Geschäftsmann kennen, der mehrere Jahre in England gelebt hatte. Er kannte einige Bücher des verstorbenen Henry Hamblin, des Herausgebers der *Science of Thought Review* (Zeitschrift für Wissenschaft des Denkens), und hatte daraus gelernt, daß Reichtum eine Idee im Geist sei, eine geistige Einstellung, eine Denkweise. Er sagte, er habe sich genügend Geld gewünscht, um in seiner Heimatstadt ein Geschäft eröffnen zu können, und habe dieses Geschäft zuerst einmal im Geiste aufgebaut.

Mehrmals am Tag legte er Schweigeminuten ein und investierte im Geiste Geld in sein Geschäft, trug es auf seine Bank, gab seinen Söhnen Geld zum Kauf von Büchern und brachte es durch verschiedene Kanäle zum Wohle und Nutzen aller in Umlauf. Das alles fand nur in seinem Geist statt. Aber er wußte, was er tat: er baute Schritt für Schritt das geistige Äquivalent von Reichtum auf, denn man besitzt alle Dinge kraft und rechtens der Bewußtheit. Das richtige Bewußtdenken führt zum Einklang des Unterbewußtseins und damit zur Freisetzung aller Kräfte kosmischer Energie.

Nach einem Monat solchen Vorgehens hatte er einen lebhaften Traum. Er saß an einem Spieltisch in Monte Carlo und gewann hunderttausend französische Francs – eine ansehnliche Summe, wenn man sie in jugoslawische Dinar wechselte. Er bezweifelte keinen Augenblick, daß der Traum die Antwort seines Unterbewußtseins auf sein geistiges Modell war. Also fuhr er nach Monaco. Und dort, im Casino von Monte Carlo, spielte sich objektiv genau das ab, was er subjektiv im Traumzustand bereits erlebt hatte. Zurück in Zagreb, eröffnete er ein Teppichgeschäft, und er konnte das Geld nun genau so verteilen, wie er es sich vorgestellt und gewünscht hatte.

Hiob sagte: *Im Traum, im Nachtgesicht, wenn der Schlaf auf die Leute fällt, wenn sie schlafen auf dem Bette, da öffnet er das Ohr der Leute* ... Hiob 33, 15–16.

Oft vernimmt man in einem Traum oder einer nächtlichen Vision genau, was man tun muß, um ein bestimmtes Lebensziel zu erreichen.

Die Entfaltung von Liebe und Überfluß durch Ehepaare

Es ist wichtig, daß Ehemann und Ehefrau sich eins sind über ihre Ideale und Wünsche, ihre Motive und Aktivitäten, damit sie Gottes Reichtümern auf allen Gebieten teilhaftig zu werden vermögen. Wenn die Partner darin übereinstimmen, daß Gott die unerschöpfliche Quelle der Liebe und alles Guten ist, werden sie glücklich sein und vorankommen. Übereinstimmung bedeutet Harmonie und harmonisches Zusammensein. Sie sind im Einklang, sind eins mit dem allumfassenden, unendlichen Geist und Spender kosmischer Energie, der absolute Harmonie, absolute Liebe und der Ursprung aller Wohltaten ist.

Eine Ehefrau, die denkt und sagt, ihr Mann sei ein Geschöpf Gottes und von Gott geführt, tut das Beste für ihre Liebe und zugleich für ihren Mann. Es gibt keine bessere, keine stärkere motivierende Kraft für ihren Mann – und auch sie selbst. So denkt sie an Überfluß, und weil ihr Denken schöpferisch ist, erweist sie ihrem Mann und sich selbst eine Wohltat. Wenn man für andere betet, betet man gleichzeitig für sich selbst.

Wenn Mann und Frau sich uneins sind und streiten, findet eine Zersplitterung und unheilvolle Zerstörung all ihrer Kräfte statt, woraus zwangsläufig Verlust resultiert – Verlust in der Liebe, an Freude und Glück, Verlust auch der Gesundheit und in materieller Hinsicht. Deshalb auch haben so viele Ehepaare finanzielle Schwierigkeiten!

Der geistig orientierte Mensch, der im Einklang mit den kosmischen Gesetzen des Geistes steht, geht nie rückwärts. Sein Weg führt vorwärts, aufwärts, gottwärts, denn der Herrlichkeit des Menschen ist kein Ende.

Ein weiteres Geheimnis, das Ihnen zum Überfluß verhilft

Beherzigen Sie für sich das Gebot des Schweigens: „Reden ist Silber, Schweigen ist Gold." Warum? Warum ist das für Sie wichtig?

Wenn Sie einen bestimmten Plan, ein bestimmtes Lebensziel haben, sollen Sie es – außer mit Ihrem geliebten Partner – mit niemandem erörtern. Die Ausnahme ist dann gegeben, wenn es unbedingt notwendig erscheint, jemanden zu informieren, beispielsweise weil eine andere Person von Ihrem Plan, Ihrer Erfindung oder Ihrem Unternehmen direkt betroffen und deren Mitwirkung im Rahmen Ihres Vorhabens unentbehrlich ist. Sie können, wie gesagt, als Vertrauten und Berater auch den Ihnen in Liebe und im Geist verbundenen Partner zuziehen. Aber mit Freunden und Verwandten darüber zu reden, ist meistens nicht nur müßig, sondern auch unklug; oft werden diese nämlich über Ihre Ideen lachen oder auf Ihre Hoffnungen und Bestrebungen eine kalte Dusche niedergehen lassen.

Je weniger Sie über das Ideal, das Sie verwirklichen möchten, sprechen, desto besser. Speisen Sie Ihren Wunsch mit Glauben und Vertrauen. Vergegenwärtigen Sie sich immer wieder in Ihrer Vorstellung, was Sie erstreben. Denken Sie vom Ziel her. Danken Sie, daß Sie (im Geiste) am Ziel sind. Freuen Sie sich darüber. Wenn Sie so das geistige Äquivalent dessen, was Sie anstreben, geschaffen haben, wird die Erfüllung unweigerlich kommen.

Der göttliche Plan für lebenslangen Überfluß

Die Liebe zu Gott bedeutet, daß man dem jedem Menschen innewohnenden allumfassenden, unendlichen Geist, der unversiegbaren

Quelle kosmischer Energie in seinem Inneren Ehre, Treue und Hingabe bezeigt, daß man diesen Geist als Inbegriff Gottes, als das Allerhöchste, als allmächtig, allgegenwärtig und unerschöpflich anerkennt. Die Liebe zu Gott besteht daher ihrem Wesen nach in einem ehrerbietigen, gesunden, nützlichen Respekt für das Göttliche in einem selbst.

Bei solcher Liebe wird Ihr höheres Ich Sie automatisch veranlassen, andere zu lieben, und Liebe ist die Erfüllung von allem. Je mehr Liebe und Wohlwollen Sie ausstrahlen, desto größer ist Ihr Anteil an Gottes Reichtum. Ihr Kapital besteht aus dem unendlich großen Schatz an Ideen, die im göttlichen Geist beschlossen liegen. Gottes Ideen entfalten sich in Ihnen.

Ist ein Mensch sich des Zugangs zur Quelle kosmischer Energie in seinem Innern bewußt, wird er zu einem Kanal, der immer weniger von äußeren Mitteln abhängt und den die unerschöpfliche Quelle immer wunderbarer speist. Wir können uns an diese unerschöpfliche Quelle in unserem Inneren wenden, denn: *Gott aber kann machen, daß allerlei Gnade unter euch reichlich sei, daß ihr in allen Dingen volle Genüge habt und reich seid zu allerlei guten Werken.* 2. Korinther 9, 8.

ZUSAMMENFASSUNG

1. Überfluß bedeutet Welle um Welle von Erfolg, Gesundheit, Glück, Freude, Frieden und allen Wohltaten und Annehmlichkeiten des Lebens. Gott, der Spender kosmischer Energie, ist die Quelle unserer ganzen Versorgung; er erfüllt immer und überall alle unsere Bedürfnisse. Viele Menschen leiden Mangel, weil sie es für ein Unrecht halten, um Reichtum zu beten. Diese Einstellung ist blanker Aberglaube, ist Verkennung der Allmacht Gottes und der ewig gültigen Gesetze des Denkens und Glaubens. Gott gab uns reichlich von allen Dingen, damit wir uns daran erfreuen. *Ich bin gekommen, daß sie das Leben und volle Genüge haben sollen.* Johannes 10, 11.

2. Es gibt nur eine einzige Macht, Ursache und Wesen aller Dinge — Gott. Gäbe es zwei Mächte, würde das Chaos herrschen, gäbe es keinen Kosmos, und eine Macht würde die andere auslöschen. Die Unendlichkeit ist eins. Wissenschaftlich — nach mathematischer Logik — und geistig gesehen, kann es nur eine einzige Macht geben. Das Unendliche läßt sich weder teilen noch multiplizieren. Zwei Unendliche sind ein Ding der Unmöglichkeit. Wer zögert, die guten Dinge des Lebens zu beanspruchen, beraubt sich sinnloserweise dieser jedermann zugänglichen sichtbaren Wohltaten.

3. Das Universum ist seelisch-geistiger Natur. Geist und Materie sind eins. Sie sind das Subjektive und das Objektive, das Unsichtbare und das Sichtbare, Geist und Materie, Energie und Materie. Die Naturwissenschaft gebraucht den Ausdruck *Energie* statt *Geist,* aber die beiden Wörter bedeuten dasselbe. Geist (Energie) und Materie sind interkonvertierbar und untereinander austauschbar, sind verschiedene Stufen ein und derselben Sache.

4. Eine begabte junge Dame, attraktiv und gebildet, war mit ihrem Chef und ihren Kolleginnen zerfallen und in sechs Jahren kaum bessergestellt worden. Der Grund lag darin, daß sie auf die anderen herabschaute, sich ihnen überlegen fühlte und jedermann kritisierte: „Sie öden mich furchtbar an." Wir werden zu dem, was wir verurteilen. Sie sah ein, daß sie nicht vorankam, weil ihre Kritik und Verdammung anderer auf Selbstkritik und Selbstbestrafung hinausliefen, die destruktive geistige Gifte sind. Sie erkannte, daß das Denken kreativ ist und daß sie das, was sie über andere dachte, in ihrem eigenen Leben erzeugte, da es nur einen einzigen Geist gibt. Sie änderte ihre Einstellung und begann gegenüber allen Liebe und Wohlwollen auszustrahlen. Sie machte sich dies durch ständige Wiederholung zur Gewohnheit. Außerdem wurde ihr bewußt, daß sie eine Tochter des Unendlichen war, und sie begann Gott in ihrem Inneren systematisch zu preisen. Das Leben dieser Frau erfuhr innerhalb eines Monats einen Umschwung. Sie

wurde stellvertretende Leiterin der Exportabteilung, womit eine hohe Gehaltsaufbesserung und die verdiente Aufwertung ihrer Person und Leistung verbunden waren.

5. Ein Lehrer kritisierte die Reichen, wollte jedoch gleichzeitig selbst auch mehr Geld haben, um in den Genuß der Annehmlichkeiten des Lebens für sich und seine Familie zu kommen. Er bezeichnete das Geld als „schmutzig" und beneidete jene, die auf der Erfolgsleiter emporstiegen. Neid und die Fehlhaltung gegenüber dem Geld waren die Stolpersteine, die ihn an einem reicheren Leben hinderten. Er begriff, daß Neid den Strom des Guten in ihm unterband und ihn arm machte; er erkannte auch, daß am Geld oder an irgend etwas anderem auf der Welt nichts Schlechtes ist. Schlecht sind allenfalls die Gedanken eines Menschen, seine Motivationen, Handlungen. Der Lehrer änderte seine Einstellung und begann allen Menschen Gesundheit, Glück, Reichtum und alle Wohltaten des Lebens zu wünschen. Er entdeckte, daß Liebe, eine Stimmung des Wohlwollens gegenüber allen Menschen, die Erfüllung des Gesetzes von Überfluß und Lebensfreude bedeutet. Er begann sich voll Gefühl und Überzeugung zu sagen, Gott sei die Quelle seiner Versorgung, und alle seine Bedürfnisse würden sofort erfüllt. Er sagte künftig auch über jeden, der ihm tagsüber begegnete: „Gott liebt dich und läßt dich vorankommen." Jeden Abend dankte er für Gottes Reichtümer — die geistigen, seelischen und materiellen. Seine ganze Persönlichkeit wandelte sich. Heute ist er stellvertretender Direktor der Schule und verdient doppelt soviel wie früher.

6. Wenn wir in unserem Denken nicht echtes Liebesbewußtsein aufbauen, werden unser Privatleben, unser Geschäft, unser Beruf, unsere Aktivitäten und Beziehungen zu anderen beschränkt, entwertet und unbefriedigend sein.

7. Werden wir dagegen ein Kanal für Gottes Liebe und strahlen gegenüber allen Menschen Wohlwollen aus, da wir erkannt haben, daß Gottes Geist und kosmische Energie jedermann durchströmen, erzielen wir größere Erfolge, als wir in unseren kühnsten Träumen erhofften.

8. Reichtum ist eine Idee im Geist. Ein Mann, der genügend Geld haben wollte, um ein eigenes Geschäft eröffnen zu können, begann sich vorzustellen, er investiere Geld in sein Geschäft. In seiner Phantasiewelt gab er seinen Söhnen Geld zum Kauf von Büchern und brachte das Geld auch durch verschiedene Kanäle sinnvoll zum Wohle und Nutzen anderer in Umlauf. Er handelte im Geiste genau so, wie er objektiv gehandelt hätte, wäre er im Besitz des Geldes gewesen. Sein Unterbewußtsein reagierte mit einem Traum und zeigte ihm, wie er in Monte Carlo am Spieltisch gewinnen würde. Er fuhr nach Monte Carlo und erlebte objektiv, was er zuvor subjektiv gesehen hatte. Die Wege unse-

res Unterbewußten sind unerklärlich. Er baute sich eine seinem Wunsch entsprechende Bewußtheit auf, Gedanke um Gedanke, Bild um Bild, Stimmung um Stimmung, bis schließlich aus dem geistigen Bild die Freude erhörten Gebets wurde. Was man dem Unterbewußtsein einprägt, wird immer auf dem Bildschirm des Raumes, in unserem Leben, sichtbar.

9. Bei Ehepaaren ist es wichtig, daß Mann und Frau sich einig sind über ihre Ideale und Wünsche, ihre Motive und Aktivitäten, damit sie Gottes Reichtümer in allen Bereichen des Lebens zu demonstrieren vermögen. Zwischen den Ehegatten muß Harmonie herrschen; wenn dies der Fall ist, sind sie eins und im Einklang mit dem allumfassenden, unendlichen Geist und Spender kosmischer Energie, der absolute Harmonie, absolute Liebe und Ursprung aller Wohltaten ist. Eine Frau, die ihren Mann inspiriert und sagt, daß Gott ihn führt und ihm gnädig ist, wird entdecken, daß ihre Ehe, ihre Liebe, ihr Leben im Lauf der Jahre immer gesegneter werden und sie beide mehr Freude und Erfolg haben werden, als sie in ihren kühnsten Träumen erhofften.

11. Es ist unklug, Ihre Ideen, Ihren Plan, Ihre Bestrebungen mit jemand anderem zu erörtern als einem Ihnen in geistiger Harmonie und Liebe verbundenen Partner, der wie Sie denkt, mit Ihnen betet und sich an Ihrem Erfolg freut. Verwandte und Freunde könnten Sie nur auslachen, wie das so oft geschieht.

12. Liebe ist die Erfüllung. Liebe bedeutet Freude, Glück, Reichtum, Erfolg und ständiger Überfluß. Liebe zu Gott bedeutet, daß man einen ehrerbietigen, gesunden, nützlichen Respekt vor dem Göttlichen in einem selbst hegt. Tut man dies, wird man automatisch das Göttliche im anderen ehren. Erkennen Sie, daß Gott immerdar Ihre unerschöpfliche Quelle ist, und strahlen Sie gegenüber allen Menschen Liebe, Freude und Wohlwollen aus. Sagen Sie stumm über jeden Menschen, dem Sie begegnen: „Gottes Reichtümer durchströmen dich, und du wirst mit jedem Tag reicher." Wenn Sie dies tun, wird Ihnen ein ständiger Strom geistiger, seelischer und materieller Reichtümer zufließen, unaufhörlich, unerschöpflich, unermeßlich.

    Gott aber kann machen, daß allerlei Gnade unter euch reichlich sei, daß ihr in allen Dingen volle Genüge habt und reich seid zu allerlei guten Werken. 2. Korinther 9, 8.

KAPITEL 17

Kosmische Energie und paranormale Phänomene

Der Mensch von heute beginnt sich seiner unfaßbaren, bislang noch unglaublichen Kräfte bewußt zu werden, die er besitzt. Es ist wunderbar, die weiten Bereiche des Weltraums zu erforschen; aber nicht weniger wunderbar ist es, die grenzenlosen Dimensionen unseres eigenen Geistes zu erkunden. Der Mensch befindet sich wirklich in der Gegenwärtigkeit des Unendlichen. Und sollten die Astronauten noch zu unserer Zeit die Venus oder sogar weiter entfernte Planeten besuchen, so verblassen die Entdeckungen und Erfahrungen dieser großartigen Raumfahrer doch noch im Vergleich zu den Wundern, Herrlichkeiten und Kräften, die dem tieferen Geist des Menschen innewohnen.

Der kosmische Energiespender gibt Antwort

Unlängst sprach ich in Reno, Nevada, im Rahmen einer Klubveranstaltung. Nach dem Vortrag suchte eine Frau meinen Rat wegen einer hohen Geldsumme, die „verschollen" war. Ihr Mann habe, sagte sie, gelegentlich eines außerordentlichen Geschäftes rund hundertfünfzigtausend Dollar gewonnen und ihr gesagt, er gebe das Geld zu Hause in den Safe, wozu sie den Schlüssel besaß. Drei Tage danach starb ihr Mann im Schlaf an einem Herzschlag. Als sie den Safe öffnete, war das Geld nicht dort. Sie suchte überall, fand es aber nicht.

Ich schlug ihr vor, wir sollten uns beide völlig entspannen und unsere Aufmerksamkeit auf die unendliche Intelligenz in unserem Inneren konzentrieren, die alles weiß und alles sieht. Wir bezogen auch ihren Mann in unsere Meditation ein; denn wir wußten, daß er in Gott lebte, daß er erleuchtet und inspiriert war, daß seine Reise aufwärts, gottwärts führte. Im stummen Gebet gingen wir von der Überzeugung aus, die unendliche Intelligenz unseres Unterbewußtseins und Quelle kosmischer Energie werde uns offenbaren, wo sich das Geld befand, das sie brauchte.

Wir verharrten etwa fünf Minuten entspannt, seelisch-geistig völlig ruhig und aufnahmebereit, dann sagte Frau K. unvermittelt: „Ja, ich höre dich. Verstehe. Ich liebe dich." Frau K. erklärte, sie habe in der Stille klar und deutlich die Stimme ihres Mannes gehört, diese habe denselben Tonfall und Akzent gehabt wie die ihres Mannes zu Lebzeiten. Er beschrieb ihr die genaue Stelle in der Garage, wo das Geld liege, und den Aufbewahrungsort des Schlüssels zu der Kassette. Dann fügte er hinzu: „Ich möchte, daß du weißt, daß ich dein Mann bin. Erinnere dich, wir waren unlängst auf einer Cocktailparty im ‚Palace', du stießest das Cocktailglas um, und alle lachten. Außerdem verlorst du fünfzehn Dollar im Spielautomaten."

Frau K. war überzeugt, ihr Mann habe zu ihr gesprochen. Am Abend ging sie mit ihrem Bruder in die Garage, dort räumten sie einige Bretter beiseite und fanden, in einer Ecke versteckt, eine Stahlkassette. Sie enthielt hundertzweiundfünfzigtausend Dollar in Tausendernoten.

Frau K. erklärte ohne jeden Zweifel oder Vorbehalt, die Botschaft sei von ihrem Mann gekommen. Es ist nicht ausgeschlossen, aber natürlich unmöglich zu beweisen, daß in diesem Fall der verstorbene Mann mit seiner Frau Verbindung aufnahm. Zweifellos hatte er den starken Wunsch, ihr mitzuteilen, wo sich das Geld befand. Jedenfalls könnte das keineswegs mit einem telepathischen Kontakt zwischen Frau K. und mir erklärt werden; denn keiner von uns wußte, wo das Geld versteckt war.

Die Welt geistiger Aktivität ohne Ende

Sie erhielt eine überzeugende Botschaft, und die an sich unbedeutende Episode, daß sie das Cocktailglas umgestoßen habe, dürfte die Echtheit der Botschaft – als von ihrem Mann oder seinem Wissen kommend – bestätigen.

Bedenken Sie, wie viele Episoden, Erlebnis- und Erfahrungsinhalte in Ihrem Unterbewußtsein gespeichert sind! Wenn Sie also mit Ihrem inneren Ohr eine innere Stimme hören, die Ihnen eine Botschaft übermittelt, aus der Sie mit unumstößlicher Sicherheit erkennen, daß sie von einem geliebten Menschen – unserer oder der nächsten Dimension – kommt, dann ist dies eine ziemlich überzeugende Botschaft, die ernst genommen zu werden verdient. Eine solche Botschaft mag Ihnen auch ein Zeichen dafür sein, daß sich der geliebte Mensch in einer Welt geistiger Aktivität ohne Ende und gedeihlichen Wirkens befindet.

Unsere Lieben sind um uns. Sie haben Körper der vierten Dimension, die von geringerer Dichte und flüchtig sind und die wir nicht begreifen, die aber hellseherisch wahrgenommen werden können. Wir können auch Gammastrahlen, Betastrahlen, kosmische Strahlen, Radiowellen oder elektromagnetische Wellen nicht sehen; dennoch sind sie um uns und durchdringen uns, genau wie die Welt der vierten Dimension uns umgibt und auf diese Ebene unseres Lebens durchdringt. Wir begeben uns jede Nacht in eine Art vierte Dimension, wenn der Mensch in seiner Unwissenheit sich als unempfänglich oder tot für das Geschehen um uns erachtet.

Astralexkursion oder außerkörperliche Erfahrung (AKE)

Auf meiner Jugoslawienreise sprach ich mit einem amerikanischen Marineoffizier, der sich nach Dubrovnik zurückgezogen hatte, wo er geboren war. Er schreibt jetzt Geschichten über das Leben auf See und seine Erlebnisse in der Seefahrt. Seine Werke sind bei Jugendlichen sehr beliebt. In unserem Gespräch über die Wunder des Geistes erwähnte er, er halte es für einen erstaunlichen Zufall, in mir den Verfasser eines Buches über das Thema der außersinnlichen Wahrnehmung kennenzulernen, das ihm seine Schwester aus San Francisco geschickt hatte. Er fügte hinzu, seine dort lebende Schwester kenne sein Interesse an paranormalen Phänomenen jeder Art.

Er erzählte mir, er habe zwar viele ungewöhnliche paranormale Erlebnisse gehabt, aber das verblüffendste und wirklich fast unglaubliche sei ihm im Zweiten Weltkrieg widerfahren, als sein Schiff, ein schwerer Kreuzer, von den Japanern angegriffen wurde. Er und viele andere waren schwer verwundet, und bevor er das Bewußtsein verlor, hatte er gesagt: „Herr, rette meine Kameraden. Rette uns alle." Dann – so erzählte er – befand er sich plötzlich an Bord eines anderen Kreuzers in der Kapitänskabine, wo er den Längen- und Breitengrad seines eigenen Schiffes sowie seinen Namen und Rang und die Anweisung niederschrieb, man solle die Verwundeten bergen und die Besatzung retten. Als er wieder zu sich kam, war er an Bord eines Zerstörers. Man gab ihm Brandy und versorgte seine Wunden. Der Erste Offizier bat ihn, seinen Namen aufzuschreiben, und verglich die Unterschrift mit der Signatur und den Anweisungen, die man in der Kapitänskabine gefunden hatte: sie waren identisch.

Die Projektion des Astralleibs, flüchtigen Körpers oder Körpers der vierten Dimension – die Parapsychologen nennen das „außerkörperliche Erfahrung" (AKE)* –, was alles auf dasselbe hinausläuft, wurde im Laufe der Jahrhunderte oft beobachtet und praktiziert. Der Marineoffizier hatte den starken Wunsch, er und seine Kameraden sollten gerettet werden, und seine letzte Vorstellung im Wachzustand wurde seinem Unterbewußtsein eingeätzt. Die Weisheit seines tieferen Geistes kannte die Position des sich am nächsten befindlichen Schiffes und projizierte ihn in seinem Astralleib oder seiner geistigen Wesenheit dorthin; so vermag der Mensch durch geschlossene Türen zu gehen und Zeit, Raum und Materie aufzuheben. Dann wies diese innere Weisheit ihn an, was er tun sollte: in der Kapitänskabine Anweisungen mit allen erforderlichen Einzelheiten samt seinem Namen, seinem Rang und der Position seines Schiffes niederzuschreiben.

In der Bibel hieß es, wie wir schon gehört haben: *Im Traum, im Nachtgesicht, wenn der Schlaf auf die Leute fällt, wenn sie schlafen auf dem Bette, da öffnet er das Ohr der Leute . . .* (Hiob 33, 15–16).

Wenn Sie mit der tiefen Überzeugung in Schlaf sinken, daß Ihr Gebet erhört oder Ihr Wunsch erfüllt wird, dann prägen Sie Ihr Unterbewußtsein und nehmen die Antwort der unendlichen Intelligenz, die alles weiß und alles sieht, in Ihrem Herzen wahr.

Bilokation: Er war an zwei Orten gleichzeitig zu sehen

Dr. Phineas Parkhurst Quimby aus Portland, Maine, der als großer Geistespionier und Neuerer 1847 die seelisch-geistige Heilung zu praktizieren begann, war – vielleicht neben Edgar Cayce, der in jüngster Zeit wirkte (gestorben 1945) – Amerikas größter geistiger Heiler.

---

* Deutscher Terminus nach Dr. Milan Rýzls *Parapsychologie* und *ASW-Training* (Ariston Verlag) für englisch „Out-of-body-experience" (OBE, auch OOBE).

Er sagte: „Wenn Sie denken, ein Mensch sei tot, dann ist er für Sie tot, aber für ihn selbst erfolgt keine Änderung. Er behält alle Sinne des natürlichen Menschen, als habe keine Veränderung der Welt stattgefunden" (Manuskripte von Quimby, S. 172).

Quimby vermochte, was in zahlreichen Fällen geschah, kranken Menschen in der Ferne zu erscheinen. Er versorgte sie, berührte sie, so daß sie ihn spürten. Er legte ihnen aus der Ferne die Hand auf den Kopf, d. h. im Zuge seiner Krankenbehandlung bei körperlicher Absenz. Dies geschah, um die Aufmerksamkeit des Patienten zu erregen und seinen Glauben zu wecken. Es war tatsächlich ein Weg, das Vertrauen seiner Patienten zu gewinnen – ein geradezu unbegrenztes Vertrauen, das Wunder wirkte. Quimbys Methode war damals völlig neu; klar, daß er damit allein stand.

Einmal versprach er, für eine Frau in New Hampshire zu beten, und beschloß, sich seelisch-geistig in seinem flüchtigen Körper der vierten Dimension zu projizieren. Die Frau hatte zum Abendessen einen Gast, und dieser sagte plötzlich: „Hinter Ihnen steht ein Mann." Die Gastgeberin antwortete: „Das ist Dr. Quimby. Er behandelt mich."

Quimby erklärte: „Ich weiß, daß ich meine Persönlichkeit im Geiste kondensieren und in der Ferne erscheinen kann." Mit anderen Worten, er konnte gleichzeitig an zwei Orten sein. Über das Phänomen der Bilokation ist viel geschrieben worden. Dr. Quimby praktizierte das. Er konnte in seinem Büro sitzen und für eine hundert Kilometer entfernte kranke Person beten, für sie das göttliche Ideal der Unversehrtheit, Schönheit und Vollkommenheit betrachten und gleichzeitig in der Wohnung dieser Person erscheinen, sie berühren und seine Anwesenheit kenntlich und sichtbar machen. Quimby wußte und demonstrierte, daß es eine geistige Gegenwärtigkeit und unendliche Kraft im Menschen gibt, die nicht an den Körper oder die Umgebung, nicht an Zeit oder Raum gebunden sind.

Wir waren von ihrer geistigen Präsenz überzeugt

Bei einem Besuch in Jugoslawien, das für seine besonders begabten Medien bekannt ist, suchten wir zu dritt – ein Engländer, ein Deutscher und ich – mit einem Dolmetscher ein Medium auf, das im Außenbezirk der schönen Stadt Dubrovnik lebte. Wir stiegen ins vierte Stockwerk hinauf und betraten einen nur schwach beleuchteten Raum, den zahlreiche Heiligenfiguren und Ikonen schmückten. Auf die Bitte unseres Dolmetschers versenkte sich das Medium in tiefe Trance, und dann begann es Deutsch zu sprechen.

Unser deutscher Freund sagte, er erkenne die Stimme seines Vaters, der mehrere Episoden aus dem Leben des Sohnes erzählte und sich durch intime Einzelheiten aus seinem eigenen Leben als sein Vater auswies. Ich verstehe kein Deutsch, aber unser deutscher Freund sprach neben seiner Muttersprache fließend Englisch und Russisch. Der Vater sagte ihm, seine Schwester sei sehr krank, habe eine Niereninfektion und ein bei ihm anwesender (vor Jahren verstorbener) Arzt behaupte, sie bekomme nicht die richtige Medizin. Er erklärte, sie müsse eine bestimmte Dosis eines bestimmten Medikaments erhalten, und das würde sie heilen.

Der Deutsche war sprachlos. Später, nachdem wir das Medium verlassen hatten, rief er zu Hause in Hamburg an, um sich nach seiner Schwester zu erkundigen. Er erfuhr, daß sie im Krankenhaus lag und ihr Zustand sich nicht bessern wollte. Er sprach mit ihrem behandelnden Arzt und erzählte ihm, was in der Séance vorgefallen war. Der Arzt entschloß sich, das genannte Medikament zu verabreichen. Am nächsten Tag waren alle Untersuchungsbefunde negativ; die akute Infektion war, so sagte der Arzt, „wie durch ein Wunder" abgeklungen.

Das Medium sagte im Trancezustand zu mir (der Dolmetscher übersetzte): „Ihre Schwester ist hier und wird mit Ihnen sprechen." Dann erklang eine klare Stimme, die alle Eigenarten und die Tonfärbung der Stimme meiner Schwester hatte. Sie sagte nun auf einmal in Englisch: „Du wirst dich erinnern, Joe, daß du bei unserem Haus in Derrinard [Irland] in den großen Teich gefallen bist und ich dich herausgezogen habe. Du wärest beinahe ertrunken und hast erzählt, du hättest das ganze Panorama deines Lebens gesehen. Du warst damals neun. Du hast dich auch eines Abends im Wald verirrt, wir alle suchten dich mit Laternen und fanden dich weinend unter einem Baum."

Für mich waren das überzeugende, bedeutsame Botschaften. Hier sprach eindeutig meine Schwester. Konnte das Medium die beiden Ereignisse aus meinem neunten oder zehnten Lebensjahr, die ich völlig vergessen hatte, aus meinem Unterbewußtsein abgezapft haben?

Meine Schwester war mehr als fünfzig Jahre lang Nonne im Marienkloster von Lowestoft in England gewesen. Sie sprach von ihrem Tod als dem „Übergang in die nächste Dimension" und erwähnte eine Fehldiagnostizierung ihrer Krankheit vor ihrem Hinscheiden. Konnte das Medium dies meinem Unterbewußtsein abgezapft haben? Sie zitierte lateinische und französische Verse und Gebete, die wir miteinander gelernt hatten. Dies waren für mich Identifizierungsbotschaften.

Der Engländer aus Bishop's Stortford war sehr verwundert, als der Dolmetscher ihm übersetzte: „Das Medium sagt: Ihr Bruder, der während des Kriegs Luftwaffenoffizier war, will mit Ihnen sprechen." Die Stimme erklang ganz deutlich und hatte einen ausgesprochenen Oxford-Akzent. Sie sagte: „Mutter ist hier und auch Vater." Dann schilderte der Bruder, wie seine Maschine abgeschossen worden war und wie seine Eltern ihn abgeholt und „in der nächsten Dimension" für ihn gesorgt hatten. Er gab an, er interessiere sich für die Luftraumnavigation, und unser nächster Besuch im Weltraum gelte der Venus. Sein Vater und seine Mutter baten durch das Medium, den „anderen beiden anwesenden Herren" vorgestellt zu werden – unserem deutschen Freund und mir.

In der Wissenschaft ist die plausibelste Hypothese diejenige, welche die einfachste Erklärung bietet. In den geschilderten drei Fällen waren wir alle drei von der geistigen Präsenz jener überzeugt, die mit uns Verbindung aufgenommen hatten. Jede andere Theorie – Telepathie, außerkörperliche Erfahrung posthum usw. – scheint weit hergeholt und würde meiner Ansicht nach die Glaubwürdigkeit des Phänomens überfordern.

Das Geheimnis der Psychokinese (PK)

Unter Psychokinese verstehen die Parapsychologen die Beeinflussung der Materie oder materieller Abläufe durch den Geist – also ohne jede physikalische Einwirkung. Sie rechnen dazu die Teleportation, die plötzliche Übertragung von Materie von einem Ort zum anderen; Dematerialisation und Rematerialisation, die Auflösung und Wiederzusammenfügung von Materie; Levitation, freies Schweben im Raum; Astralexkursion oder die außerkörperliche Erfahrung; psychisches Heilen u. a. m.

Für Sie kann hieran höchstens der eine oder andere Ausdruck, der der Fachsprache der Parapsychologen entstammt, neu sein; denn dieses ganze Buch handelt ja von nichts anderem als der Macht des Geistes über die Materie. Ich habe die Erfahrung gemacht, daß fachsprachliche Formulierungen viele Menschen verwirren und manche sogar abstoßen, deshalb ziehe ich es immer vor, mich in den Gedankengängen wie auch in den Formulierungen an das Einfache und Grundsätzliche zu halten. An dieser Stelle sind die eingangs erklärten Fachwörter zum Verständnis der folgenden Abschnitte dieses Buches unentbehrlich.

Ich selbst bin schon mehrmals im Leben Zeuge von Phänomenen der De- und Rematerialisation und der Teleportation geworden. Für mich gibt es daher an der Echtheit solcher Phänomene gar keinen Zweifel. Heute bemühen sich Parapsychologie und Paraphysik, wissenschaftlich unanfechtbare Beweise dafür zu erbringen sowie auch Erklärungsversuche, Hypothesen und Theorien zu liefern.

Was geschieht also, wenn ein Medium, ein Sensitiver, einen nachgewiesenerweise Hunderte von Kilometern wegliegenden Gegenstand – beispielsweise eine Tasche – plötzlich erscheinen machen kann? Beispiele von solchen Materialisationen und Teleportationen hat Uri Geller geliefert, auf den ich noch zurückkommen werde.

Meine Erklärung ist ziemlich einfach. Die moderne Wissenschaft kennt die Interkonvertierbarkeit von Materie und Energie (Geist). Materie ist zur Sichtbarkeit reduzierte Energie. Das Medium, das die Kräfte seines Unterbewußtseins einsetzt, identifiziert sich also mit der Tasche, die sich ganz anderswo befindet, und wandelt sie in Energie um, denn die Tasche ist wie jeder Gegenstand nichts anderes als eine Kombination von Molekülen, d. h. eine Gruppe um einen Kern kreisender Elektronen; und wenn der Gegenstand auf seine unsichtbare Kombination aus Elektronen und Protonen zurückgeführt ist, wird er vom Unterbewußtsein zu dem Medium transportiert und nimmt – jetzt und hier – seine frühere Gestalt an.

Denken Sie an einen Eisblock; er ist Wasser und kann ohne große Mühe in Dampf verwandelt werden, der unsichtbar ist und sogar noch einen höheren Schwingungswert besitzt. Wasser, Eis und Dampf unterscheiden sich nur in ihrem Schwingungswert. Der über eine Kühlschlange geleitet Dampf wird Wasser; gefriert man es, wird es wieder Eis. Auf höherer Geistesebene ist es möglich, Gegenstände zu dematerialisieren und auch ihre Rematerialisation zu bewirken. Die ganze Welt ist ein Universum von Dichtigkeiten, Frequenzen, Intensitäten.

„Betrugssichere" Experimente am Stanford Research Institute

Die folgenden beiden Artikel sind wortwörtlich dem *National Enquirer* vom 5. August 1973 entnommen:

> Ein Team erstklassiger Wissenschaftler testete Uri Geller gründlich an einem der führenden Forschungsinstitute Amerikas. Hier die Daten über die Wissenschaftler und das Institut: Stanford Research Institute (SRI): Unabhängige, gemeinnützige Forschungsinstitution, gegründet 1946. Getragen von Forschungsverträgen mit amerikanischen und ausländischen Regierungsstellen sowie Industrieunternehmen, von denen es Zuwendungen erhält. Hat keine offizielle Verbindung mehr mit der Stanford-Universität. Beschäftigt 1500 Fachleute, 1500 Techniker und andere Nichtfachleute. Forschungsvolumen: 1972 siebzig Millionen Dollar, davon zwei Drittel in Regierungsverträgen.
>
> Dr. Harold E. Puthoff, 36: Mitglied des Ingenieurverbandes für Elektrotechnik, Universität Florida, 1960; Dr. der Physik in Elektrotechnik, Stanford-Universität, 1967; Fachmann für Quantenphysik. Besitzt Patente auf dem Gebiet der Lasertechnik und optischer Geräte. Verfasser eines verbreiteten Laser-Handbuches, schrieb fünfundzwanzig Abhandlungen in Fachzeitschriften. Trat 1972 dem SRI bei. Arbeitet jetzt auf dem Gebiet der Lasertechnik, des Biofeedback und der Biofeldmessungen.
>
> Russell Targ, 38: Bakkalaureus der Naturwissenschaften in Physik, Queens College, New York City, 1954. Zwei Jahre Promotionsarbeit an der Columbia-Universität. Spezialist für Laser, Plasmaforschung und paraphysikalische Phänomene. Veröffentlichte mehr als fünfundzwanzig Facharbeiten auf dem Gebiet der Laserforschung, der Plasmatechnologie und optischer Kommunikation. Ein Pionier in der Laserforschung. Trat dem SRI 1972 bei.

Dr. Henry K. Puharich: Bakkalaureus der philosophischen Fakultät, Bakkalaureus der Medizin, Dr. med., Northwestern-Universität, Doktor der Physik in Elektrotechnik, Stanford-Universität. Besitzt 52 amerikanische und ausländische Patente auf dem Gebiet der medizinischen Elektronik. Ehemaliger leitender Forschungswissenschaftler am Medizinischen Center der Universität New York. War Präsident der Interelectron Corporation. Verfasser vieler wissenschaftlicher Artikel und zweier Bücher.

Ein junger Israeli, der anscheinend durch Geisteswirkung Metall biegen kann, hat sich an führenden Forschungsinstituten streng kontrollierten Experimenten unterzogen, und die namhaften Wissenschaftler, die ihn testeten, geben zu, daß sie seine erstaunlichen „Kräfte" nicht zu erklären vermögen.

Ende 1972 nahm Uri Geller, 26, an einer Reihe „betrugssicherer" Experimente des Stanford Research Institute (SRI) in Kalifornien teil, und die Wissenschaftler berichteten, Geller habe sich Experimenten unterzogen, bei denen die Wahrscheinlichkeit, daß jemand dasselbe tat wie er, eins zu einer Million und in einem anderen Test eins zu einer Trillion betragen habe.

Geller verblüffte die Wissenschaftler durch folgendes:

- Er ließ eine Waage in einer Glasglocke reagieren, als werde Kraft auf sie ausgeübt – ohne daß er sie berührte.

  Ein tabellarisches Aufzeichnungsgerät, das die Waage überwachte, zeigte an, daß Geller irgendwie eine Kraft produzierte, die zehn- bis hundertmal größer war als die Kraft, die durch Aufschlagen der Glasglocke auf den Tisch oder durch Springen auf den Boden erzeugt werden konnte.

- Er erkannte in acht von zehn Fällen die Zahl richtig, die auf einem Würfel oben lag, den man in einem verschlossenen Metallkasten geschüttelt hatte.

  Nur Wissenschaftler berührten den Kasten, und keiner von ihnen wußte, welche Zahl auf dem Würfel oben lag, bis Geller seine Vorhersagen gemacht hatte und der Kasten geöffnet wurde.

- Er bewirkte, daß ein Magnetometer, ein empfindliches Instrument zum Messen von Magnetfeldern, Aufzeichnungen machte, indem er lediglich seine leeren Hände daran vorbeiführte.

Außerdem hat Geller:

- Metallgegenstände gebogen und zerbrochen – ohne physische Kraft.
- Gegenstände völlig verschwinden lassen.
- Uhrzeiger angehalten, ohne sie zu berühren.

„Für mich steht außer Frage, daß Gellers Fähigkeiten echt sind", sagte der ehemalige Apollo-Astronaut Dr. Edgar D. Mitchell, der sich jetzt der wissenschaftlichen Erforschung der Parapsychologie widmet, die Schirmherrschaft über einen Teil der Forschungsarbeit des SRI übernommen hat und bei allen Experimenten anwesend war.

„Wir haben während der Experimente Tausende Meter Film gedreht. Bei unserer genauen Untersuchung der Filme, Teilbild um Teilbild, haben wir nichts entdeckt, das irgendwie nach Betrug aussah.

Immer wenn Gellers Hände auf dem Film nicht zu sehen waren oder es den Anschein hatte, er könnte irgendwie irgend etwas getan haben, um einen Test zu beeinflussen, warfen wir die Ergebnisse weg.

Wir warfen viel weg, was vermutlich echt war, einfach weil es uns an absoluter Sicherheit fehlte – doch bei dem, was übrigblieb, ist diese Sicherheit gegeben.

Geller unterscheidet sich von allen bisher getesteten Personen darin, daß er Ergebnisse zu erzielen vermag, die man sofort sieht. Wir haben nie zuvor so hohe Ergebnisse auf wissenschaftlichen Instrumenten erlebt. Das ist so verblüffend an Geller – und so wichtig."

Die Experimente am SRI machten Russel Targ, ein Spezialist für Laser- und Plasmaforschung, und Dr. Harold E. Puthoff, ein Spezialist für Quantenphysik, der Patente auf dem Gebiet der Lasertechnik und optischer Geräte besitzt.

„Wir beobachteten bestimmte Phänomene, für die wir keine wissenschaftliche Erklärung haben“, sagten die Forscher. „Weitere Untersuchungen sind gewährleistet.“

Dr. Henry K. Puharich, Forscher der Parapsychologie und Verfasser vieler wissenschaftlicher Artikel, überredete Geller, zu Experimenten ans SRI zu kommen.

„Ich hatte Geschichten über Uri Geller gehört, bevor ich ihn kennenlernte – Behauptungen, daß er sich auf Uhren konzentrieren könne, ohne sie zu berühren, und daß die Zeiger dann vorwärts oder rückwärts liefen. Daß er sich auf Metallketten konzentriere und diese dann brachen. Solche Geschichten klingen für einen zähen Forscher wie mich, der seit Jahren derartige Phänomene untersucht, ziemlich phantastisch“, sagte Dr. Puharich. „Aber ich war bald überzeugt, daß er der bemerkenswerteste Mensch ist, dem ich je begegnet bin.

Er kann sich auf Thermometer konzentrieren und die Quecksilbersäule nach Belieben steigen oder sinken lassen. Er besitzt auch außergewöhnliche telepathische Fähigkeiten.

Doch das vielleicht Verblüffendste ist, daß er Dinge verschwinden lassen kann. Er ließ für uns Gegenstände für mehrere Tage verschwinden und intakt wiederkommen. Es ist das ungewöhnlichste Phänomen, das der Mensch in jüngster Zeit erlebte.“

Dr. Ted Bastin, Physiker an der Universität Cambridge in England, sagte über Geller: „Was ich ihn habe tun sehen, ist bemerkenswert – Metallgegenstände biegen, ohne sie zu berühren, und Gegenstände durch Zimmer bewegen. Wir sind hier auf ein Phänomen gestoßen, das die herrschenden orthodoxen wissenschaftlichen Ansichten hinwegfegen könnte.

Geller lenkt seine Aufmerksamkeit auf einen Gegenstand oder mehrere Gegenstände“, erklärte Dr. Bastin. „Er kann seine Hände über den Gegenstand halten, als segne er ihn, oder er kann es aus der Ferne tun. Er macht alles ganz offen. Er ist echt.“

Vor der Begegnung mit Geller hatte Dr. Bastin insgeheim einen Satz Schraubenzieher gekauft. „Ich ließ die Schraubenzieher in einer Tasche, die ich in meinem Schlafzimmer einschloß. Ich ersuchte ihn, sich auf den Satz Schraubenzieher oben im Schlafzimmer zu konzentrieren. Einige Zeit später fanden wir sie am Fuß der Treppe. Ich kontrollierte die Tasche, sie war noch immer oben eingeschlossen, und es hatte sie offensichtlich niemand berührt. Und bei allen Schraubenziehern war die Spitze abgebrochen."

Metallurgen erklärten Dr. Bastin später, es sei unmöglich, die Schraubenzieher mit der Hand abzubrechen, sogar mit den entsprechenden Werkzeugen sei es schwierig.

Kurz bevor Geller bei Jack Paar in dessen Fernsehshow auftrat, setzte er einige von Paars Leuten in Erstaunen, indem er einen Schlüssel zuerst bog und dann abbrach – ohne ihn zu berühren.

„Wenn Sie die beiden Stücke aneinanderhielten, paßten sie nicht genau zusammen", sagte Paars Assistentin Mitzi Moulds, die den Schlüssel hielt, während Geller ihn zerbrach.

„Es war, als sei irgendwie Materie zerstört worden. Ich habe keine Erklärung dafür – ich bin im allgemeinen bei solchen Dingen skeptisch. Aber wenn es ein Trick war, begreife ich nicht, wie Geller es gemacht haben könnte."

Er enthüllt, wie man sich fühlt, wenn Geist über Materie siegt

Uri Geller, dessen seltsame Talente den namhaftesten Wissenschaftlern Rätsel aufgeben, erzählte dem *Enquirer,* wie er seine Kräfte empfindet und wie er erkannte, daß er Dinge tun kann, die anderen Menschen unmöglich sind.

„Ich glaube, es sind intelligente Kräfte, und sie werden irgendwie durch mich gesteuert. Ich bin eine Art Kanal", sagte Geller, 26, der anscheinend Metallgegenstände biegen, die Zeiger von Uhren bewegen und Dinge von einer Stelle zur anderen transportieren kann – lediglich kraft Geistes.

Die Kräfte, die die Wissenschaftler verblüffen, sind auch Geller selbst ein Rätsel: „Ich weiß nicht, wie ich es mache. Ich versenke mich nicht in eine besondere Konzentration oder Meditation. Ich wiederhole lediglich in meinem Geist: ‚Biege dich. Brich.' Und es passiert.

Ich weiß, daß ich echt bin. Das reicht mir. Und die Menschen in meiner Umgebung wissen, daß ich echt bin. Die Wissenschaftler wollen mich weiter untersuchen, und einige geben zu, daß sie keine wissenschaftliche Erklärung für das haben, was ich tue."

Geller entdeckte seine Kräfte im Alter von sieben Jahren.

„In der Schule bemerkte ich, daß die Zeiger meiner Uhr auf eine andere Stunde sprangen. Es war Psychokinese, wie man mir später erklärte. Ich wußte nicht, was es bedeutete, und meinte, auch andere könnten das.

Später fand ich heraus, daß ich mich konzentrieren und die Antworten der anderen Schüler bekommen, sie vergleichen und die richtige Antwort ermitteln konnte. Ich tat dies, bis ich neun war, dann vergaß ich es, bis ich achtzehn und beim Militär war. Es fing wieder an, und ich begann meinen Freunden kleine Sachen zu demonstrieren.

Ich bog Metallgegenstände, indem ich mich auf sie konzentrierte. Das Schwerste ist für mich, einen Gegenstand zu biegen. Es geht nicht immer. Es ist, als lebten die Kräfte irgendwo und wirkten nicht immer, wenn ich es will. Biegt sich etwas nicht, muß ich es ganz sanft schlagen. So geht es schneller. Und um erfolgreich zu sein, muß ich viele Menschen um mich haben.

Ich wäre wirklich gern der erste, den ein wissenschaftliches Institut bestätigt", sagte Geller. „Ich war nicht sicher, ob unter Laborbedingungen etwas passieren würde, aber zu meiner Überraschung gelang mir fast alles, worum die Wissenschaftler mich ersuchten.

Ich bin kein Medium", sagte er mit Nachdruck. „An mir ist nichts Mystisches. Ich mache keine Vorhersagen und habe mich nie im Heilen versucht.

Kurz nachdem ich Dr. Puharich kennengelernt hatte, waren wir in der Wüste Sinai, und er erwähnte, er bedaure, daß er die Tasche für seine Filmkamera nicht aus New York mitgebracht habe. Ich hörte es und dachte nicht mehr daran.

Am nächsten Morgen aber, als ich im Hotel aufwachte, lag vor meinem Bett die Tasche, die Dr. Puharich in New York gelassen hatte.

Dies ist für mich das erstaunlichste Vorkommnis, obwohl mir die ganze Zeit seltsame Dinge passieren."

Der Kommentar eines Wissenschaftlers

In einem Artikel des *Psychic Magazine* vom Mai/Juni 1973 berichtete Dr. Puharich, daß Geller bei zwanzig Versuchen, Metallgegenstände zu dematerialisieren, einen fünfundsiebzigprozentigen Erfolg errang. Von den zwanzig Versuchen, dieselben Gegenstände wieder zu materialisieren, gelangen ihm sechzig Prozent.

Dr. Puharich berichtete auch seinerseits über den schon von Geller erwähnten Vorfall, der in der Wüste Sinai seinen Ausgang hatte – mit Puharichs Klage, in seine Filmkamera dringe Sand. Die Kameratasche hatte er zu Hause in Ossining, New York, gelassen. Am nächsten Morgen um 5.30 Uhr rief ihn Geller an und sagte, in seinem Zimmer liege eine Kameratasche.

„Ich lief also hinüber", berichtete Dr. Puharich, „und schaute mir das Ding an. Es war die Kameratasche, die ich zehntausend Kilometer weit weg in Ossining, New York, in einem Schrank gelassen hatte; es war zweifellos meine Tasche mit den mir bekannten Markierungen. Außerdem befand sich, als ich acht Monate später nach Ossining zurückkehrte, die Tasche nicht dort im Schrank; diejenige, die ich bei mir hatte, war jene aus dem Schrank.

Dieser Vorfall lieferte mir den ersten Beweis, daß Uri physikalische Gegenstände durch ein unbekanntes Mittel über weite Entfernungen zu transportieren vermochte. Er hat es später noch oft getan." *

Die Quelle kosmischer Energie ist in Ihnen!

Die vorstehenden Artikel sind deshalb sehr interessant, weil sie die Kräfte des Geistes, des kosmischen Energiespenders im Menschen, demonstrieren, die – wenn man sie nutzt und an sie glaubt – sogenannte Wunder wirken können.

---

* Eine ausführliche Darstellung der Leistungen Uri Gellers, aber auch seiner Grenzen, sowie einen größtenteils aus eigener Anschauung geschöpften Bericht über die faszinierenden Forschungen der Parapsychologie und Paraphysik aus jüngster Zeit und deren Ergebnisse lieferte Paul Uccusic in seinem umfassenden Standardwerk *Psi-Resümee — eine Bestandsaufnahme der neuesten Forschungen jenseits von Materie, Raum und Zeit.* Das 1975 im Ariston Verlag erschienene Buch gibt dem Fachmann wie auch dem Laien erstmals einen Gesamtüberblick über die Thematik und die Phänomene heutiger Psi-Forschung unter Einbeziehung modernster Naturwissenschaft.

Heute sprechen wir von der ungeheuren Kraft des Laserstrahls, der Granit durchtrennt, Stein in reine Energie verwandelt und ein so großes Loch herausbrennt, daß ein Zug durch den von diesem Lichtstrahl geschaffenen Tunnel fahren kann. Auch der Laserstrahl entstammt dem Geist des Menschen, jenem dem Menschen innewohnenden Geist aus der Quelle kosmischer Energie, der alles bewirkt. Dieser Geist ist allwissend und allgegenwärtig. Diese allmächtige Kraft war und ist Tausenden von Sehern, Mystikern und Erleuchteten aller Zeiten bekannt. Dieser Geist, diese Kraft ist Gott – die einzige Gegenwärtigkeit, Macht, Ursache, Substanz und Wesen aller Dinge. Alles wird in ihr und aus ihr erschaffen, denn es gibt nur eine einzige Macht.

Jedermann kann lernen, mit dieser Macht in Verbindung zu gelangen und im Einklang mit dem allumfassenden, unendlichen Geist die Quelle kosmischer Energie in sich zu entdecken und ihre immensen Kräfte zu entfalten. Dadurch vermag der Mensch sein Leben so zu verwandeln, daß er vieles vollbringen kann, was die Welt als Wunder bezeichnet. Im Geist eines jeden Menschen schlummert der kosmische Energiespender, der stärker, größer und mächtiger ist als alle Laserstrahlen, als alle Kern- oder Atomkraft der Welt, und diese Macht ist unerschöpflich, grenzenlos, zeitlos und alterslos.

Eine alte Meditation, die in der Nacht der Zeit in Vergessenheit geriet, lautet:

Immer gleich ist mein innerstes Wesen, ewig, absolut eins, unversehrt, vollständig, vollkommen, unteilbar, zeitlos, formlos und alterslos, ohne Gesicht, Form oder Gestalt, die stumme Gegenwärtigkeit im Herzen aller Menschen.

ZUSAMMENFASSUNG

1. Der Mensch wird sich erst allmählich seiner ungeheuren geistigen Kräfte bewußt, die er besitzt. Antworten auf seine verwirrendsten Probleme erhält er oft in Träumen oder nächtlichen Visionen. Wissenschaftler erforschen den unerschöpflichen Innenraum des menschlichen Geistes und finden eine unbegrenzte, immense Schatzkammer geistiger, seelischer und materieller Reichtümer.

2. In Reno, Nevada, starb ein Mann im Schlaf. Er hatte kurz vor seinem Tod im Zuge eines Riesengeschäftes etwa hundertfünfzigtausend Dollar gewonnen. Seiner Frau hatte er gesagt, er gebe das Geld in den Safe; doch als sie den Safe öffnete, fand sie es nicht. In einem meditativen Zustand bat sie, die unendliche Intelligenz ihres Unterbewußtseins möge ihr die Antwort offenbaren und das Versteck des Geldes zeigen. Eine innere Stimme sprach zu ihr, die sie als die Stimme ihres Mannes erkannte, und beschrieb ihr in allen Einzelheiten, daß sie in der Garage einige Bretter wegräumen müsse und darunter das Geld finden werde. Sie erkannte seine Stimme und Ausdrucksweise genau, und er wies sich als ihr Mann aus, indem er bestimmte Episoden aus ihrem Leben beschrieb, so daß sie überzeugt war, daß niemand anderer als ihr Mann zu ihr gesprochen hatte. Unsere Lieben sind um uns und nur durch Schwingungsfrequenzen von uns getrennt.

3. Ein pensionierter Marineoffizier, der heute in Dubrovnik lebt, hatte ein ungewöhnliches paranormales Erlebnis. Er war an Bord seines Kriegsschiffes verwundet worden und hatte, bevor er das Bewußtsein verlor, gebetet: „Herr, rette meine Kameraden und mich." Er war ohnmächtig geworden und hatte sich dann auf einem anderen Kriegsschiff in der Kapitänskabine befunden, wo er den Längen- und Breitengrad seines eigenen Schiffes sowie seinen Namen und Rang niederschrieb. Sein Unterbewußtsein hatte auf sein Gebet reagiert und seinen Astralleib oder seine geistige Wesenheit auf das nächstgelegene Schiff projiziert. Alle seine Leute und auch er wurden gerettet, und als der Erste Offizier alle Geretteten ihre Namen aufschreiben ließ, entsprach die Unterschrift des Marineoffiziers genau jener, die in der Kapitänskabine gefunden worden war.

4. Dr. Phineas Parkhurst Quimby aus Portland, Maine, besaß die Fähigkeit, an zwei Orten gleichzeitig zu sein: während er für entfernte Kranke betete, erschien er oft bei ihnen in der Wohnung, versorgte sie und konnte von den dort Anwesenden gesehen werden. Er wußte, daß er ein seelisch-geistiges Wesen war und daß die göttliche Gegenwärtigkeit in ihm über Zeit, Raum und Materie hinausging. Er sagte: „Ich weiß, daß ich meine Persönlichkeit im Geiste kondensieren und in der Ferne erscheinen kann."

5. Beim Besuch eines Mediums in Dubrovnik erlebte der Autor dieses Buches, daß das Medium in tiefe Trance sank, daß es dann von seiner Muttersprache abging und eine in Tonfall, Tonhöhe und Melodie und Akzent ganz andere Stimme plötzlich Deutsch sprach. Der anwesende Deutsche sagte, es sei einwandfrei die Stimme seines Vaters, der ihm mitteilte, seine Schwester sei krank und ein bei ihm in der nächsten Dimension anwesender Arzt verordne ein bestimmtes Medikament gegen die Niereninfektion. Der Deutsche hielt sich an die Anweisungen, und seiner Schwester ging es bereits am folgenden Tag wieder gut. Als nächstes erklang die Stimme einer meiner Schwestern, die über fünfzig Jahre lang Nonne gewesen war. Die Stimme hatte alle Eigenarten und die Tonfärbung der mir so vertrauten Stimme meiner Schwester. Sie erwähnte Einzelheiten aus meinem Leben, die ich vergessen hatte und die sämtlich nachprüfbar waren. Sie zitierte Gebete in Latein und Französisch, die wir in unserer Kindheit zusammen von unserem Vater gelernt hatten. Dies waren überzeugende Botschaften, und es wäre weit hergeholt zu glauben, sie hätten ihren Ursprung im Geist des Mediums gehabt. Der Engländer erhielt eine Botschaft in klarem Oxford-Englisch von seinem Bruder, einem ehemaligen Luftwaffenoffizier, der ihm Einzelheiten über den Abschuß seiner Maschine im Zweiten Weltkrieg nannte. Sein Vater und seine Mutter, die durch das Medium sprachen, baten darum, „den anderen beiden Herren“ vorgestellt zu werden — mir und unserem deutschen Gefährten.

6. In der Wissenschaft ist die plausibelste Hypothese diejenige, welche die einfachste Erklärung bietet. In den geschilderten drei Fällen direkter Kommunikation mit verstorbenen Verwandten war jeder von uns von der geistigen Präsenz jener überzeugt, die mit uns Verbindung aufgenommen hatten.

7. Die erstaunlichen Phänomene der Psychokinese — der Macht des Geistes über die Materie — werden heute wissenschaftlich untersucht und zu erklären versucht. Ich selbst war schon Zeuge von Vorgängen der Dematerialisation und Rematerialisation. Auf hohen Bewußtseinsebenen kann der kosmische Energiespender, der die einzige Gegenwärtigkeit und Macht ist, einen Gegenstand dematerialisieren, dessen Molekularkombination veranlassen, sich auf geringere Stärke zu kondensieren und an einem beliebigen Ort zu erscheinen — sich zu rematerialisieren. Materie und Energie sind interkonvertierbar und austauschbar. Materie ist die niedrigste Stufe des Geistes oder der Energie; und Energie oder Geist ist die höchste Stufe der Materie. Energie und Geist bedeuten dasselbe. Die Wissenschaft gebraucht den Ausdruck Energie statt Geist und meint damit den kosmischen Energiespender — Gott.

8. Denken Sie an Wasser, Eis und Dampf. Alle drei sind Wasser oder H_2O, aber sie haben verschiedene Frequenzen oder Schwingungen. Er-

hitzen Sie das Eis, und Sie haben Wasser; kochen Sie das Wasser, und Sie haben Dampf, der unsichtbar ist, da er einen höheren molekularen Schwingungswert hat. Der Dampf kann sichtbar gemacht werden, indem Sie ihn über eine Kühlschlange leiten, wodurch Sie wieder Wasser erhalten; gefrieren wir dieses, so haben wir Eis. Jedes Metall, jede Substanz hat einen Schmelzpunkt und kann unsichtbar gemacht werden.

9. Uri Geller unterzog sich streng kontrollierten Experimenten am Stanford Research Institute. Er biegt Metallgegenstände und bricht sie entzwei. Er hält Uhren an, ohne sie zu berühren. Er bewegt Gegenstände allein kraft Geistes durch das Zimmer. Bevor er in einer Fernsehshow auftrat, verblüffte er einen Mitarbeiter, indem er einen Schlüssel bog und dann abbrach, ohne ihn zu berühren.

10. In einem Artikel des *Psychic Magazine* vom Mai/Juni 1973 berichtete Dr. Puharich, daß Geller bei zwanzig Versuchen, Metallgegenstände zu dematerialisieren, einen fünfundsiebzigprozentigen Erfolg errang; und bei zwanzig Versuchen, dieselben Gegenstände wieder zu materialisieren, betrug der Erfolgswert sechzig Prozent. Im Dezember 1971 war Dr. Puharich mit Geller in der Wüste Sinai und beklagte sich, daß Sand in seine Filmkamera drang. Puharich hatte die Kameratasche zu Hause in Ossining, New York, gelassen. Am nächsten Morgen war die Kameratasche in Gellers Hotelzimmer. Es war zweifellos, wie Dr. Puharich versicherte, seine Tasche mit den ihm bekannten Markierungen. Außerdem befand sich, als er acht Monate später nach Ossining zurückkehrte, die Tasche nicht mehr dort im Schrank. Dies lieferte dem Wissenschaftler den ersten Beweis, daß Uri physikalische Gegenstände „durch ein unbekanntes Mittel“ über weite Entfernungen zu transportieren vermochte.

11. Das unbekannte Mittel, von dem hier die Rede war, ist jedoch bekannt. Es ist der allumfassende, unendliche Geist, die Quelle kosmischer Energie — die einzige Gegenwärtigkeit, Macht, Ursache, Substanz und Wesen aller Dinge. Es ist die Wirklichkeit des Menschen. Und ein Mensch, der mit dieser Macht Verbindung hat und sich mit ihr identifiziert, kann vieles vollbringen, was die Welt als ein sogenanntes Wunder bezeichnet. Er kann auf dem Wasser gehen, auf glühender Kohle, und er kann nach Belieben verschwinden und erscheinen. Ich spreche von einem Menschen, der seine seelisch-geistigen Fähigkeiten entdeckt und entwickelt hat und glaubt, daß mit Gott alle Dinge möglich sind. Die Kraft, welche die Welt bewegt, ist in Ihnen. „Sie wurde nie geboren; sie wird nie sterben. Wasser benetzt sie nicht, Feuer brennt sie nicht, und der Wind verweht sie nicht“ (Hindu-Schriften).

Immer gleich ist mein innerstes Wesen, ewig, absolut eins, unversehrt, vollständig, vollkommen, unteilbar, zeitlos, formlos und alterslos, ohne Gesicht, Form oder Gestalt, die stumme Gegenwärtigkeit im Herzen aller Menschen. *Eine alte Meditation*

Die
Außergewöhnlichen.
Von Ariston.
DAS SCHLÜSSELWERK BEWÄHRTER ERFOLGSMETHODEN
M. R. Kopmeyer
PERSÖNLICHKEITS BILDUNG
So werden Sie, was Sie sein möchten
◄ 299 Seiten, Kst.
DAS SCHLÜSSELWERK BEWÄHRTER ERFOLGSMETHODEN
M. R. Kopmeyer
WUNSCH ERFÜLLUNG
So bekommen Sie, was Sie sich wünschen
300 Seiten, ► Kst.
DAS SCHLÜSSELWERK BEWÄHRTER ERFOLGSMETHODEN
M. R. Kopmeyer
LEBENS ERFOLG
So gelangen Sie an Ihre Ziele
◄ 278 Seiten, Kst.
DAS SCHLÜSSELWERK BEWÄHRTER ERFOLGSMETHODEN
M. R. Kopmeyer
WOHLSTANDS BILDUNG
So werden Sie reich und wohlhabend
294 Seiten, ► Kst.
Kurt Tepperwein
Die »Kunst« mühelosen Lernens
Neue Lernmethoden machen es Ihnen leicht
Ariston
Dr. phil. Albert Long
DER INTELLIGENZ QUOTIENT
So werden Sie besser als Ihr IQ
IQ
Ariston
256 Seiten, ► 20 Abb., Kst.
◄ 256 Seiten, Kst.
Ariston Verlag
Rue de la Scie 4 · CH 1207 Genf Tel. 022/86 15 27 · Telex 27983
Auslieferung: BDK Bücherdienst · Kölner Str. 248 · 5 Köln 90
Tel. 0 22 03/10 02-27 · Telex 8 874 591